Schriftenreihe BALTISCHE SEMINARE

Bd. 7

Baltische Gutshöfe
Leben - Kultur - Wirtschaft

Schriftenreihe BALTISCHE SEMINARE
Herausgegeben von der
Carl-Schirren-Gesellschaft e. V.

Band 7

Als Deutsch-Baltisches Kulturwerk veranstaltet die Carl-Schirren-Gesellschaft seit 1989 Baltische Seminare in Lüneburg. Dabei werden geistes- und kulturgeschichtliche Themen behandelt mit besonderer Berücksichtigung der wechselseitigen Kulturbeziehungen zwischen Esten, Letten und Deutschbalten. Die Referenten sind Fachwissenschaftler aus Estland, Lettland und Deutschland.

Eine wesentliche Aufgabe der Baltischen Seminare besteht in der gegenseitigen Information. Als Symposien sollen sie über die nationalen Grenzen hinaus der Fachwissenschaft einen Überblick über den Forschungsstand in den baltischen Ländern verschaffen. Ebenso wichtig ist die bei dieser Gelegenheit zu vermittelnde Information für estnische und lettische Wissenschaftler hinsichtlich neuester Forschungsarbeiten in ihrem Fachgebiet in Deutschland.

Mit der Herausgabe der Schriftenreihe „Baltische Seminare" will die Carl-Schirren-Gesellschaft eine wissenschaftlich interessierte und allgemeine Öffentlichkeit erreichen.

Prof. Dr. Dr. h.c. Axel Frhr. von Campenhausen
Vorsitzender

BALTISCHE GUTSHÖFE
LEBEN-KULTUR-WIRTSCHAFT

Acht Beiträge zum

9. Baltischem Seminar 1997

Herausgegeben von

HEINRICH WITTRAM

Verlag Carl-Schirren-Gesellschaft

Lüneburg 2006

Die Deutsche Bibliothek – CIP Einheitsaufnahme

Baltische Gutshöfe Leben - Kultur - Wirtschaft:
Acht Beiträge zum 9. Baltischen Seminar 1997
hrsg. von Heinrich Wittram
Lüneburg: Carl-Schirren-Gesellschaft 2006
Baltische Seminare: 7
ISBN-10: 3-923149-41-7
ISBN-13: 978-3-923149-41-4

Gedruckt mit Unterstützung der
Karl Ernst von Baer-Stiftung

Redaktion: Wilhelm Maurit-Moritz

Layout und Bildbearbeitung: Hans-Gerhard Körner

Umschlagsentwurf: Ilmar Anvelt

Copyright 2006 by
Schriftenvertrieb Carl-Schirren-Gesellschaft e.V.
Lüneburg 2006

Herstellung: Books on Demand GmbH, Norderstedt

ISBN-10: 3-923149-41-7
ISBN-13: 978-3-923149-41-4

Inhaltsverzeichnis

HEINRICH WITTRAM   7
Gesichtspunkte zur historischen Beurteilung
der baltisch-ständischen Verhältnisse
des 18. und 19. Jahrhunderts

EVA PIIRIMAE   15
Bürgerliche Hofmeister im Dienste des adligen
Hauses im Zeitalter der Aufklärung

TIIT ROSENBERG   55
Das Geschlecht von Liphart und sein Güter-
komplex durch zwei Jahrhunderte

JĀNIS BALTIŅŠ   107
Gutshöfe der Grafen von Sievers: kultureller
und wissenschaftlicher Mittelpunkt in Livland

OJĀRS SPĀRĪTIS   137
Von der Festung zum Herrenhaus
Entwicklung der Gutshäuser in Lettland
während der Renaissance im 16. und 17. Jahrhundert

JĀNIS ZILGALVIS   229
Die Genese regionaler Eigenart und europäischer Einfluß in der neogotischen Freikunst
der Gutshöfe Lettlands

ANTS HEIN 259
Zeit und Raum. Innengestaltung est- und livländischer Herrenhäuser während der zweiten Hälfte des 19. Jahrhunderts

HEINRICH WITTRAM 283
Die Pastorate-Zuordnungen zur Lebenswelt der Güter und zur Landbevölkerung

Personenregister 297

Ortsregister 307

Autorenverzeichnis 319

GESICHTSPUNKTE ZUR HISTORISCHEN BEURTEILUNG DER BALTISCH - STÄNDISCHEN VERHÄLTNISSE DES 18. UND 19. JAHRHUNDERTS

Heinrich Wittram

In der Wochenzeitung „Die Zeit" hat Marion Gräfin Dönhoff kürzlich zu mancherlei Umdeutungen der Ereignisse vor einem halben Jahrhundert geschrieben: „Fakten spielen in der Geschichte keine Rolle, entscheidend sind die Vorstellungen, die sich die Menschen von den Fakten machen". Mit diesem ironischen und provozierenden Satz benennt Gräfin Dönhoff kritisch die Verdrängung von Fakten, die wir bei allen Völkern feststellen können, die sich ihrer eigenen moralischen Unanfechtbarkeit zu rühmen bestrebt sind. Lange Zeit hindurch wird die unbescholtene Vergangenheit als wahr angenommen und weitergegeben, Widersprechendes wird verdrängt oder bagatellisiert, nach Jahrzehnten kommen Tatbestände ans Licht, die die Unbescholtenheit beenden und die Unanfechtbarkeit als Legende erweisen, Verdrängungen müssen der Wahrheit weichen, die Interpretation des Geschehen muss sich verändern. „Es ist schwierig, aber wichtig, in jeder Phase den objektiven Tatbestand von der ideologischen Verpackung zu befreien"[1]

Weniger schwierig erscheint die Deutung von Ereignissen, die ein- oder zweihundert Jahre zurückliegen, da die Tatbestände durch vielfältige Forschungen einen großen Bekanntheitsgrad erreicht haben. Doch auch für frühere Epochen verändern sich Deutungen im Zuge der geschichtlichen Veränderungen. Der Wandel der Ereignisse oder gar eine geschichtliche Wende führen zu neuen Erkenntnissen: „Oft ist es eine rasch über uns kommende neue Gegenwart, die uns den Blick

---

[1] Marion Gräfin Dönhoff, Die Zeit vom 31.10.1997.

auf frühere Abläufe öffnet und uns im Vergangenen plötzlich ganz neue Tiefendimensionen erkennen läßt"[2]

Die Veränderung der Beurteilung der Deutschbalten durch Esten und Letten heute im Unterschied zur Zwischenkriegszeit haben Sirje Kivimae und Janis Strādins 1995 beschrieben: „Estentum - das bedeutet Luthertum, historische Denkmäler, Restaurierung von alten Bauten, die estnische Sprache und Literatur, zunehmend auch bewußt die positive Bewertung der ehemaligen deutschen Kultur Estlands".[3] (Matti Klinge), „Heute beginnt der Lette die Deutschbalten mit anderen Augen zu sehen: sie sind für ihn nicht mehr ausschließlich die historischen Unterdrücker, erfüllt vom (vermeintlichen) Haß auf das lettische Volk, sondern auch eine wichtige Verbindung zu den Traditionen des europäischen Christentums, Träger von Kultur und Zivilisation im echten Sinne des Wortes." (Jānis Strādiņš)

Historische Leistungen wie die Agrarreform Hamilkar v. Foelkersahms wurden schon vor Jahrzehnten in Publikationen gewürdigt.

Umgekehrt haben deutschbaltische Historiker nach dem Zweiten Weltkrieg vielfältig Verständnis geäußert für die nationalen Ansprüche der Esten und Letten im 19. Jahrhundert und in der Gegenwart, einschließlich einer kritisch-differenzierenden Bewertung der Sichtbehinderungen der damaligen deutschbaltischen leitenden Organe. Die Sicht der betroffenen Bauern findet bei der Beurteilung der Agrarreformen des 19. Jahrhunderts deutliches Verständnis. In der Beurteilung

---

[2] Wittram, Reinhard: Wahrheit in der Geschichte, in: Das Interesse an der Geschichte, 2.A. Göttingen 1963, S. 24.

[3] Schlau, Wilfried: Die Deutschbalten (Studienbuchreihe der Stiftung Ostdeutscher Kulturrat), München 1995: zitiert bei Sirje Kivimae S.150 (Estland ohne die Deutschbalten); und: Jānis Strādiņš. Festvortrag zur Eröffnung von „Domus Rigensis" am 20. Juni 1992, in: Jahrbuch des baltischen Deutschtums, Lüneburg-München, Band XL 1993. S.144.

Alexander Tobiens schreibt Reinhard Wittram 1971, „daß das bäuerliche Interesse mit einem allgemein menschlichen zusammenfiel und vom Adel als dem stärkeren Stande mit verantwortet werden mußte".[4] Gerd von Pistohlkors würdigt die scharfsichtigen Reformer, die ihrer Zeit voraus waren, wie Reinhard Johann Ludwig von Samson-Himmelstjerna, der in seinem rückblickenden Aufsatz von 1838 Garlieb Merkels Buch „Die Letten" erwähnt und in historischer Gesamtwertung von einer „folgerichtig voranschreitenden Entwicklung zum Ziel der persönlichen Freiheit der ackerbauenden Bevölkerung Estlands, Livlands und Kurlands" spricht.[5]

Die sozialen Argumente für die Befreiung der Bauern nötigten in der historischen Beurteilung während der 1970/80er Jahre zur Auseinandersetzung mit marxistischen Deutungen. Persönlich-humanitäre Zielvorstellungen und Verhaltensweisen von Reformern gerieten im Marxismus in den Bann angeblich „objektiver" Entwicklungen und Prozesse des gesellschaftlichen Lebens, stets in der Perspektive, dass nur das „Fortschrittliche" auf dem Wege zu einer sozialistischen Vollendung Geltung beanspruchen könne. Reinhard Wittram hat 1971 diese Auseinandersetzung geführt und geschrieben: „Erkennt man an, daß der Mensch der eigentliche Gegenstand der Geschichte ist, so sind die Ursachen seines Elends ebenso wichtig wie die Voraussetzungen seiner Wohlfahrt und gehen uns die Massen der Benachteiligten und Ausgebeuteten ebensoviel an wie die gehobenen und begünstigten Gruppen und die schöpferischen einzelnen, die ja alle von ihrer geschichtlichen Existenz her verstanden werden müssen. Ist der Mensch mit seiner Umwelt der Mittelpunkt unserer Einordnungs- und Bewertungsbemü-

---

[4] ReinhardWittram, Zu Problemen der baltischen Geschichtsforschung in: Zeitschrift für Ostforschung. 1971, S. 605.
[5] Gerd von Pistohlkors, Die Ostseeprovinzen unter russischer Herrschaft 1710/95-1914 in Baltische Länder (Hg. ders.), Berlin 1994, S. 324 f.

hungen, so sind die Intentionen der Handelnden nicht gleichgültig, die faktische Lage nicht weniger wichtig als das Rechtsverhältnis und jede Form von Humanität der gleichen Aufmerksamkeit wert wie die unzähligen Formen des Bösen".[6] Ein Beispiel für notwendige Aufmerksamkeit auf Humanität in den livländischen Agrarreformen ist Fölkersahms sozialethischer Impuls, wie ihn bereits Julius Eckardt betont hat.

Bleibend wichtig für die historische Erkenntnis ist das Wertesystem der Aufklärung, wie es etwa 1796 in Merkels Buch „Die Letten" euphorisch, wenn auch von der Wirklichkeit nicht eingelöst in dem Anfangssatz zum Ausdruck kommt: „Die Vernunft hat gesiegt und das Jahrhundert der Gerechtigkeit beginnt". Noch standen die Gedanken dieser vom Pathos der Menschenrechte durchglühten Schrift in Spannung zum ständischen Selbstbehauptungswillen der führenden Schichten, Ritterschaften, Literaten, Pastoren. Geleistete Humanität war in den Agrarreformen nicht davon abhängig, wie fortschrittlich oder rückschrittlich die Wirtschaftsform ausgestaltet wurde: „Ökonomische Rückständigkeit schloß praktische und auch weiterführende Menschlichkeit nicht aus, wie umgekehrt moderne Wirtschaftsgesinnung zur Gleichgültigkeit gegenüber Schwächeren verleiten konnte".[7]

Wenn „Menschlichkeit" und „Gleichgültigkeit gegenüber Schwächeren" angesprochen werden, sind Maßstäbe für Wertungen vorausgesetzt.

Nach welcher Norm wird Fehlverhalten gemessen? Der Historismus sprach von Wertfreiheit jeder historischen Erkenntnis. Wenn Max Weber dieses Wort verwendet, dann - so analysiert der Historiker Alfred Heuss - soll „Wertfreiheit im Sinne Max Webers keineswegs heißen, daß es in der geschicht-

---

[6] Wittram, (wie Anm. 4), S. 609.
[7] Wittram, (wie Anm. 4), S. 619.

lichen Wirklichkeit keine Werte gäbe. Was Max Weber energisch bestreitet, ist die absolute Geltung der Werte, mit denen der Historiker umgeht. Sie werden wohl als Realität in der historischen Wirklichkeit angetroffen, sind dann aber nichts anderes als die auch sonst auffindbaren Erscheinungen, nämlich ein reines Faktum. Als solche sind sie mit den anderen Fakten dem geschichtlichen Wandel unterworfen und damit wie vieles andere veränderlich und auswechselbar".[8]

Berechtigt ist diese Einschätzung Alfred Heuss insoweit, als wir unsere heutigen Wertmaßstäbe vergangenen Gestalten nicht als Gesetz ihres Handelns und Wirkens oktroyieren können. Der Eigenwert jeder geschichtlichen Erscheinung lässt uns vergangenes, fremdes Verhalten möglichst objektiv und verstehend nach der Bewusstseinslage der damaligen Zeit betrachten: sowohl den Gutsherrn und Pastor als auch den Bauern und „Landlosen" des 18. und 19. Jahrhunderts im Rahmen ihrer Anschauungen und Möglichkeiten. Erst wenn wir die damaligen Möglichkeiten des Verhaltens berücksichtigen, werden wir zu einem annähernd „gerechten" Urteil kommen.

Im Verständnis dessen, was „Menschlichkeit" und „Mangel an Menschlichkeit" ist, werden wir gleichwohl nicht um Einzelwertungen herumkommen. Es wird dem Streit der Meinungen unterliegen, ob dieses im einzelnen Fall ein „gerechtes" Urteil ist, doch in der Klärung unserer eigenen Voraussetzungen erkennen wir unsere Maßstäbe, die wir für dauerhaft gültig halten. Reinhard Wittrams Forderungen sind zu bedenken: „Weil der Betrachter des Vergangenen auf Schritt und Tritt sittlichen Entscheidungen begegnet und überall darauf stößt, wie die Menschen sich als Herrschende und Leidende, Genießende und Darbende, Genügsame und Begehrende verhalten haben, genügt die Kategorie der Richtigkeit nicht.

---

[8] Alfred Heuss, Zur Theorie der Weltgeschichte. Berlin 1968, S. 58.

Der Wahrheitsanspruch schließt die Forderung nach Gerechtigkeit ein. Der Historiker will nicht nur feststellen wie es eigentlich gewesen ist, sondern eben damit zugleich den Menschen ihre Ehre geben, ihre Verstricktheit in Schuld und Schicksal zeigen, das Böse und Dunkle beim Namen nennen, das Bessere nicht verschweigen".[2]

Es können daher folgende Fragen an das Verhalten Früherer gestellt werden:

1. Wie weit förderte oder verhinderte das Verhalten von Machtträgern oder die Geltung von Gesetzen und Institutionen Entfaltungsmöglichkeiten für den einzelnen, seine Gestaltungs- und Dispositionschancen, seine Eigeninitiative, seine Privatsphäre, zugleich seine Möglichkeit einer Mitverantwortung für das Gemeinwesen? Wo entartete politische Macht zur Willkürherrschaft oder zu unerträglicher gesetzlich abgesicherter Tyrannei?
2. Wo wurde erforderliche Hilfeleistung gewährt oder verweigert? Wo waren Institutionen nicht mehr zeitgemäß, weil sie das bereits gleichzeitig in der Nachbarschaft feststellbare Bessere zum Wohle der Anvertrauten noch unmöglich machten?

3. Vor allem ist es wichtig, die Leuchtpunkte vorbildlichen Verhaltens herauszuarbeiten und zu fragen: Wo waren Einzelne oder Gruppen ihrer Zeit voraus zu erstaunlichen Einsichten fähig? Wo entsprachen Initiative und konkrete Bemühungen diesen Einsichten?

Wie war Klarheit möglich angesichts der vielfältigen Sichtbehinderungen der Zeitgenossen?

---
[2] Wittram, (wie Anm. 2), S. 26.

Wer wertet und gewichtet, wird sich auf seine eigenen Voraussetzungen für seine Urteile immer wieder überprüfen müssen. Zwar bestimmen Anlagen und Erlebtes, Bildungskräfte und Standorte historische Urteile mit, doch müssen Befangenheit erkannt und bearbeitet, nationale Sichtverengungen und soziale Vorurteile überwunden werden. Wir haben uns bei jeder Beurteilung auf unsere eigenen sozialen, interessenbestimmten oder parteilichen Gebundenheiten hin zu befragen. Das ist nach der Wende der politischen Verhältnisse 1989-91 für uns wesentlich leichter möglich als in vergangenen Jahrzehnten, denn das Scheitern der marxistisch-leninistischen Systeme hat die Theorien der stufenweisen Entwicklung zum Sozialismus, also des ständigen „Hinaufsteigens" und „Ansteigens" von gesetzmäßigen Prozessen, als Illusion erwiesen, so dass wir im Miteinander in Europa uns gemeinsam neuen Erkenntnissen öffnen können. Es kommt hinzu, dass die Einebnung der einst trennenden ständischen Unterschiede schon vor zwei Menschenaltern weitgehend vollzogen wurde und das gemeinsame Geschick erlittener Verluste und neue Anfänge uns in ungeahnter Weise zusammengeführt haben.

Wir Teilnehmer und Teilnehmerinnen dieses Seminars sind als Nachkommen der im 18. und 19. Jahrhundert in Livland, Estland und Kurland Beheimateten besonders interessiert am Leben und Wirken, an Leiden und Festen, an Erfolgen und Schicksalen unserer Vorfahren. Über viele Generationen hinweg tragen wir keine Mitverantwortung für Geschehenes, tragen allenfalls noch die Folgen von Entscheidungen oder Widerfahrnissen unserer Eltern und Großeltern. Als Unbetroffene können wir uns, ohne die Last einstiger Gegensätze, leichter als die früheren Generationen in die Denk- und Verhaltensweisen eines anderen Volkes und seiner Verantwortungsträger hineindenken. Aus geschichtlicher Nähe und Einfühlungskraft wollen wir in diesen Seminartagen, in gemeinsamem Austausch und

Suchen, den Menschen vergangener Zeiten unserer historischen Heimat begegnen.

BÜRGERLICHE HOFMEISTER
IM DIENST DES ADLIGEN HAUSES
IM ZEITALTER DER AUFKLÄRUNG

Eva Piirimae

Einleitung

Die Aufklärung ist oft wegen ihrer Praxisferne kritisiert worden. In der Tat, der Begriff „Aufklärung" ist ein Zeitaltername geworden, bezeichnet aber nicht so die konkreten Veränderungen im sozialen und politischen Leben, sondern eher ein Programm, das die damaligen Akteure als Schlagwort gebraucht haben. Die Meinung, die Aufklärung als geistig-soziale Bewegung habe in ihrem Zeitalter die intendierten Wirkungen nicht erreicht, ist insofern nicht zutreffend, als sie später doch eingetreten sind. Auch die gegenwärtige praktische Philosophie hat den Unterschied zwischen der Produktion und der Praxis herausgestellt, um die Eigenart des Handelns zu betonen. Besteht ja sie eben darin, dass die Handlungen nicht immer - wie die Produktion - wegen ihrer Ergebnisse vollzogen werden, sondern oft die Ergebnisse der Handlungen vielmehr Nachwirkungen sind, die sich langsam und in unerwarteter Gestalt mit der Zeit entwickeln. Das, was Praxis ist, muß vor allem in der Praxis selbst untersucht werden.

Es ist eine Aufgabe der historischen Forschung, die Praxis der Aufklärung zu untersuchen. Die Art, wie sich die neuen - aufgeklärten - Normen und die neue Geselschaftsauffassung auf die Handlungen ausgewirkt haben, wird aber nicht nur an den Handlungen selbst erkennbar. Jemand kann wie ein anderer handeln und doch anders handeln, weil er seinen Handlungen einen anderen Sinn gibt.

Ein besonderes Merkmal des Aufklärungszeitalters kann man ohne Schwierigkeiten nennen: die durch die sich verbreitende Presse entstehende Aufklärungsgesellschaft. Diese Gesellschaft, von ihrer Natur her ein Lesepublikum, bestand aus Menschen, die vorwiegend bürgerlicher Herkunft waren und eine akademische Bildung genossen hatten.[10] Die Aufklärungsgesellschaft wurde für sie ein neuer Identitätsrahmen, der ihre Lebenswelt weitgehend umstrukturiert hat - oder auch nicht, wenn es sich um solche Handlungsmuster handelte, über deren Tun oder Lassen die Handelnden nicht frei entscheiden konnten. Wir müssen fragen, wie die beiden Welten in der Wirklichkeit nebeneinander existiert haben - wie hat die neu entstandene „Meinungswelt" der Aufklärungsgesellschaft die Handlungen und den Handlungssinn in der fortbestehenden Welt der ständischen politischen und sozialen Strukturen beeinflusst?

Aus der Dramengeschichte ist bekannt, dass man im 18. Jahrhundert immer klarer zwischen der Person und ihrem ständischen Typus unterschieden hat: wenn noch um die Mitte des Jahrhunderts die Theorie von D. Diderot populär war, nach der man auf der Bühne Stände mit ihren Tugenden und Lastern darstellen sollte, konzentrierte man sich am Ende des Jahrhunderts schon auf das Verhältnis des Standes zur Persönlichkeit. Es wurde gefragt, wie durch dieses Verhältnis neue Menschentypen zu Stande kommen.[11]

Ein Drama aus der Aufklärungszeit das eben dieses Problem thematisiert hat, ist für den vorliegenden Artikel ausschlaggebend gewesen. In einem Theaterstück von J.M.R. Lenz, „Der Hofmeister", wird dargestellt, wie ein bürgerlicher

---

[10] Jürgen Habermas, Strukturwandel der Öffentlichkeit. Untersuchungen zu einer Kategorie der bürgerlichen Gesellschaft. Neuwied/Berlin, 1962.
[11] vgl. Denis Diderot, Gotthold Efraim Lessing, Das Theater des Herrn Diderot, hrsg. v. K.-D. Müller, Stuttgart 1986.

Hofmeister in einem adligen Haus seinen Dienst antritt, wegen der hochmütigen Behandlung sein Selbstbewusstsein und seine Selbstachtung verliert und Handlungen vollzieht, die er aus freien Stücken nie getan hätte. Lenz, ganz und gar ein Repräsentant des aufklärerischen Lesepublikums, der seine Werke auf dem neu entstandenen anonymen Buchmarkt verkaufte und sich davon zu ernähren versuchte, sieht für junge Gebildete ganz andere Ernährungsweisen und Verhaltensnormen vor, als sie ein Dienst bei einem adligen Patron zu geben vermag.

Der vorliegende Artikel konzentriert sich auf die Rollenbeziehung „adliger Hausvater - bürgerlicher Hofmeister" in livländischen und estländischen Gutshöfen im Zeitalter der Aufklärung.[12] Ich möchte mein Interesse auf die Ebene der Mikrogeschichte lenken, um die Einstellungen beider Seiten zu dieser Rollenbeziehung, dem Rollenpartner und zur Institution des Hauslehrerunterrichts im allgemeinen zu untersuchen. Es ist merkwürdig, dass der Hauslehrerunterricht bisher nur Überblicksweise untersucht worden ist.[13] Auch fehlt es in den vorhandenen Aufsätzen an einer sozialgeschichtlichen Dimension. Man hat den unterschiedlichen Marktsituationen in den deutschen Fürstentümern nicht genug Aufmerksamkeit geschenkt,

---

[12] Im folgenden werde ich die beiden Provinzen, wenn nicht anders hingewiesen. mit dem gemeinsamen - mittelalterlichen - Namen „Livland" bezeichnen.

[13] Georg Steinhausen, Der Hofmeister. // Kulturstudien. Berlin 1893; Gustav Stephan, Die häusliche Erziehung in Deutschland im 18. Jahrhundert. Wiesbaden 1891; Ludwig Fertig, Die Hofmeister: ein Beitrag zur Geschichte des Lehrerstandes und bürgerlichen Intelligenz. Stuttgart 1979. Die einzige Ausnahme ist der gründliche Artikel von H. Bosse (jun), „Die Hofmeister in Livland und Estland. Ein Berufsstand als Vermittler der Aufklärung".// Aufklärung in den Ostseeprovinzen. Wien/Böhlau 1997, S. 165-192, in dem die Nachfrage und das Angebot der Hofmeister, die Mechanismen der Stellenvermittlung und die häuslichen Unterrichte in anderen Ständen thematisiert werden.

auch hat man die adligen Häuser nicht nach den Tätigkeiten oder Adelsrängen der Familien differenziert. Die vorliegende Untersuchung kann diesen Mangel auch nicht beheben, doch versuche ich, eine Kritik in dieser Hinsicht zu relativieren, in dem ich aufzeige, dass die Selbsteinschätzung und die Rollenerwartungen der „Aufklärungshofmeister" nicht direkt von ihrer Situation und ihrer Behandlung in den adligen Häusern abhängig waren.

Mein Aufsatz basiert vor allem auf einer bestimmten Quellengattung: Quellen, in denen menschliche Handlungen sowohl beschrieben als auch reflektiert werden - die Ego-Dokumente.[14] Benutzt werden sowohl die sich auf adlige als auch bürgerliche *Egos* beziehenden Dokumente – Autobiographien und Briefe. Zusätzlich versuche ich, die in den Autobiographien der Hofmeister geäußerten Einstellungen zu sich selbst und zur eigenen Rolle im adligen Haus mit den zeitgenössischen Meinungen in der Publizistik zu vergleichen.

Wie angedeutet, möchte ich das soziale Phänomen des Hauslehrerunterrichts als Rollenbeziehung zwischen einem

---

[14] Der Begriff „Ego-Dokument" ist ein verhältnismäßig neues Konzept, dessen Bedeutung am umfassendsten von W. Schulze dargelegt worden ist: „Gemeinsames Kriterium aller Texte, die als Ego-Dokumente bezeichnet werden können, sollte es sein, daß Aussagen oder Aussagepartikel vorliegen, die - wenn auch in rudimentarer und verdeckter Form - über die freiwillige oder erzwungene Selbstwahrnehmung eines Menschen in seiner Familie, seiner Gemeinde, seinem Land oder seiner sozialen Schicht Auskunft geben oder sein Verhältnis zu diesen Systemen und deren Veränderungen reflektieren. Sie sollten individuellmenschliches Verhalten rechtfertigen, Ängste offenbaren, Wissensbestände darlegen, Wertvorstellungen beleuchten, Lebenserfahrungen und - Erwartungen widerspiegeln". Ego-Dokumente. Annäherung an den Menschen in der Geschichte? hrsg. v. W. Schulze. (Selbstzeugnisse der Neuzeit. Bd. 2.) Berlin 1996.

Adligen und einem Bürgerlichen im Zeitalter der aufgeklärten Adelskritik problematisieren. Deswegen halte ich es für notwendig, zuerst der gesellschaftlichen Funktion dieser Rollenbeziehung nachzugehen, sie aus den Bedürfnissen und Einstellungen des Adels darzustellen, so dass deutlich wird, wie sich die häusliche Erziehung zu einer stabilen Institution entwickeln konnte.

Bildungsbedürfnisse des Adels im 18. Jahrhundert

Die Bildungsgeschichte des Adels ist eng mit den anderen Entwicklungen dieses Standes in der frühen Neuzeit verbunden. Der mittelalterliche Adel – anfänglich ein ritterlicher Kriegerstand - hatte keine intellektuelle Ausbildung nötig.[15] Das neuzeitliche Bildungsbedürfnis des Adels ist in erster Linie durch zwei Faktoren entstanden. Zum ersten hat sich ein Ideal des kulturell gebildeten Hofmannes im Zusammenhang der verstärkten Bedeutung der Höfe durchgesetzt, zweitens wurden die traditionellen Tätigkeitsbereiche des Adels im Kriegswesen und im Staatsdienst bürokratisiert und rationalisiert. Seine politische, aber auch ökonomische Macht in der Gesellschaft beruhte tendenziell immer mehr auf dem Besitz von Ämtern - einerlei ob noch direkt bei Hofe oder schon im

---

[15] Die Gelehrsamkeit wurde zunächst für eine den Rittern unangemessene geistliche Domäne gehalten, später haben Ritter aus antikem Erbe ein Tugendideal der sittlichen Haltung für ihre Erziehung entnommen, siehe: Norbert Conrads, Tradition und Modernität im adligen Bildungsprogramm der Frühen Neuzeit. II. Ständische Gesellschaft und soziale Mobilität, hrsg.v. W. Schulze. München 1988, S. 389-403.; Herbert Grundmann, Literatus-illiteratus. Der Wandel einer Bildungsnorm vom Altertum zum Mittelalter.// Archiv für Kulturgeschichte. 40 (1958). S. 1-65.

Staatsdienst.[16] Nach dem im 16. Jahrhundert der Adel die humanistische Bildung akzeptiert hatte, wuchs im 17. Jahrhundert die Bedeutung der französischen Hofkultur in erheblichem Maße. Zugleich traten am Ende des 16. Jahrhundert Tendenzen der Standesabschließung in Erscheinung, so dass der Adel für sich selbst ein vom humanistischen Ideal abweichendes aristokratisches Bildungsideal behauptete.[17]

Die öffentlichen Schulen, in denen eben eine humanistisch-theologische Bildung erteilt wurde, konnte deshalb vom Adel nicht akzeptiert werden. Die neue Vorstellung der standesgemäßen Bildung schrieb einen ständisch gesonderten Unterricht vor. Dafür gab es zwei Möglichkeiten: exklusive Adelsschulen oder Hauslehrerunterricht. Tatsächlich, beide Arten der Bildung verbreiteten sich rasch seit dem 17. Jahrhundert.[18] In den Ritterschulen konnte man die Fächer der „modernen Bildung" (die neuen Sprachen und praktische Wissenschaften (vor allem Jura)) und die exercitia, die ritterlichen Übungen und Künste, frei und in „richtigen" Proportionen lernen.

Es fehlt leider bis jetzt an sozialgeschichtlich differenzierten Untersuchungen über den möglichen Anteil der einen oder anderen Art der Bildung bei verschiedenen Adelsklassen. Oft wurden die beiden Institutionen auch kombiniert genutzt, so dass man auch beim Studium an einer Ritterakademie noch einen Hofmeister anstellte. Darüber hinaus war es eine für die

---

[16] Lars Gustafsson, Dienstadel, Tugendadel und Politesse mondaine. // Arte et Marte. Studien zur Adelskultur des Barockzeitalters in Schweden, Dänemark und Schleswig-Holstein. hrsg. v. Dieter Lohmeier. Neumünster 1978, S. 109-127.
[17] Ebenda, S.110.
[18] Über die Ritterschulen siehe: Friedrich Paulsen, Das deutsche Bildungswesen. Leipzig 1906, S. 70f; Norbert Conrads, Tradition und Modernität im adligen Bildungsprogramm der Frühen Neuzeit. II. Ständische Gesellschaft und soziale Mobilität, hrsg.v. W. Schulze. München 1988, S. 389-403.

Adligen fest gewordene Sitte, nach dem Studium eine Reise an die großen Höfe Europas zu unternehmen, zu der man einen Hofmeister als Reisebegleiter brauchte.[19]

In den Ostseeprovinzen Russlands sind im adligen Bildungswesen des 17. und 18. Jahrhunderts ähnliche Tendenzen wahrzunehmen, obwohl man im Auge behalten muss, dass der Adel in diesen Provinzen nur ein Provinzadel war, für den die Faktoren „Hof" und „Staatsdienst" von weit minderem Belang waren als für seine Standesgenossen in den deutschen Territorien: der baltische Adel lebte im 18. Jahrhundert noch weit entfernt von den Höfen und der Staatsdienst im Russischen Reich wurde erst allmählich attraktiv.[20]

Die baltischen Ritterschaften haben sich erst zur Mitte des 18. Jahrhunderts angeschlossen.[21] Innerhalb des Standes gab es keine große soziale Spannweite. Es gab natürlich ältere, reichere und angesehenere Familien, doch vorwiegend handelte es sich um gutsbesitzenden Landadel, der in verschiedenen Ämtern des Landesstaats tätig war. Interessanterweise gab es auch in Livland schon im 17. Jahrhundert Vorschläge, spezielle Ritterschulen zu gründen, sowohl bei der Gründung des Dorpater als auch des Revaler Gymnasiums. Die Zentralregierung hat die Vorschläge aber nicht gebilligt.[22] Die erste ständische Bildungsanstalt wurde erst 1768 gegründet, als die Revaler Domschule zu einer Ritterschule umgewandelt wurde.[23]

---

[19] Wilhelm Roeßler, Die Entstehung des modernen Erziehungssystems in Deutschland. Stuttgart 1961, S. 79.
[20] Heinrich Johann von Jannau, Sitten und Zeit. 1782, S. 94; 97; Julius Eckardt, Livland im 18. Jahrhundert. S. 366.
[21] Gert v. Pistohlkors, Baltische Länder. (Deutsche Geschichte im Osten Europas.) Berlin. 1994, S. 274.
[22] E. Laul, Eesti kooli ajalugu toim. Bd. I, Tallinn 1989, S. 117f.
[23] Ebenda, S. 247.

So standen die baltischen adligen Eltern bis zu dieser Zeit vor der Alternative: öffentliche Schule oder Hofmeister. Welche Faktoren bei der Lösung dieser Alternative wirksam waren, wird von dem livländischen Pastor H.J. v. Jannau geschildert. Über den reichen, immatrikulierten Adel berichtet er ironisch: „Die Mode will Hofmeister und Gouvernantin, und das ist genug, um sorgenfrei zu sein." [24]

Selbst aus dem nicht immatrikulierten livländischen Adel, den Landsassen, stammend, beschreibt er die Erziehung in seinem eigenen Stand mit Verständnis:

„Gerne möchte er dieses kostbare Erbstück /die Ausbildung - EP./ hinterlassen, aber der Geist ist willig und das Fleisch ist schwach. Auch Wissenschaften kosten Geld, und Hunderte jährlich hinzugeben, ist nicht in ihrem Vermögen. Oeffentliche Anstalten sollten zwar diesen Mangel ersetzen, aber die Erfahrung zeigt das Gegenteil. Die revalsche Ritterschule ist bey weitem noch nicht genug, und die anderen Anstalten kommen dieser vielleicht nicht einmal gleich. Mit sehr wenigen Kenntnissen geht aber der größte Teil in die große Welt. /--/ Denn das Gewirre mancher einzelner lateinischer Wörter und scholastischer Spitzfindigkeiten, die man auf Schulen hört, ist doch wahrlich nicht Kultur." [25] Diesem Zitat ist zu entnehmen, dass sich der livländische Adel gegenüber den öffentlichen Schulen misstrauisch verhalten hat - daher den Hauslehrerunterricht bevorzugte. Die 1768 gegründete Ritterakademie als einzige konnte die Position des Hausunterrichts nicht wesentlich verschlechtern, außerdem wurden dort beim Eintritt schon die Lese- und Schreibfähigkeiten gefordert, die man normalerweise durch den Hauslehrerunterricht erworben hatte. [26]

---

[24] H.J. v.Jannau, Sitten (wie Anm. 20) . 21.
[25] Ebenda, S. 37.
[26] Lau, Eesti kooli, (wie Anm. 22) S. 247.

Überhaupt scheint es, dass die elementare Ausbildung im 18. Jahrhundert fast immer von einem Hofmeister erteilt wurde, während es aber auch vorkam, dass das Kind ins Ausland geschickt wurde.[27] Es ist auch bekannt, dass die Hofmeister erwachsene Jünglinge direkt für die Universität vorbereitet haben.[28] Das Alter der zu unterrichtenden Kinder war ganz unterschiedlich, weil man bis zum 20. Lebensjahr den Unterricht nehmen konnte. Zugleich wechselten die Hofmeister häufig, wenn sie schnell ein anderes Amt bekommen konnten.[29]

Ein Spezifikum der livländischen Adelserziehung war ihr praktischer Einschlag - unterschieden von der adligen Bildung in den deutschen Territorien legte man das größte Gewicht auf die praktischen Wissenschaften und „neuen Sprachen". In der Regel verlangte man von den Hofmeistern keine Unterrichte in den „Ritterkünsten" wie Reiten, Fechten, Tanzen usw.[30] Auch die der Rittererziehung nahestehende höfische „Weltmannsbildung" war eher ein Luxus, den extravagante Eltern wie z.B. der Geheimrat v. Vietinghoff oder Graf Mellin ihren Kindern erlauben konnten und wollten.[31] Der in der ersten Hälfte des Jahrhunderts sehr verbreitete pietistische Einschlag der Bil-

---

[27] Otto Francke, Beziehungen Kurlands und Livlands zum Philantropen in Dessau. II. Bd. Nr. 43, 1896, S. 116f.
[28] vgl. Eugenius Baron von Rosen., Sechs Decennien meines Lebens. Riga 1877, S. 36f.
[29] E. v. Rosen z.B. hatte vier Hofmeister während 12 Jahren, nahm danach noch Privatstunden in Narva und verließ dann Livland, um in Leipzig an der Universität zu studieren. Ebenda, S. 3f.
[30] J. Chr. Petri; Ehstland und die Ehsten. Bd. III.; S. 276.
[31] Th.Hermann, Memoiren, S.52; A.L. Mellin, Des Grafen August Ludwigs Mellins Selbstbiographie. S. 2.

dung hat sich zum Ende des Jahrhunderts wesentlich abgeschwächt.[32]

Der Stand des Hofmeisters

Nach der Reformation haben die protestantischen Fürsten in Deutschland viele Universitäten errichtet. Die Universität wurde ein Medium des sozialen Aufstiegs. Schon als Student und nach dem Studium als „Studierte", konnte man in der Gesellschaft ein Prestige des „Literaten" genießen, das erheblich höher war als das des einfachen Stadtbürgers.[33] Der Literatenstand war ein Ausbildungsstand.

Der abstrakte Rang des Literaten bedeutete aber nicht, dass es einen einheitlichen Sozialstand der Literaten gegeben hätte.[34] Literaten beanspruchten eine Privilegierung, die für die meisten auch durch die amtsspezifischen Sonderrechte verwirklicht wurde: z.B. die protestantischen Geistlichen hatten nach der Reformation ihren politischen Stand verloren, konnten aber einen expliziten Status eines privilegierten Sozialstandes behalten; für die Universitätsgelehrten (sowohl die Professoren als auch Studenten) galt ein spezifisches Universitäts-

---

[32] Über die Rolle des Pietismus bei der „Bestellung" der Hofmeister von Deutschland in der ersten Hälfte des 18. Jahrhunderts siehe. Olaf Sild, August Hermann Francke mõjud meie maal. Tartu 1928, S. 11f.

[33] Eine gute Übersicht über die Gebrauchsgeschichte des Begriffs „Literat" seit dem 16. Jahrhundert gibt H. Bosse (jun.): „Einkünfte der kurländischen Literaten am Ende des 18. Jh,s." // Zeitschrift für Ostforschung. Nr. 35, Jg. 1986, H. 4. S. 516-594; S. 516-528. Über Literaten im Baltikum siehe: Wilhelm Lenz, Der baltische Literatenstand, Marburg/Lahn 1953.

[34] Ebenda, S.1. Der kurländische Literatenstand ist hierbei gewissermaßen eine Ausnahme: obwohl auch berufsständisch differenziert, war es das Spezifikum des kurländischen Literatenstandes, dass der Stand ererbbar war, auch wenn ein Literatensohn nicht studiert hatte.

recht; die Juristen in den Staatsämtern beanspruchten - und bekamen auch oft - für sich vom Staat eine Nobilitierung und die Stadtjuristen, -ärzte und -geistlichen erhielten die Eximierung von dem Stadtrecht.

Dank verschiedener Stipendiumsinstitutionen bekamen immer größere Zahlen der ärmeren Stadtbürger und Pfarrerssöhne die Möglichkeit, das von diesen Institutionen bevorzugte Fach Theologie an der Universität zu studieren. Nach dem Universitätsabschluss konnten die Theologen aber nicht gleich ein Amt antreten, weil eine Predigerstelle nur dann zu erwerben war, wenn man das Kandidatenexamen vor einem höheren Kirchenkollegium bestanden hatte, was einige Jahre dauerte. Zusätzlich wurde es im Laufe des 18. Jahrhunderts immer schwieriger, eine Predigerstelle zu bekommen, so dass man oft nach dem bestandenen Examen noch mehrere Jahre warten mußte.[35] Für die Füllung dieser Lücke zwischen Universitätsabschluss und Amtsantritt war die Stelle eines Hofmeisters sehr geeignet, sie war eine Chance für junge Theologiekandidaten, wie sie sich selbst genannt haben. Obwohl die jungen Theologen unter den Hofmeistern dominierten, brauchten eine Zwischenversorgung oft auch ältere Theologen und überdies noch viele akademisch Gebildete, die irgendwie noch nicht im Amt waren.[36]

Konnte die Zugehörigkeit zu dem Literatenstand auch den gesellschaftlichen Status des Hofmeisters bestimmen? H. Bosse hat das behauptet. Für ihn gehörte der Hofmeister eindeutig zum Literatenstand, womit auch seine soziale Stellung festge-

---

[35] Ludwig Fertig, Pfarrer in spe, Der evangelische Theologe als Hauslehrer. II. Das evangelische Pfarrhaus. Eine Kultur und ihre Sozialgeschichte, hrsg.v. M. Greiffenhagen. Göttingen 1984, S. 195-208; 197.

[36] Heinrich Bosse, (jun.) Die Hofmeister in Livland und Estland. Ein Berufsstand als Vermittler der Aufklärung. // Aufklärung in den Ostseeprovinzen. Wien/Böhlau 1997, S. 165-208, S. 191f.

legt war.[37] Bosse widerspricht der in der früheren Literatur aufgestellten These, dass die Situation des Hofmeisters ständisch gar nicht zu definieren sei, weil der Hofmeister „als Intellektuellen in der Lücke des ständischen Gefüges plaziert war".[38] Nach Bosse ignoriere dieser Standpunkt die Existenz des gelehrten Standes.[39]

Es scheint, Bosses Kritik ist berechtigt, was die allgemeine Lage der Intellektuellen (Studierten) in der ständischen Gesellschaft betrifft. In der Tat, nicht wegen seiner Literatenbestimmung war der Hofmeister in den Lücken der ständischen Gesellschaft plaziert. Wie wir gerade gesehen haben, waren die Intellektuellen meistens gut in die ständische Gesellschaft integriert. Man kann aber auch nicht ohne weiteres wie Bosse den sozialen Status der Hofmeister nur durch seine Literatenbestimmung klären, weil er sich in einer Sonderlage befand. Die Hofmeister, unterschiedlich von den anderen Literaten, hatten ja kein bürgerliches oder geistliches Amt inne, weshalb sie auch keine selbstständige Bürger waren, die mit ihrer „ehrenhaften Nahrung" ihre Lebensbedingungen frei gestalten gekonnt hätten - sie wohnten in der Lebenssphäre eines anderes Standes.

---

[37] Ebenda, S.169-170. Bosses Meinung nach gebe es in der Geschichtswissenschaft über die Lage der Hofmeister viele „wissenschaftliche Vorurteile" (betreffend ihre soziale Position, ihre Entlohnung, die Marktsituation usw.), die er in seinem Aufsatz über die Hofmeister in den russischen Ostseeprovinzen korrigieren will. Es bleibt aber unverständlich. wie die Untersuchung der von den „deutschen Verhältnissen in manchem abweichenden Verhältnisse in den russischen Ostseeprovinzen" die die deutsche Verhältnisse betreffenden Vorurteile korrigieren könnte.

[38] Hans G. Gerth, Bürgerliche Intelligenz um 1800. Zur Soziologie des deutschen Frühliberalismus (zuerst 1935), hrsg. v. U. Herrmann. (Kritische Studien zur Geschichtswissenschaft 19). Göttingen 1976.

[39] Bosse, Die Hofmeister. (wie Anm. 36), S. 145.

Die Unsicherheit ihrer Situation offenbart sich schon an der Tatsache, dass die Marktgesetze die Entlohnung der Hofmeister direkt beeinflussten. Es gab Regionen, wo es eine größere Nachfrage nach Hofmeistern gab - vorwiegend Gegenden ohne Universitäten. Livland hatte eine besonders große Anziehung für junge Theologen, weil es zu jener Zeit an einer Landesuniversität fehlte und man deshalb ständig auf den Zuzug der Akademiker angewiesen war. Aus diesem Grund hat man die eingewanderten Akademiker sehr reichlich bezahlen müssen, um sie zu motivieren, nach Livland zu kommen.[40] Zugleich gab es in Sachsen und Thüringen viel mehr Stellensuchende als Stellen, so dass sich dort die Kunde über die guten Stellenchancen und hohen Löhne in Livland rasch verbreitete.[41]

In einer Konsumgesellschaft ist es selbstverständlich: wer mehr verdient, kann sich mehr leisten und hat deswegen auch ein größeres Prestige. Ceteris paribus, /„unter gleichen Umständen"/ sollte das Prestige der Hofmeister in Livland viel höher sein, als das ihrer Amtsbrüder in Deutschland. Man kann sagen, es war tatsächlich so. Nun aber ist es fraglich, ob es in Livland wirklich ein „unter gleichen Umständen" gab. Um diese Frage zu beantworten, muß man die Stellung des Hofmeisters in seiner Dienst- und Wohnwelt, im adligen Gutshaus, untersuchen.

Die Stellung des Hofmeisters im livländischen Gutshaus

Es ist eine bekannte, aber schwer zu erklärende Tatsache, dass die Hofmeister in den reichsdeutschen adligen Häusern

---

[40] Über die Entlohnung der Hofmeister in Livland im Vergleich mit den deutschen Territorien siehe, H. Bosse, Die Hofmeister. (wie Anm. 27), S. 191–192.
[41] Johann Georg von Eisen, Autobiographische Aufzeichnungen aus dem Jahre 1766.

erheblich schlechter behandelt wurden als in den livländischen Gutshäusern. Wie wir sahen, war das Geld sicherlich ein Faktor dafür. Zugleich ist die schlechte Behandlung auch nicht die Regel. Es bedarf noch gründlicherer, nach Familientypen differenzierter Untersuchungen, um zu klären, worauf es ankommt. Man kann vermuten, dass manches auch daran liegt, dass der Adelsstand in Deutschland innerlich viel differenzierter war als in Livland. Die in der zeitgenössischen deutschen Literatur dargestellte Figur des im adligen Haus gedemütigten Hofmeisters konnte ja nur bei gewissen Familienarten - z.b. denjenigen, die als Aufsteiger Selbstbehauptungsprobleme hatten[42] - der Fall sein. Dass sie aber überhaupt einen Wahrheitsgehalt hatte, ist mehrfach belegt worden.[43]

Man hat sich dabei auf eine spezifische Herrschaftsauffassung gestützt, die ihre Legitimierung in den Deutungen der traditionellen Sozialstruktur „das ganze Haus" fand. Dieses alteuropäisehe Sozialgebilde mit seiner spezifisch patriarchalischen

---

[42] Sicherlich ist diese Behauptung jetzt nur eine noch überprüfungsbedürftige Hypothese, die auf die Tatsache Rücksicht nehmen will, dass die mögliche Erniedrigung des Hofmeisters überhaupt nicht von dem Adelsrang der Familie abhängig war. Im Gegenteil, es gibt sehr viele Beispiele, wo den bürgerlichen Hofmeister vom deutschen Hochadel mit großem Respekt begegnet worden sind, vgl. L. Fertig, Die Hofmeister. (wie Anm. 4), S. 5 f.

[43] Z.B. Adolf Frhr. von Knigge, der Verfasser des ersten Kodexes der bürgerlichen Moral, tadelt die Einstellung der Adligen gegenüber ihren Hofmeistern folgender Weise: „Es kann mir durch die Seele gehn, wenn ich den Hofmeister in manchem adligen Hause demüthig und stumm an der Tafel seiner gnädigen Herrschaft sitzen sehe, wo er es nicht wagt, sich in irgendeinem Gespräch zu mischen, sich auf irgend eine Weise der übrigen Gesellschaft gleichzustellen wenn sogar den ihm untergebenen Kindern, von Eltern, Freunden und Bedienten der Rang vor ihm gegeben wird, vor ihm, der wenn er seinen Platz ganz erfüllt, als der wichtigste Wohltäter der Familie angesehen werden sollte". Über den Umgang mit Menschen. München 1975, S. 132 (II. S, 10).

Herrschaftsstruktur hatte bis zur zweiten Hälfte des 18. Jahrhunderts auch das Gutsleben bestimmt. Für die Hausgemeinschaft stellte das ganze Haus nichts anderes als eine von Gott geordnete und verordnete Lebensgemeinschaft dar, in der jede seinen festen Platz einnahm. Eine besondere Stellung in dieser Lebensgemeinschaft kam dem Hausvater zu, der in seiner Person die aus ungleichen Mitgliedern bestehende societas domestica zu einer Einheit zusammenzufassen hatte: das Haus stand unter seinem Schutz und Schirm. Der Hausherr musste die Befolgung der christlichen Regeln im Haus gewährleisten, den Haushalt führen und dem Haus einen standesgemäßen Unterhalt garantieren, das Haus nach außen repräsentieren. Die Mitglieder der Hausgenossenschaft, standen unter seiner Leitung und Vormundschaft.[44] Auch die Hofmeistererziehung passte mit dieser Ordnung gut zusammen. Die Kinder blieben Mitglieder des Hauses und konnten in die Tradition des Hauses hineinwachsen. Nach der alten Tradition war es die Verantwortung des Hausherrn, für sein Kind einen „rechtschaffenen Hofmeister" zu finden und dann Kontrolle über die Erziehung zu üben.

In der zweiten Hälfte des 18. Jahrhundert erfuhr die Hausvaterschaft eine neue Akzentuierung durch eine vielschichtig gewordene Herrschafts- und Kulturgesellschaft, die sich im überregionalen wechselseitigen Umgang wesentlich verfeinert hat. In den deutschen Territorien hatte sich wegen der ständischen Abschließung auch die Umgangsebene verengt: die Bürgerlichen wurden nicht gern zu solchen Gesellschaften der feinen Welt zugelassen, in denen die Hausherrschaft den „guten Geschmack" des Hauses repräsentieren wollte. Die Frage, wer

---

[44] Otto Brunner, Das „ganze Haus" und die alteuropäische „Ökonomie". //Neue Wege der Sozialgeschichte. Göttingen 1956, S. 33f; grundlegend zum Thema: Otto Brunner, Adeliges Landleben und europäischer Geist. Salzburg 1949.

zur Herrschaft, wer zum Gesinde gehört, aktualisierte sich durch die Verdünnung der gemeinsamen Lebenspraxis des Hauses. Die Frage, ob der Hofmeister zur Herrschaft gehört oder nicht, wurde von den Umgangssitten dieser Gesellschaft abhängig. Obwohl der Hofmeister rechtlich (z.b. im Allgemeinen Preußischem Landrecht) zu denjenigen Familienmitgliedern zählte, denen das Gesinde nach der Ordnung der Herrschaft Dienste leisten musste,[45] konnte man sein Ausscheiden doch damit rechtfertigen, dass er selbst auch bei der Hausherrschaft im Dienst stand und deshalb zu den Dienstboten gehörte.[46]

Es ist belegt, dass auch in Livland die Idee vorgekommen ist, dass der Hofmeister nicht mehr als einer der Dienstboten ist,[47] und es gibt Stellen in den Reisebriefen deutscher Reisen-

---

[45] Reinhart Koselleck, Auflösung des Hauses als ständische Herrschaftseinheit. // Familie zwischen Tradition und Moderne. hrsg. v. N. Bulst, J. Goy und J. Hock. Göttingen 1981 (Studien zur Geschichte der Familie in Deutschland und Frankreich vom 16. bis zum 20. Jahrhundert). S. 110f.

[46] Typisch für diese Auffassung ist die von C. Müller geschilderte Einstellung des Adels gegenüber den Hofmeistern: „Er/der Hofmeister - ER/ wird nicht in die Gesellschaft gezogen, worin seine Eleven erscheinen müssen, und wären die Fremden nur etwa ein Landpriester oder der adeliche Gerichtshalter, welche ein Schälchen Kaffee bey der Herrschaft trinken, so erscheinen wol alle Eleven dabei, aber der Lehrer wird stillschweigend ausgeschlossen. Das macht nun, daß auch die anderen Menschen in der Welt einen sogenannten Informator über die Achsel ansehen. Er steht unter der Herrschaft! sagt man und rümpft die Nase." Schädlichkeit der Hauserziehung für Erzieher, Zögling und Staat, Stendal 1793, S. 38.

[47] „Ich weiß nicht, welcher Geist einigen den Gedanken ins Herz gegeben hat, als gehörten die Hoffmeister unter die ersten Domestiken des Hauses. Nach der jetzigen Wortbedeutung ist der Ausdruck unausstehlich. Nein, ein treuer Hoffmeister ist der erste Freund unseres Hauses; ihn wissend beleidigen, heißt an seiner Kinder verderben arbeiten. Der gelehrte Stand ist in allen Orten, wo man vernünftig denkt, in Ansehen;
-- Fußnote wird auf der nächsten Seite fortgesetzt

den, die von den livländischen Verhältnissen keine andere Einstellungen erwarteten, als wie sie für den deutschen Adel typisch waren.[48]
Nun kann das livländische Beispiel aber lehren, wie sehr die jeweilige Behandlung des Hofmeisters von den religionsspezifischen Umständen abhängig war. Die Verfeinerung der Sitten hat im letzten Drittel des Jahrhunderts auch beim baltischen Adel stattgefunden.[49] Gleichwohl ist es aber in Livland zu einer ständisch abgesonderten „Kulturgesellschaft" nicht gekommen.[50] Erstens war der baltische Adel innerhalb des

---

    wer ihn nicht zu schätzen weiß. der verdient keinen, oder nur einen schlechten Hofmeister." A.W. Hupel, Antwort einer Anklage. An das Lief- und Ehstländische Publikum. S. 27.

[48] „Nun hat jede liefländische Familie einen Hofmeister, der in Hoffnung auf eine fette Pfarre, so manches über sich ergehen läßt, was zu ertragen sonst nicht Jedermanns Sache ist. Feyerabend, Kosmopolitische Wanderungen durch Preussen, Curland, Liefland, Littauen, Wollhynien, Podolien, Gallizien und Schlesien, in den Jahren 1795-1798. In Briefen an einen Freund. 3 Bde. Bd. II. Germanien 1801. S. 494. „Ohne ansehnliche Vorteile, sie mögen in einem vorzüglichen Honorarum oder bessern Erwartungen bestehen, wird indeß ein junger Mann von Talenten (wenn ihn das Unglück nicht aus seinem Vaterlande führt) sich schwer entschließen nach Livland zu kommen, wo ihm so selten eine nachmahlige anständige Versorgung zu Teil wird; wo es ungewiß ist, ob man ihn als den ersten Domestiken oder als .freien Mann behandelt, ob sein Leben kränkend unter naserümfenden Gesichtern oder im freundschaftlichem geistvollen Umgang verfließt"; A.F Kerten, Auszug aus dem Tagebuch eines Russen auf seiner Reise nach Riga. 1783, S. 104.

[49] Benita Meder, Der Strukturwandel in der baltischen Lebensart um die Mitte des 18. Jahrhunderts. Dortmund 1961.

[50] Nach I. Jürjo, von dem eine gründliche Untersuchung über die institutionelle Seite der livländischen Aufklärung am Beispiel der Lesegesellschaften, Kabinetten und Klubs stammt, war für die Livländischen Aufklärung typisch, dass es zu keiner Polarisation zwischen den Adligen und Bürgerlichen kam und der gesellschaftliche Umgang zwischen Adel und Bürgern auf dem Lande besonders aktiv war. Lesegesellschaften in

-- Fußnote wird auf der nächsten Seite fortgesetzt

Standes wenig differenziert.[51] Wichtiger noch, die Tisch- und Abendgesellschaft des baltischen Adels war im 18. Jahrhundert ungewöhnlich offen. „Zum Ruhm gereicht es unserm Adel, dass er im Umgange mit Gelehrten und mit angesehener Kaufleuten von eitlem Stolze weit entfernt ist."[52] Der Lebensstil der Prediger, „der älteren Brüder der Theologiekandidaten-Hofmeister", die ja in Livland auch selbst über Pastoralgüter verfügten, war nicht sehr verschieden von dem des Adels. „Alle Freuden des geselligen Lebens werden von den dortigen /livländischen -EP/ Predigern, oder wie man sie gewöhnlich nennt, Pastoren, - vielleicht bisweilen in zu reichlichem Maße genossen, ohne dass er deswegen die geringsten Vorwürfe oder Nachrede zu befürchten hat. Im Gegenteil würde man es ihm als einen Mangel an guter Lebensart, oder als eine Pedanterei, ja als Geiz zur Last legen, wenn er sich durch ein besonderes Betragen vor anderen Menschen auszeichnen wollte".[53] Ganz treffend hat Graf de Bray die Möglichkeit eines solchen Ver-

---

den baltischen Provinzen im Zeitalter der Aufklärung. Mit besonderer Berücksichtigung der Lesegesellschaft von Hupel in Oberpahlen. 2 Teile. // Zeitschrift für Ostforschung Jg.. 39-40, H. 4, H.1. 1990-1991. S. 540-571; S. 28-56;.Jg. 40. S. 49.

[51] Er bestand vorwiegend aus den Gutsbesitzern, die periodisch verschiedene Nebenrollen (Richter, Provinzialbeamter) eingenommen haben. Die wichtigste Demarkationslinie im Adelsstand lief zwischen den immatrikulierten und nichtimmatrikulierten Adligen, die s.g. Landsassen, die unterschiedlich von den ersten zwar Rittergüter besitzen durften, aber auf den Landtag nicht zugelassen wurden. Die Situation hat sich 1785 mit der Einführung der acht Adelsrängen überall in Rußland geändert. Aber auch vorher haben die Landsassen auf den Gütern gewohnt sie verpachtet, und waren deshalb in ihrer Lebensweise dem immatrikulierten Adel gleich. siehe Gert von Pistohlkors, Die Baltischen Länder. (wie Anm. 12), S. 274 f.

[52] A.W. Hupel,. Topographische Nachrichten von Lief- und Ehstland. Bd. II, Riga 1777, S. 5.

[53] J. Chr. Petri, Ehstland und die Ehsten. Bd. III., S. 301.

haltens durch die koloniale Lebensweise der baltischen Oberschicht begründet - der Gutsherrschaft standen ja die Lebensmittel und die leibeigene Arbeitskraft immer reichlich zur Verfügung.[54]

„Der Kandidat, sei er Hauslehrer oder nicht, wird überall mit Distinktion aufgenommen und ihm ohne alle Anmaßung mit Achtung und Ehre begegnet. Jeder empfängt ihn mit Freude und Achtung, er besuche nun den Herrn des Hauses selbst, oder dessen Hofmeister".[55] Und tatsächlich, in keiner Autobiographie livländischer Hofmeister kommt die gesellschaftliche Demütigung des Hofmeisters vor. Überall ist er in der Gesellschaft akzeptiert, nimmt frei an der Unterhaltung teil und „spielt die adligen Gesellschaftsspiele mit".[56]

Der freie Umgang in Livland war zuerst auch für die dadurch begünstigten Hofmeister selbst befremdlich. Es war z.B. nicht nötig, einen Besuch anzukündigen. C.L. Klee erzählt in seiner Autobiographie, wie es zu Beginn seines Dienstes wegen seiner Unwissenheit über die lokalen Sitten fast zu großen Missverständnissen gekommen wäre. Ein Hofmeister aus einem benachbarten Gut kam einmal zu ihm unerwartet zu Besuch. Weil es schon spät war und Klee überzeugt war, dass er nun dem Mann in seinem Zimmer Unterkunft ermöglichen sollte, „konnte ich eine sonderbare Verlegenheit sehr schwer verbergen /---/, denn daß er jetzt noch, da es schon dunkel wurde, zwei Meilen in diesen, wie es mir schien, öden Gegenden zurücklegen könnte, hielt ich für unmöglich; und eben so

---

[54] De Bray/Mr. Comte Gabriel, Memoire sur la Livone 1717. S. 52-53.
[55] J. Chr Petri, Ehstland. (wie Anm. 53), S.301.
[56] Aufgrund der gegebenen Quellenbasis kann man leider nicht ermitteln, wie den ungelehrten Hofmeistern, deren es in der ersten Hälfte des Jahrhunderts in Livland verhältnismäßig viele gab, in der Gesellschaft begegnet wurde.

wenig sah ich ein, wie er bei mir bleiben könnte, da ich weder über Tisch noch Bette zu disponieren hatte".[57] Dann wurden sie von der Frau des Hauses zum Tee gebeten." Wir folgten dieser Einladung,, doch wußte ich nicht, was ich thun oder sagen sollte. Eine Entschuldigung wegen meines Gastes ließ sich in seiner Gegenwart nicht wohl anbringen. - Nach den ersten Begrüßungen entschuldigte er sich auch wirklich, aber nicht wie ich gedacht hatte, wegen der Freiheit, die er sich genommen u.s.w, sonder bloß deshalb, daß er nicht früher gekommen -. Dafür, meinte der Herr von B., werde er noch nun einige Tage bei uns bleiben". Klee kommentiert: „Hieraus ergab sich nun für mich, daß die Höflichkeitssprache hier, indem sie sich auf wahre Gastfreiheit gründet, anders klinge, als in meinem Vaterlande. Ein Besuchender ist immer willkommen, weil er die Einförmigkeit des Landlebens unterbricht; was dabei für Mann und Roß an Portionen und Rationen aufgeht, wird in den meisten Häusern gar nicht in Anschlag gebracht." [58]

Es scheint überflüssig zu betonen, dass in Livland die Hofmeister selbstverständlich von den Hausdienern bedient wurden. Schon deshalb, weil in Livland die nationalen Unterschiede zwischen der deutschen Herrschaft und dem estnischen leibeigenen Gesinde sehr deutlich waren, gab es in den livländischen Gutshäusern hierüber keinen Zweifel.

Es müsste dazu berücksichtigt werden, dass die Hofmeister in Livland nicht nur als Deutsche galten, sondern ihnen ausgesprochen als „Ausländer" begegnet wurde.[59] Man hat es positiv

---

[57] Christian Carl Ludwig Klee, Pilgerschaft durch Land und Leben. Leipzig 1912, S. 76 ff.
[58] Ebenda.
[59] Aus Raumgründen kann man an dieser Stelle nicht tiefer auf diesen äußerst interessanten Begriff eingehen. Nur nebenbei sollte aber bemerkt werden. dass in Russland ein Eingewanderter sein ganzen Leben lang von dieser Bezeichnung nicht frei kam (was zu seinem Vorteil war) und
-- Fußnote wird auf der nächsten Seite fortgesetzt

vermerkt, dass die Hofmeister aus einem größeren Land gekommen waren und dessen Neuigkeiten zu vermitteln wussten. So wurde das Prestige des Hofmeisters erhöht, weil er ja neben dem Studium auch das getan hatte, was nach der Meinung des Adels die eigentliche Bildung verleiht: Reisen.[60]

Ungeachtet ihres guten sozialen Status in den adligen Häusern, handelte es sich also für die Hofmeister nicht nur um einen Hofmeisterdienst, sondern eher um eine Hofmeisterexistenz. Obwohl sie auf der Seite der Herrschaft standen, waren sie nach der Meinung ihrer Patrone während der Dienstzeit zum Haus gehörig, profitierten wie das ganze Haus von dem guten Namen des Hauses und hatten sich daher auch um die Sachen des Hauses zu kümmern. So kann man die Beziehung zwischen dem Hausvater und dem Hofmeister als ein Treueverhältnis mit wechselseitigen Verpflichtungen ansehen.

Das bedeutete, dass der Aufgabenbereich des Hofmeisters viel mehr als die bloße Lehrtätigkeit umfasste. Der Hofmeister war ja gelehrt - also, alles was Gelehrsamkeit brauchte, war seine Aufgabe - solch eine adlige Haltung ist in den Quellen oft geschildert worden. Der Hofmeister hatte Sonntags eine Predigt zu halten, oft mußte er für den Herrn der Privatsekretär sein, für ihn das Wirtschaftsbuch führen,[61] einen

---

diese Einstellung hat auch die baltische Gesellschaft sich gewissermaßen angeeignet.

[60] Th. Hermann, Erinnerungen. S. 42
[61] vgl. J.C. Petri: „Es gibt viele unter dem Adel auf dem Lande die entweder aus Bequemlichkeit oder Unwissenheit oder in der irrigen Meinung, der Hofmeister sei zu allem da, ihn als ihren Sekretär zu brauchen. Sie tragen ihn zu dem Ende auf, nicht nur alle Briefe zu schreiben, sondern auch Rechnungen zu revidieren, Neujahrswünsche, Geburtstags- und andere Gedichte zu machen, Hochzeits- und Taufbillete zu schreiben, ja sogar die Revisionslisten anzufertigen. Besonders war das Frühjahr und der Sommer von 1796 in dieser Hinsicht für manche sehr lästig. Es kam
-- Fußnote wird auf der nächsten Seite fortgesetzt

„Gesellschaftsdienst" leisten[62] usw. Für eine wirklich demütigende Pflicht hält J. C. Petri das Vorschneiden der Zeitungen, die aber in Wahrheit von den Bediensten verrichtet wurde: „Es müßte wahrlich ein höchst elendes Subjekt sein, daß sich jenes Geschäft als ein Amt antragen ließe."[63] Darüber hinaus mußten sie oft für den ganzen Tag für das Kind da sein, z. B. beklagt sich J. W. Krause darüber, dass ihm die Freizeit völlig fehlt: „von 8 Uhr Morgens bis 10 Abends keine Stunde frei!"[64]

Der Identitätsrahmen der Hofmeister

Wie haben die livländischen Hofmeister ihre Hofmeisterexistenz aufgefasst, darüber reflektiert? Im Aufklärungszeitalter war die „Hofmeisterei" in vieler Hinsicht problematisch geworden, weil sich ein neues Selbstbewusstsein der gebildeten Bürgerlichen formiert hatte. Die Hofmeister haben sich als Repräsentanten der aufgeklärten Öffentlichkeit verstanden, die nicht nur die heranwachsende Generation lehren sollten, sondern auch den ganzen gesellschaftlichen Ton des Hauses zu bestimmen hätte. Wie A.W. Hupel, der auch selbst im Hofmeisterdienst gestanden hatte, den Hofmeister als „den ersten Freund des Hauses" bezeichnet hatte,[65] haben die Hofmeister für sich eine wichtigere Rolle als die des Kinderlehrers beansprucht. Während man in der ersten Hälfte des Jahrhunderts

---

der Befehl, daß neue Revisionen der Güter und eine neue Volkszählung veranstaltet werden sollten. Mehrere Adliche waren so unbescheiden, dies beschwerliche und zeitfressende Geschäft entweder dem Prediger oder dem Hauslehrer aufzutragen." (wie Anm. 44), Bd. III. S. 317.

[62] W. Krause erzählt von einer alten Dame, der er stundenlang vorlesen mußte: „Herzenfreund, rief die Alte, lesen Sie mir vor!", Bilder aus Altlivland. BM 55.1903. S. 12.
[63] J. C. Petri, Ehstland und die Ehsten Bd. III., S. 265.
[64] J.W. Krause, Bilder aus Altlivland. BM 54/1902, S. 212.
[65] A.W. Hupel, Publikum.(wie Anm. 47), S. 28.

noch Tugendlisten veröffentlichte, wie sich ein ordentlicher bürgerlicher Hofmeister im adligen Haus benehmen solle, hat man am Ende des Jahrhunderts eher gegensätzliche Schriften veröffentlicht, in denen man dem Adel Vorschriften gemachte, wie ein Hofmeister - wegen seiner großen Verdienste - zu behandeln ist.[66]

Die Autoren der Autobiographien haben die eigene Lebensführung auch in den Gutshäusern an den Maßstäben der bürgerlichen Lebensmaximen gemessen. Nach J. Kocka und H. Bausinger ist der Grundsatz bürgerlicher Mentalität die Bewertung der individuellen Leistung, die dem für die Adelsmentalität charakteristischen Standesstolz gegenüberstand. Der aufgeklärte Mensch sollte auch „ein brauchbarer Mensch" sein.[67] Die Autoren der Autobiographien haben als Hofmeister ihr Leben alle vernünftig zu führen versucht, ihre Zeit methodisch geplant und regelmäßig an Büchern gearbeitet.[68]

Über die positive Leistung der livländischen Hofmeister in der Aufklärung der russischen Ostseeprovinzen hat ausführlich H. Bosse berichtet.[69] Mehrere von ihnen haben über ihre pädagogische Arbeit nachgedacht, darüber Schriften veröffentlicht,[70] Lehrbücher herausgegeben[71] auch über Geschichte,

---

[66] L. Fertig, Die Hofmeister. S. 44f.
[67] Hermann Bausinger, Bürgerlichkeit und Kultur. 1/ Bürger und Bürgerlichkeit im 19. Jahrhundert hrsg. v. J. Kocka. Göttingen, 1987.
[68] Sehr charakteristisch dafür ist die Erinnerung von J. W. Krause. „Doch faßte ich mich allmählich in dem Gedanken: Leide, schweig, arbeite, spare und bald reihte sich Trost an Trost ... ." Bilder aus Altlivland. BM 52/1901. S. 37.
[69] H. Bossse, Die Hofmeister. (wie Anm. 36), S. 197 f.
[70] Peter Ernst Wilde, Etwas vom liefländischen Schulunterricht in Städten und adligen Häusern. Ein Wink, die Ältern sicher zu stellen, damit bey ihren Kindern weder Zeit noch Kosten verloren gehen. Riga, 1778; Jacobi, Johann Heinrich: Moralisches Vermächtnis eines Vaters an seinen Sohn; den Eltern Lieflands gewidmet, besonders denen ihre Söhne nach

-- Fußnote wird auf der nächsten Seite fortgesetzt

Handel und Wirtschaft publiziert und sich mit der Agrarfrage Livlands beschäftigt.[72]

Auch in ihrer Lehrertätigkeit konnten sie wahrscheinlich den Kindern ihre eigenen Normen näherbringen. Eugen Baron Rosen schreibt in seinen Memoiren, wie auch ihn als Kind die „standesgemäßen Interessen" gefesselt haben, vor allem die Pferde. Er hält es für einen Verdienst seines Hofmeisters, H.E. Erdmann, dass er in ihm den Keim der Wissensbegierde gelegt hat: „Er verwies mich auf gewisse häufige Subjekte, mit welchen das gute Vaterland damals versorgt war, zeigte die Unmoralität derselben, und so bekam ich eine entschiedene Abneigung für die sog. edlen Passionen und langweilte mich sehr, wenn Alt und Jung nicht eher beredt werden konnten, als wenn von Pferden die Rede war, und dann fast unerschöpflich wurden."[73]

Das Problem der verschiedenen Lebensstile

In den Autobiographien gibt es aber auch viel Frustration über das Ausbleiben der erhofften Leistungen. Die Sitten des Hauses hätten das Kind zu stark beeinflußt. Die Hausherrschaft habe sich in den Unterricht eingemischt, die Proportionen der einen oder anderen Art der Erziehung waren nicht festgelegt.[74]

Universitäten schicken. Riga, 1791; Steiniger, Johann Gottlieb Severin: Eine gut Absicht für Ehstland und Liefland. Reval 1789.

[71] H. Bosse, Die Hofmeister. (wie Anm. 36), S. 204.
[72] Ebenda, S. 204.
[73] E. v. Rosen, Sechs Decennien meines Lebens. Riga 1877, S. 10f.
[74] Th. Hermann, Erinnerungen. S. 41: „Die meisten von ihnen /Hauslehrer – EP/ waren tüchtige und redliche Männer, an Fleiß und Ordnung gewöhnt die daher auch wollten, dass viel gelernt werden sollte. Das wollte aber selten in dem Grade gelingen, als die Lehrer es erwarteten, weil besonders die Knaben zu viel Anteil an Jagd, Pferden, Fahren und Reiten nahmen, und die Eltern selbst gelehrtes Wissen für sehr entbehrlich
-- Fußnote wird auf der nächsten Seite fortgesetzt

Die Proteste des Hofmeisters J.W. Krause gegen zu viel Gesellschaftsleben ihrer Zöglinge wurden aber vom Hausherrn mit der „Lebensweisheit" pariert: „Geistesanstrengung sei dem Wachstum der Kinder nachteilig - junge Gelehrte, alte Dümmlinge."[75] Wesentliche Widersprüche in der Mentalität ereigneten sich dort, wo der bürgerliche Bildungsbegriff für die traditionell gesinnten Landadligen unverständlich war. Die geistige Selbstbildung der Hofmeister schien manchen als etwas Überflüssiges. Der Verdacht „Der gute Mann, muß noch nicht zu viel wissen; denn er liegt die ganze Zeit über den Büchern".[76] oder der Spott, dass er „ein Heiliger werden will"[77] sind die belegten Reaktionen darauf.

Überhaupt war es für viele Hofmeister nicht leicht, ihren Hofmeisterdienst mit den Normen des bürgerlichen Lebens zu versöhnen, dem Dienst und seiner Existenz im adligen Haus den erhofften Sinn zu geben. Man konnte sich nur dann als ein Mitglied der Öffentlichkeit fühlen, wenn man wusste, was „in der Öffentlichkeit passiert".[78] In den von Deutschland über tausend Kilometer entfernten Provinzen Rußlands war es beson-

---

hielten, da die Söhne meist fürs Militär bestimmt waren, wo sie in damaliger Zeit schon für sehr gebildet galten, wenn sie nur die Elementarkenntnisse mitbrachten. Da die Lehrer unter diesen Umständen ihre Leistungen meistenteils sehr unbedeutend fanden, wenn auch die Eltern vollkommen zufrieden waren, so befand sich fast keiner in seiner Lage vollkommen wohl."

[75] J.W. Krause, Bilder aus Altlivland. BM 52/ 1901, S. 41.
[76] Johann Gottlob Severin Steiniger, Eine gute Absicht für Ehstland und Liefland. Reval 1759, S. 22.
[77] J.W. Krause, Bilder aus Altlivland. BM 51/1901, S. 351.
[78] vgl z. B.J.C. Petris Meinung: "Das Lesen politischer und gelehrter Zeitungen ist heutiges Tages, wie jeder weiß, nicht bloß nützlich, sondern nothwendig wenn man nicht in stumper Unwissenheit über daß, was in der politischen und moralischen Welt vorgeht, bleiben will." Ehstland und die Ehsten. Teil III. S. 313.

ders schwierig, an die frischen Presse und Literatur des Hauptkulturraums heranzukommen. J.C. Petri schildert diese Situation mit einem leidenschaftlichen Pathos: „Der Ausländer war gewohnt, in seinem Vaterlande Zeitungen, Journale, kritische Schriften und dergl. zu lesen, hier muß er alles dies nicht selten entbehren. Gleichwohl ist es für jeden, der mit dem Geiste der Zeit fortzugehen wünscht, eine höchst wichtige und interessante Sache. Er verläßt sein Land, wo es nicht leicht an Gelegenheit fehlte, durch Umgang und Lektüre seinen Geist für die Welt und sein Fach zu bilden, und kömmt vielleiet in eine Gegend, wo es ihm schwer wird, sich für seinen Stand und sein Studium gehörig vorzubereiten." [79]

Oft beklagen die livländischen Hofmeister sich über die Eintönigkeit und den Umgangsmangel, über die prinzipielle Geschlossenheit des Land- und Gutlebens: „Der Eltern freudige Umarmung weckte mich einigermaßen, um mich als vom weit ausschauenden Soldaten zum eng beschränkten, ärmlichen Schulmeister degradiert zu fühlen. Ich zürnte fast über mein unzeitiges Nachgeben, - ich bereute den Schritt, mich so weit ins Land, so weit von der Weltstraße haben entfernen zu lassen." [80]

Das Leben im adligen Haus wurde aber auch als prinzipiell gefährlich für die eigene Identität empfunden. Viele Hofmeister haben sich die vom Adel „angebotene" adlige Lebensweise ganz selbstverständlich zugeeignet, ihre Tage zusammen mit der Hausherrschaft auf der Jagd und am Speisetisch ver-

---

[79] J.C. Petri, Ehstland und die Ehsten. Teil III. S. 313.
[80] J.W. Krause, Bilder aus Altlivland. BM 52/1901, S. 37.

bracht.[81] J. Krause nennt den Umgang mit einem solchen bürgerlichen Hausgenossen „zerstreuend".[82]

G. Merkel berichtet, dass „von Wissenschaft, Literatur und Kunst fast nirgend die Rede war außer den Hofmeistern, großenteils jungen Ausländern, die so eben von einer Universität, folglich aus dem Auslande kamen und dort wegen der ausgezeichneten Wissens und Bildungsgrades gewählt und empfohlen worden, aber auch bei ihnen nur mit einiger Lebhaftigkeit, bis sie sich eingelebt hatten, das heißt in den nicht literarischen Interessen untergegangen waren".[83]

Wer es nicht wollte, konnte ein Gefühl der Verschleuderung nicht entbehren: „Ich lernte nun eine neue Lebensweise kennen, die dem Hauslehrer eine ihm meist unbekannte Behaglichkeit darbot: für alle Bedürfnisse des Leibes und der Nahrung brauchte er nicht zu sorgen, - Veranlassung zu entbehrlichen Ausgaben gab es auf dem Lande nicht; als Führer, Lehrer und Vorbild für die Kinder genoß er eine achtungsvolle Begegnung, und so war seine Lage glücklich zunennen. Anders stand es aber, wenn man auf die Befriedigung der geistigen Bedürfnisse sah; da war nicht selten jeder auf sich selbst beschränkt, denn wo, wie meistenteils, die ganze Richtung auf Gewinn und Genuß hinging, da fanden literarische Anliegen nicht Anklang."[84]

Wo lag das Problem? In den Autobiographien gibt es verschiedene Adligentypen, man kann aber deutlich zwei Typen der adligen Gesellschaft unterscheiden, wovon die Hofmeister sich distanzieren wollten. Zuerst war es die Gesellschaft der

---

[81] „Die jungen Männer kannten kein richtigeres Ausmaß und schon damals dachte ich, warum die Gutsherren der Sache kein kurzes Ende machten." ibid. S. 41.
[82] J.W. Krause, Bilder aus Altlivland. BM 51/1901, S. 351.
[83] G. Merkel, Darstellungen. S. 161.
[84] Th. Hermann, Erinnerungen. S. 42f.

einfachen Landadligen, deren Interessenkreis nur die Ökonomie des Gutes umfasste. Nur wenn solche Adligen eine rationale Landwirtschaft zu treiben versuchten, konnte es ihre Unbildung gewissermaßen legitimieren. Doch wurde der gesellschaftliche Umgang mit solchen Adligen von den Hofmeistern als Pflicht angesehen. Es wurde oft für die Hofmeister schwierig, mit ihrer Hausherrschaft interessante Gesprächsthemen zu finden, weil am liebsten über die Wirtschaftssachen oder Pferdezucht gesprochen wurde.[85] J.W. Krause bezeichnet die alltäglichen gemeinsamen Teestunden als „Opferstunden des Schicklichen, die man mir als Lebensart hoch anrechnete."[86]

Interessanterweise hat man sich von dem zweiten Typus, den höfisch manierlichen Adligen klar distanziert. Im Laufe des Aufklärungsjahrhunderts hatte sich ein spezifisch bürgerliches Umgangsideal geformt, das sich der Förmlichkeit der adligen feinen Gesellschaft entgegenhielt. J.W. Krause kontrastiert in seiner Autobiographie die Enge der zeremoniellen Adelsgesellschaft von v. Vietinghoff mit dem freien Geist der persönlichen Gesprächen mit seinen Standesgenossen: „Herr von Kahlen (sein Hausvater – FP) nahm in Marienburg das Air vom Geheimen Rate an: Witz und Laune, nicht ohne Geist, aber immer spritzig, sprudelte aus allen Näthen; es gab wenig Freude. Friebe, Thom und ich (alle Hofmeister – EP) zogen uns in der Abenddämmerung zurück und pflegten der Muße und blieben in traulichem Gepräche in Ernst und Spaß bis zum Heiligen Dreikönigstage zusammen."[87]

Nur diejenigen Adligen, die im Ausland studiert hatten oder sonst sich für die aktuellen in der Öffentlichkeit diskutierten Themen interessierten, wurden positiv geschätzt. Desto

---

[85] J.C. Petri, Ehstland und die Ehsten. Teil III. S 407; H.J. von Jannau, Sitten und Zeit. S. 29.
[86] J.W Krause, Bilder aus Altlivland, BM 51/1901. S. 351.
[87] J. W. Krause, Bilder aus Altlivland. BM 55/1903, S. 3.

schmerzlicher haben die Hofmeister es aber wahrgenommen, wenn sie sich in einer größeren Gesellschaft doch nach den übrigen Standesgenossen gerichtet haben: „In den Häusern solcher Edelleute, die im Ausland Reisen gemacht und studiert hatten und als Beamte einen großen Teil des Jahres in Riga zubrachten, pflegte ein reeller, gebildeter Ton zu herrschen, doch viele gehörten nicht mehr zum Landadel, und zuweilen dauerte der Ton nur so lange, als ihre Landnachbarn nicht bei ihnen in bedeutender Zahl zusammen trafen. Dann kehrte oft die alte, in vorigen Zeitaltern gebräuchliche Weise zurück." [88]

Die am meisten geschätzte Gesellschaft war also für die Hofmeister die auf den persönlichen, intimen Beziehungen beruhende, wo man frei diskutieren könnte. Eine merkwürdige Baronin Boye, die selbst bürgerlicher Herkunft war, hatte um sich in Lindenhof einen Kreis junger Ausländer-Hofmeister gesammelt, „da fühlten sie sich frei von jedem Zwang, da konnten sie frei ihre Gedanken mitteilen, da fanden auch ihre zuweilen falschen Ansichten über Verhältnisse des Landes und der Zustände Berichtigung." [89]

Eine meist verbreitete Rollenerwartung der Hofmeister gegenüber den Adligen war, dass ihre Patrone für sie auch in dem, was die Öffentlichkeit und aufgeklärte Interessen betrifft, ein Vorbild sein könnten. Wenn der Patron dieser Erwartung entsprach, wurde der Dienst auch weniger drückend empfun-

---

[88] G. Merkel, Darstellungen. S. 156-157.
[89] Th. Hermann, Erinnerungen. S. 50. Die Persönlichkeit von Baronin Boye schildert Th. Hermann folgenderweise: „Besuch des Adels liebte sie nicht, sie war selbst aus bürgerlicher Familie und hatte vor ihrer Heirat sich eine unabhängige Stellung durch Halten einer Privatschule in Riga zu schaffen gewußt. Die gehaltlosen Gespräche der adligen Gutsbesitzer, ihr willkürliches, oft gewalttätiges Verfahren gegen ihre Bauern waren ihr sehr zuwider, und darum blieb sie bei ihrer althergebrachten Lebensweise und solchem Besuch, den sie nicht gern sah, fern". ibid. S. 51.

den. Dann konnte man sich immer noch als Mitglied der Öffentlichkeit fühlen, und auch die Fürsorge der Adligen schien nicht mehr als eine persönliche Patronage, sondern als ein Verdienst um die Beförderung der Aufklärung. In so einer Beziehung standen z.B. C.L. Klee und sein Patron O. von Pistohlkors, J.J. Bellemann und ein estländischer Adliger und G. Merkel als Hofmeister und sein adliger Freund, Besitzer des Nachbargutes Fr. v. Meck.

Eine echte Freundschaftsbeziehung war aber eher ein Ideal, das selten zu erreichen war. Für die Hofmeister war es aber besonders wichtig, weil sie sich an den Normen der bürgerlichen Lebenswelt orientierten. Im Aufklärungszeitalter war sowohl eine für die Öffentlichkeit geöffnete Arbeitssphäre als auch eine intime, davon gesonderte Privatsphäre entstanden. Während die Arbeitssphäre den Markt- und Konkurrenzgesetzen unterworfen war, durfte die Privatsphäre nur von den emotionalen Beziehungen durchdrungen sein.[90] Die übliche Hofmeisterexistenz im Gutshof entsprach dieser Vorstellung nicht - obwohl zum Haus und zur Hausgesellschaft gehörig, fühlte sich ein Hofmeister von beiden Sphären ausgegrenzt: „Es leuchtete mir ein, ich sei ihnen nur insofern lieb und werth, als ich ihnen einen Teil der aus Konvenienz notwendigen Sorgen abnähme, mich an sie schließen und mit ihnen gemeinsam sein würde".[91] Oder eine andere bittere Verallgemeinerung von Krause: „Die früher vernommenen Urtheile der Altadeligen, besonders wenn sie unter sich sind, sprachen sich doch immer in dieser oder ähnlicher Art aus, daß sie die Menschen nur so weit schätzten, als sie sie für ihren Dienst brauchen konnten."[92]

---

[90] H. Bausinger, Bürgerlichkeit und Kultur. S. 23.
[91] J.W. Krause, Bilder aus Altlivland. BM 55/1903, S. 14.
[92] Ebenda. BM 56/1903, S. 92.

Die Versöhnungsstrategien

Man konnte aber auch auf die Emotionalitätssehnsucht verzichten und den Dienst nur als ein Arbeitsverhältnis ansehen. Nach dem Merseburger Rektor Thieme im „Braunschweigischen Journal" von 1789 beruhe das Verhältnis des Hausvaters zum Hauslehrer auf einem Vertrag, und man könnte die beiden Teile wie Käufer und Verkäufer betrachten, von denen jeder seinen Vorteil sucht.[93] Die Beschreibung trifft zu, obwohl man zugleich berücksichtigen müßte, dass das Verhältnis viel mehr umfasste, als im Vertrag vorgesehen war.

Auch in der baltischen Publizistik konnte man die Meinung treffen, dass es sich überhaupt nicht um ein Patronagenverhältnis handelt. „Es klingt ungereimt, wenn der Kandidat, so oft er von dem Vater seiner Zöglinge spricht, sich des Ausdrucks mein Patron bedient. Warum soll er diesen nicht lieber bei seinem Namen nennen und z.B. sagen der Herr Major NN der Assessor usw? Wie kann ein Vater seines Hauslehrers Patron sein? Der Lehrer bedarf ja nicht des Edelmannes, sondern dieser zur Erziehung, zum Unterricht und zur Bildung seiner Kinder des Kandidaten. Die Patronschaft hat auch gar keinen Einfluß auf jene drei Stücke, vielmehr beweisen sich viele der sogenannten Herren Patrone als gerade Antipoden der Lehrer ihrer Kinder."[94]

---

[93] L. Fertig, Die Hofmeister. S. 69.
[94] J.C. Petri, Ehstland und die Ehsten. Bd. III, S. 257. Eine allgmeine Kritik des Kirchenpatronats kommt bei C. Feyerabend vor: Handelt er während seiner Dienstzeit nicht so, dass der Edelmann Ursache hat, mit ihm zufrieden zu sein, so verliert er seine Aussichten, und ein Anderer erhält die Stelle, auf die er so gegründeten Anspruch machte. Denn der Edelmann wöhlt nur einen solchen Menschen, von dem er gewiss weiss, dass er alles Mögliche beitragen werde, um dem Vortheile seines allergnädigsten Gönner nicht zu vergeben. Übrigens ist es ihm völlig gleich, ob der Mensch seinem Amte gehörig vorstehen kann; ob er den Werth sei-
-- Fußnote wird auf der nächsten Seite fortgesetzt

Dieser Abschnitt von Petri ist sicherlich keine Tatsachenbeschreibung, sondern ein ideologischer Aufruf. Petri musste wissen, dass die Mehrheit der Hofmeister gewiss eine Förderung von ihren adligen Hausvätern erwartete, einerlei ob es dann durch das einfache Kirchenpatronat oder ein aufklärerisches Mäzenatentum geschehen sollte. Auch war die Teilnahme an der im Gute herrschenden Lebensform unumgänglich, so lange der Hofmeister unter dem Dach des adligen Hauses wohnte. Der livländische Hofmeister hatte alle Besuche seiner Hausherrschaft mitzumachen, auch mit ihnen zusammen in die Stadt zu fahren.[95] Auch wenn er selbst einen Besuch bekam, war sein Gast auch des Gutsbesitzers Gast, der es für seine Pflicht hielt, die beiden zu seiner Gesellschaft zu bitten.[96]

Wichtig dabei war auch der Familienstatus des Hofmeisters - im deutschen Kulturraum kommen verheiratete Hofmeister sehr selten vor. Im Baltikum gibt es zwei solche Beispiele, die auch beide ihr Dienstverhältnis bald abgeschlossen hatten.[97] Es ist wahrscheinlich, dass die Unterkunft mit eigener Familie unter einem fremden Dach für die Hofmeister wirklich nur als letzte Möglichkeit erschien, die sie dann auch schmerzhaft erlebt haben. Dafür spricht auch die Tatsache, dass C.L.

---

nes Standes kennt, ob er Gefühl und Tugend hat; ob er Selbstdenker, strenger Wahrheitsliebender Mann ist. Kosmopolitische Wanderungen, Bd. II., S. 494.

[95] J. W Krause, Bilder aus Altlivland. BM 54/1902. S. 205-206.

[96] Ebenda. BM 21/1901. S. 33; C.L. Klee, Pilgerschaft durch Land S. 75.

[97] siehe: H. Bosse, Hofmeister, (wie Anm. 36), S. 21, schildert das Durchfallen beider Ehemänner als Hofmeister. Dabei dürfte ein kleiner Fehler verbessert werden; C.L. Klee war nicht bei dem Landrat O. von Patkul, sondern bei dem nachmaligen Landrat O. v. Pistohlkors in Rutikfer im Dienst. 5. EHA F. 2471, n. 1.S. 111.1. 18-28. 30-38, die B H. Pirang, Das Baltische Herrenhaus. Riga 1930, T. 3, S. 13. Briefe von C. L. Klee an dem Major O. v. Pistohlkors. Aus den Briefen stellt sich heraus. daß O.v. Pistohlkors selbst Klee zu seinem Hofmeister berufen hatte.

Klee von dem Gut seines Patrons fast geflohen ist, obwohl er eine sehr freundliche Beziehung zu seinem Patron hatte.[98]

Die Kritik an der Institution des Hauslehrerunterrichts in der Publizistik des 18. Jahrhunderts

Die vorher beschriebenen Unterschiede im Lebensstil und unterschiedliche Ansichten über den Bildungsbegriff machten die Hofmeister skeptisch gegenüber dem Nutzen ihres Berufes überhaupt: „Was leisten wir im Durchschnitt, streng angesehen, für so viel Geld und Bequemlichkeiten? Zwar ist es meistens ihre Schuld / des Adels EP/, es sind ihre Einrichtung und Lebensart, ihre Verhältnisse und Gewohnheiten, die sich nicht immer, auch wenn es recht wäre, abändern lassen. Und nun sollen sie den Krittler immer gelassen an ihrem Tische dulden und ehren."[99]

Die stärksten Proteste gegen die Institution des Hauslehrerunterrichts erklangen aber in der Publizistik. Es wurde behauptet, die häusliche Erziehung sei nachteilig für alle: „den Erzieher, den Zögling und den Staat." [100]

Für den Erzieher in erster Linie deshalb, weil er als Hofmeister in der Lebenssphäre eines anderen Standes zu wirken hatte und sich nicht völlig seiner Gelehrtenbestimmung widmen konnte.[101] Am Ende des 18. Jahrhundert hatte sich ein

---

[98] FHA F. 2471 n.1. S. 111.
[99] J. W Krause, Bilder aus Altlivland. BM 56/1903; S. 94.
[100] vgl. Carl Müller, Schädlichkeit der Hauserziehung für Erzieher, Zögling und Staat. Stendal 1793.
[101] Typisch für eine solche Auffassung ist ein Zitat von C.Müller: „Von der Akademie kehrte er mit seinem bloßen Vorschmacke von wahrer Gelehrsamkeit, und mit seinen reichlichen Heften, die das Uebrige enthalten, was er nicht weiß, - in das Haus des Gönners ein, der wenn er ihn nützlich findet, ihn eine lange Reihe von Jahren nütze, ehe er ihn in eine Pfarre oder sonst in irgend einen Dienst befördert. Diese wenige Er-
-- Fußnote wird auf der nächsten Seite fortgesetzt

neues Ideal der Bildung herausgebildet, das eine lebenslängliche Persönlichkeitsbildung zum Ziel hatte.[102] Zugleich scheint es, dass die Bedeutung der Gelehrsamkeit als Wert und Identitätsmerkmal für die jungen Akademiker so viel gestiegen war, dass sie gegen die schon seit langem anerkannten positiven Leistungen der Hofmeisterzeit - die Lebensklugheit und erworbene Menschenkenntnisse - ausgespielt werden konnte. Es konnte vor allem dadurch geschehen, dass man die Lebensklugheit nun von dem Standpunkt des bürgerlichen Selbstbewusstseins als eine übermäßige Anpassung an die adlige Standeswelt verstand. Doch hat man auch neue Verhaltensmuster vorzuschlagen versucht, wie man möglichst effektiv die adlige Lebenswelt umwandeln könnte, so dass die Hofmeistertätigkeit als eine Schule der Selbsterziehung auch „der Welt" nützlich sein könnte.[103]

Über den Zögling meinte man: seine Bildung bleibe mangelhaft. Die traditionelle Adelserziehung sei sowieso überholt und dürftig und dass ein bürgerlicher Hofmeister sie nicht vervollkommnen kann und will. Man ahnte, dass der Hauslehrerunterricht einen Kompromiss zwischen dem konservativen Standesbewusstsein und dem modernen Bildungsbedürfnis darstellt. Nach H.J. v. Jannau sei der Hofmeister für den praktisch

---

kenntnis. die er sich auf der Schule und Universität nun etwa erworben hat, kann er in der Zeit gar nicht vermehren. Denn zum gründlichen Studieren hat er gewöhnlich nicht Zeit, nicht Lust und Hilfsmittel genug in seiner Lage. E finden sich darin ungemein viel Gelegenheiten zu Zerstreuungen, welchen Erzieher und Zögling nicht ausweichen können, weil die Einrichtung und die Verhältnisse des Hause dieselben fördern." Ebenda. S. 49.

[102] Rudolf Vierhaus, Art. Bildung.// Geschichtliche Grundbegriffe, hrsg. v. O. Brunner, W. Conze und R. Koselleck. Bd. 1. Stuttgart 1972, S. 508-551.

[103] Representativ dafür: Anton Fr. Büsching, Unterricht für Informatoren und Hofmeister. Leipzig 1802.

gesinnten Landadel nur ein „Trug der Mode, Schein des Standes."[104] Auch mit einem neu entwickelten Fortschrittbewusstsein konnte man sich gegen die Hofmeisterei artikulieren: „Es gereicht überhaupt der Tugend zu einem großen Nachteile, wenn sie einer zu langen Wärme im Schutze der Aeltern genießt."[105] Die Kinder sollten nicht die Laster der Eltern durch ihr schlechtes alltäglich häusliches Vorbild erleben dürfen.[106]

Der ehemalige livländische Hofmeister und Schullehrer Steiniger bestreitet auch die grundsätzliche Möglichkeit des bürgerlichen Hofmeisters, eine ihm gebührende Autorität als Lehrer innerhalb der adligen Lebenswelt zu gewinnen: „Und welcher Erzieher/ ist der Hofmeister -EP ? Ein Bürgerlicher, der seine Studia vielleicht recht gut inne hat, dem es aber an dem nur in feinen Gesellschaften zu erwerbenden feinen Welttone fehlt; ein Bürgerlicher, der, wenn er auch die Achtung und Zufriedenheit seines Patrociniums besitzt, doch der übrigen Adelswelt nichts weiter ist, als n u r der Informator. Ein Bürgerlicher, der nie auch nur den Grad von Autorität über seine Zöglinge haben kann, den jeder öffentliche Schulmann in seiner Klasse hat."[107]

---

[104] H. J. von Jannau, Sitten und Zeit. S. 30.
[105] Johann Gottlob Severin Steiniger, Eine gute Absicht für Ehstland und Liefland. Reval 1789, S. 8.
[106] Ebenda, S. 58 f. Der Autor teilt den Pathos eines anderen, anonymen, Autors: „Die adeliche Erziehung sagt ein mit mir in der Pädagogenwelt verbundener Schummel, hat ihre ganz eignen großen Schwierigkeiten! Das Naturgefühl von der Gleichheit der Menschen wird gewöhnlich schon in der Kindesseele erstickt; der Knabe, der noch nichts tun sollte als gehorchen, will nicht nur befehlen, sondern befehlt wirklich. Eben so früher Zwang zum Artigkeitstone der großen Welt und zu ihrer steifen Etikette, raubt der Seele ihre Selbständigkeit und ihren großen Thätigkeitsbetrieb, und stimmt sie, sich insgeheim durch unmäßigen Genuß selbsterwählter Vergnügungen zu entschädigen".
[107] Ebenda. S. 58 f.

Man hat auch an der intellektuellen Befähigung des Hofmeisters gezweifelt, in allen Fächern guten Unterricht zu leisten, ein Argument für die öffentlichen Schulen.[108] Eine gute Schulbildung sollte ihrerseits zum Instrument der allgemeinen gesellschaftlichen Aufklärung und Egalisierung werden. Man hat gehofft, dass die Ständewelt eben durch die Verminderung der Funktionen der „dunklen" Privatsphäre abschaffbar wird: „Öffentliche Schulen sind die wahren Grundsäulen aller Volksmoralität: Sie sind die wirksamsten Maschinen zur Entwickelung des menschlichen Verstandes und zur Verbreitung des wissenschaftlichen Geists ... . Ein Mensch soll und kann denken wie der andere, und hierinnen darf Stand und Geburt, welche Fantom so häufig die Menschheit spalten, im Wesentlichen keine Unterschied machen".[109] „Es geschieht gleichsam alles vor den Augen der Welt, und dies giebt schon den Handlungen der Lehrer und Schüler die wirksamsten und heilsamsten Vorschriften./../ Nicht vergiftet so leicht der Trübsinn, Eigensinn, Scharfsinn einzelner Personen im Verborgenen und Stillen das gesunde jugendliche Gehirn." [110]

---

[108] „Doch in Liefland gibt es auch rechtschaffene würdige Hofmeister, wohl dem der einen findet! Aber ist es denn eines Mannes Werk, eure Kinder alles das zu lehren, was sie billig wissen sollen? Religion, Lebensart, Geschichte, Musik, Sprachen, Mathematik, Wohlredenheit, Logik u.sw. jede Wissenschaft erfordert beinahe einen eigenen Lehrer, und ein einziger Hofmeister soll verschiedenen Kindern von noch verschiedenerin Alter und Fähigkeiten alles vom bc bis zur Metaphysik in kurzer Zeit brybringen Der öffentlichen Schulen Vorzug bestehet eben darinne, daß mehrere Lehrer mit vereinigten Krqften an einem jungen Menschen arbeiten." Hupel, A.W. An das Lief-und Ehstländische Publikum. S. 25.
[109] J.G.S. Steiniger, Eine gute Absicht. S. 41.
[110] Ebenda. S. 44.

So behauptete man, die Hofmeisterei sei der ganzen Gesellschaft und dem Vaterland selbst nachträglich.[111] Man hat sich in ähnlicher Weise in Deutschland an den Staat und in Livland an die Väter des Vaterlandes gewendet, um die Einführung eines staatlichen Schulsystems zu erreichen. Hier sieht man, dass es nicht nur die Pretention des absolutistischen Staates war, bis zur Privatsphäre durchzudringen,[112] sondern auch das Aufklärungspublikum seinerseits zu solchen Strategien ideologisch bereit war.

Das Ende des 18. Jahrhunderts ist kein Ende der „Hofmeisterei". Doch, der Staat konnte sowohl in Deutschland als auch in Livland eine gewisse Kontrolle über den Hauslehrerunterricht einführen, als man eine Hofmeisterprüfung für junge Hofmeisterkandidaten institutionalisiert hat.[113] Als die Hofmeister dann hauptsächlich nur den ersten Unterricht ertei-

---

[111] „Gewiß glaube ich. daß hierin /daß sich die Kinder zu Hause, in jedem Zirkel des rauschenden Vergnügens beteiligen - EP/, und nicht anders sind der Grund liegt, warum wir - nicht bei uns allein, sondern in der ganzen Welt, so viel entseelte Menschen haben, die gut reden und schlecht handeln. Hieraus schöpft die Gesellschaft den freien bon ton, weil mehr das Blut als der Verstand zu sprechen hat, und so entsteht zuletzt Gleichgültigkeit gegen Vaterland, Ehre. Tugend und alles, was um uns ist." H. v. Jannau, Sitten und Zeit. S. 24.

[112] Darüber siehe: Wolfgang Neugebauer; Absolutistischer Staat und Schulwirklichkeit in Brandenburg-Preußen New York/Berlin, 1985.; Reinhart Koselleck; Die Auflösung des Hauses als ständische Herrschaftseinheit. /Familie zwischen Tradition und Moderne. hrsg. v. N. Bulst, J. Goy und J. Hook. Göttingen. 1987. S. 21-64:

[113] Die Wiedereröffnung der Dorpater/Tartuer Universität im Jahre 1802 und die Errichtung des russischen Volksbildungsministeriums haben die Bildungsverhältnisse im Baltikum wesentlich verändert. Die Dorpater Universität bekam auch die Rechte des Schulkuratoriums. Über den Hausunterricht in Livland im 19. Jahrhundert erzählt R. Wittramm in „Drei Generationen. Deutschland-Livland-Rußland. 1830-1914. Gesinnungen und Lebensformen baltisch-deutscher Familien. Göttingen 1949, S. 234f.

len sollten und ihre Verantwortlichkeit damit wesentlich eingeschränkt war, sollte auch der typische Anspruch der Hofmeister der Aufklärungszeit - wegen ihres „Aufgeklärtsein" der erste Freund des Hauses zu sein in den Hintergrund treten. Damit hatte sich auch die Rollenbeziehung verändert, so dass die Erwartungen nicht mehr so hochgespannt waren. Zusammenfassend kann man feststellen, dass die Rollenbeziehung - der adlige Hausvater - der bürgerliche Hofmeister - sowohl durch die Herausbildung des aristokratischen Bildungsideals als auch durch das ständische Ausbildungs- und Amtssystem, in dem die Akademiker nicht gleich ins Amt konnten, zustandegekommen war. Die gesellschaftliche Stellung der jungen amtlosen Studierten als Hofmeister in den adligen Häusern war nicht eindeutig durch ihr abstraktes Literatenprestige bestimmt. Einen großen Einfluss auf ihre Stellung in der Familie haben die regionsspezifischen Umstände gehabt: die Situation des Hofmeistermarktes in der Gegend, die Art der Hausgesellschaft (das ganze Haus oder eine feine Kulturgesellschaft), die Umgangssitten und der Grad der Offenheit der adligen Gesellschaft.

Interessant und für die Praxis der Aufklärung typisch, war aber, dass die sowohl in Deutschland als auch in Livland belegte Identitätskrise der Hofmeister nicht durch ihre objektive Lage in den adligen Häusern bedingt, sondern eher in ihrem neuen aufklärerischen Normensystem begründet war. In den Bedingungen des täglichen Nebeneinanderlebens in adligem Haus, konnte die eine oder die andere Seite sich den Normen des Anderen anpassen. Natürlich gab es Fälle, wo es dem Hofmeister gelang, seinen Eleven oder sogar seine Familie an bürgerlichen Normen zu orientieren.

Öfter aber erfuhr man eine Enttäuschung. Es gab in Livland zwei Formen der adligen Gesellschaft, die beide eine heftige Kritik von der Seite der Hofmeister erfahren haben: die „alte" Hausgemeinschaft, in der die wirtschaftlichen Tugenden am meisten geschätzt wurden und ein immerwährendes Gesprächsthema bildeten, besonders seit der zunehmenden Rationalisierung der Gutswirtschaft; und die „neue" feine Kulturgesellschaft, deren Förmlichkeit und Unwahrhaftigkeit von den Hofmeistern zwar als geschmackvoll akzeptiert, aber für sich als gefährlich empfunden wurden. Die Hofmeister selbst haben sich als Glieder der Öffentlichkeit gefühlt und deshalb die auf persönlichen Beziehungen beruhende Gesellschaft der freien Unterhaltung am meisten geschätzt.

Von den Hofmeistern wurden verschiedene Strategien angewendet, um die Lebenswirklichkeit mit dem normativen Selbstbild des Mitglieds der aufgeklärten Öffentlichkeit zu versöhnen. Zuerst konnte man seinem Dienst durch die eingenommene normative Rolle des „ersten Hausfreundes" Sinn geben, und wenn man noch in der Tat eine Freundschaftsbeziehung mit seinem Patron hatte, hat man auch das wechselseitige Treueverhältnis mit ihm nicht als eine Begrenzung eigener Selbständigkeit empfunden. Meistens konnte man aber diese normative Rolle in seinem Dienst nicht ausspielen und fühlte sich abhängig von der Hausherrschaft, deren Lebensweise man selbst nicht anerkannte. Es gab Versuche, diese Abhängigkeit zu verschweigen und den ganzen Dienst als eine freie Vertragsbeziehung zwischen Verkäufer und Käufer umzudeuten, öfter aber hat man einfach seinen Dienst zwar fortgesetzt und auf die Förderung gewartet, aber zum eigenen Dienst eine distanzierte Stellung eingenommen. In der Publizistik konnte man aber frei reformerische Vorschläge aussprechen, um vom Staat oder den Landesvätern zu bekommen, was man selbst nicht durch oder in seinen Handlungen verändern konnte.

DAS GESCHLECHT VON LIPHART UND SEIN GÜTERKOMPLEX DURCH ZWEI JAHRHUNDERTE

Tiit Rosenberg

Was und wie viel wissen wir von den Gutsbesitzern, von den Vertretern einer Gesellschaftsschicht, die für uns vom historischen und kulturgeschichtlichen Standpunkt außerordentlich wesentlich ist? Das ist eine Frage, die es wert ist, dass die Historiker sie sich stellen und dass man sich in sie vertieft. Es dürfte klar sein, dass die Vorstellung von einem die Reitpeitsche schwingenden baltischen Baron, der die armen estnischen und lettischen Bauern nur unterdrückt und ausgebeutet hat, überholt ist. Es ist an der Zeit, jahrhundertealte Klischees aufzugeben und diesen Stand in seiner Vielfalt zu betrachten, in dem sehr unterschiedliche Typen vertreten waren - von Großgrundbesitzern bis zu Kleingrundbesitzern und Gutspächtern, von Lebemännern und Verschwendern bis zu ernsten und neuerungsfreudigen Landwirten und unternehmungslustigen Industriellen, von rückständigen, nur ihre eigenen Standesinteressen schützenden Landpolitikern bis zu fortschrittlichen Sozialreformatoren, die auch für die wirtschaftliche und bildungsmäßige Entwicklung des Bauernstandes ein Interesse zeigten.

Wir werden die Betrachtung dieser sozialen Schicht mit den Großgrundbesitzern beginnen.

Wenn der Fiskus nicht berücksichtigt wird, so war von Ende des 18. bis zu Beginn des 20. Jahrhundert der größte Grundbesitzer in Livland und wohl auch im ganzen Baltikum das Geschlecht von Liphart. Im Vergleich zu den meisten anderen deutschbaltischen Adelsgeschlechtern sind die Lipharts nicht so sehr durch ihre Tätigkeit im Staatsdienst oder auf dem Gebiet der Provinzialpolitik, sondern vielmehr als Kunstsammler und -kenner bekannt geworden. Das konnten sie sich natürlich dank ihres Reichtums leisten. Andererseits entsteht die Frage, inwieweit sie ihre Liebhaberei mit ihrer Rolle als erfolgreiche Gutsbesitzer und als Erbherren für die Bauern ihrer riesengroßen Besitztümer verbinden konnten.

Die Lipharts als Gutsbesitzer (1632-1750)

Die Herkunft des Geschlechts von Liphart ist nicht ganz klar. Nach einer Auffassung geht dieses Geschlecht auf Adlige zurück, die am Anfang des 16. Jahrhundert aus Sachsen nach Livland gekommen waren. Es ist aber bedeutend wahrscheinlicher, dass die Lipharts aus einem wohlhabenden Bürgergeschlecht von Reval stammen. Der Begründer des Gutsbesitzergeschlechts von Liphart war Johan Liphart (um 1608 - um 1662), vermutlich ein Sohn des Ältesten der Tallinner Kanutigilde Alexander Liphart, dessen Name zum ersten Mal im Jahre 1622 in der Matrikel der Universität Rostock als Joh. Liphardus Revaliensis belegt ist. Es scheint, dass gerade die Universitätsausbildung ihm den sozialen Aufstieg ermöglicht hat. Von 1630 an ist Johan Liphart in Pernau der Hofmeister des jungen Grafen Heinrich Thurn. Im Jahre 1632 stellte die Witwe des Grafen Thurn das zur Grafschaft Pernau/Pärnu gehörende Gut Sodava gegen einen Pfandbetrag von 300 Talern ihrem Hofmeister Johan Liphart für acht Jahre zur Verfügung. Wahrscheinlich stand das Gut Sodava in dieser Zeit leer, denn J. Liphart musste hier einen neuen Gutshof aufbauen, der den Namen Wölla/Völla erhielt. Im Jahre 1641 verzichtete die Gräfin Thurn auf alle ihre Rechte auf diesen Besitz, und im Jahre 1649 wurde das Gut Wölla von Königin Christine von Schweden für den erblichen Besitz von Johan Liphart erklärt. So entstand das sogenannte Haus Völla des Geschlechts Liphart und daraus später das sog. Haus Ratshof.

Auch Johan Lipharts älterer Bruder Friedrich (1601-1699), der zuerst als Offizier dem Schwedischen Reich gedient hatte, dann wegen einer Gesundheitsstörung in den Ruhestand getreten und elf Jahre im Kreis Wenden/Cesis Ordnungsrichter gewesen war, wurde ein Gutsbesitzer. Durch die Heirat mit der Tochter von Wendens Bürger Lademacher wurde er zum Besitzer des kleinen Gutes Duckern/Dukura, das ihr gehört hatte. Einer seiner Söhne war der Gründer des schwedischen Hauses von Liphart, ein anderer setzte das Haus Duckern fort, doch die beiden Linien des Geschlechts starben wegen Mangels an männlichen Nachkommen zu Beginn des 19. Jahrhundert aus.

Das Haus Wölla des Geschlechts Liphart erwies sich als lebensfähig. Obwohl aus dieser Linie mehrere Militärpersonen hervorgingen (oft war es der kleine Grundbesitz, der einen zum Militärdienst zwang), wurden Universitätsausbildung und Zivilberufe bevorzugt. Der Stammvater des Geschlechts Johan Liphart hatte in Rostock studiert, seine Söhne Johan jun. und Friedrich an der Universität Gießen (immatrikuliert 1672 und 1675). Der erstere von den beiden, der eine Zeit lang in Pernau Landgerichtsassessor gewesen war, hat fast 20 Jahre das Gut Wölla/Völla bewirtschaftet. Infolge der Güterreduktion im Jahre 1682 ging das Gut Wölla in den Besitz des Schwedischen Reiches über, und der bisherige Besitzer wurde nur zum Pächter desselben. Er blieb ledig und starb im Jahre 1691. Einige Jahre davor, 1688, war er in Stockholm zusammen mit seinem jüngeren Bruder und seinem Onkel aus dem Haus Duckern in das Verzeichnis der Livländischen Adligen eingetragen worden. Als 1742 die Adelsmatrikel von Livland eingeführt wurde, wurden die Lipharts dort als das Geschlecht Nummer 106 eingetragen.

Da das Gut Wölla auch weiterhin im Besitz der Krone blieb, behielten die geadelten Lipharts ihr erstes Gut eine Zeit lang noch als Pachtgut. Friedrich Liphart, der nach dem Universitätsbesuch im Militärdienst gewesen war (1682 Leutnant), übernahm nach dem Tod seines Bruders die Führung des Pachtguts Wölla. In den Jahren 1687-1699 hat er vom Staat noch zwei Güter im lettischen Gebiet gepachtet (Lisuma und Tirsepils). Danach hat er an den Kämpfen des Nordischen Krieges teilgenommen und wurde 1704 zum schwedischen Oberstleutnant befördert. Dessenungeachtet hat die russische Restitutionskommission im Jahre 1723 die Rechte von Oberst Friedrich Liphart als Pfandbesitzer auf den Domänenhof Wölla im Umfang von 1.400 Reichstalern anerkannt und ihm die Erlaubnis erteilt, das Gut weiter zu halten. In demselben Jahr ist Friedrich Liphart im Gut Wölla gestorben und hat das Gut seiner Witwe und seinem jüngeren Sohn Magnus Johan Liphart (169...-1733), dem späteren Ordnungsrichtensadjunkten von Pernau, überlassen. Nach dessen Tod ist das Gut Wölla aus dem Besitz der Lipharts gekommen. Niemand von den Nachkommen Magnus Lipharts hat sich ein neues Gut angeschafft. Man hat meistens in der Armee oder in der Marine gedient und hat sich in Russland niedergelassen.

Trotz des Verlustes von Wölla begann gerade in dieser Zeit der schnelle Aufstieg der Lipharts als livländische Gutsbesitzer. (siehe Tabelle 1) Den Grund hat dafür der älteste Sohn von Oberst Fr. Liphart, Friedrich Wilhelm von Liphart (1688-1750) gelegt, der in seiner Jugendzeit wie auch sein Vater im Militärdienst war (1710 schwedischer Kapitän), dann aber Gutsbesitzer wurde. Er begann als Pächter des Domänenhofs Laitzen/Laitsna im Kreis Walk, kaufte aber im Jahre 1725 vom Generalleutnant Baron Stackelberg für 10.000 Rubel (S.M.) das Gut Rojel/Roela im Kreis Dorpat (damals 8 Haken). Dieses Gut war am längsten im Besitz von Lipharts, als sog. Restgut sogar bis zum Jahr 1939. Zum Jahr 1783 war noch das Gut Netkenshof/Netken im Kreis Wenden (8 ¼ Haken) in den Besitz von Fr.W. von Liphart gekommen. Im Jahre 1742 wurde er als eine hervorragende Persönlichkeit unter dem damaligen livländischen Adel zum Landmarschall gewählt, aber er hat auf dieses Amt verzichtet. Fr.W. von Liphart hat zwei Söhne und zwei Töchter hinterlassen. Einer seiner Schwiegersöhne, der Besitzer des großen Guts Ascheraden/Aizkraukle, Carl Friedrich Schoultz (1720-1782) wurde später als freisinniger Landrat und Initiator der Bauernreform von 1765 weit bekannt.

Die Lebenswege der Söhne Fr.W. von Lipharts spiegeln zwei Arten der Lebensgeschichte wieder, die für die Gutsbesitzer der damaligen Zeit so typisch waren. Der jüngere von den Brüdern, Hans Heinrich von Liphart (1736-1806), dem der Vater das Gut Netkenshof hinterlassen hatte, war Kammerjunker von Holstein-Gottorp. Sein Glück war unbeständig - das Gut Netkenshof hatte er verkauft, dagegen hatte er von 1760 bis 1786 mehrere andere Gutshöfe, wie Kawast/Kavastu, Aya/Ahja, Waimastfer/Vaimastvere und Rippoka/Ripuka im Kreis Dorpat erworben, sie aber recht bald verpachtet oder auf der Auktion an seine Gläubiger verloren. Auf der letzten Versteigerung im Jahre 1788 hat er sein ganzes Vermögen eingebüßt, und seine Kinder haben keinen einzigen Gutshof geerbt. Seine Söhne, von denen mehrere im Staatsdienst einen recht großartigen Aufstieg erlebten, waren ohne männliche Nachkommen oder sogar kinderlos.

Der ältere Bruder Carl von Liphart (1719-1792) dagegen, der als Garderittmeister in den Ruhestand getreten war und dem der Vater das Gut Rojel/Roela vererbt hatte, war außerordentlich erfolgreich und hat für den Großgrundbesitz und den wirtschaftlichen Erfolg von Lipharts den Grund gelegt.

Konservative Unternehmer. Periode des Gründertums (1751-1829)

Ein richtiger Großunternehmer und der erste Majoratsherr im Gesamtbild seiner Zeit war der Garderittmeister a.d. Carl von Liphart (1719-1792). Im Jahre 1751 kaufte er von den Brüdern Bibikov für 12.000 Rubel (S.M.) das Gut Ratshof/Raadi (8 Haken) im Kirchspiel Dorpat-Marien und im Jahre 1759 von F. von Hagemeister für 4.000 Rubel (S.M.) das Gut Kondo/Kõnnu (1¾ Haken) im Kirchspiel Torma. Der nächste Erwerb machte aus dem Rittmeister schon den größten Gutsbesitzer Livlands. Das Gut Schloss Neuhausen/Vastseliina war seit Beginn des 18. Jahrhundert ein Domänenbesitz, der mehreren russischen Magnaten zur Verfügung gestellt worden war. Die wussten aber mit dem verwüsteten und dünn besiedelten Gebiet nichts anzufangen. Im Jahre 1765 verschenkte Katharina II. das Gebiet, das kümmerlich sein Dasein fristete, an ihren Günstling Generalleutnant Ivan Betskoi. Dieser legte auf den weit gelegenen Besitz keinen besonderen Wert und gab ihn sofort dem Garderittmeister Carl v. Liphart als Pfand einer Schuld, die wahrscheinlich im Kartenspiel entstanden war. Im nächsten Jahr verkaufte Ivan Betskoi das Gut Neuhausen (54¼ Haken) für 110.000 Rubel (S.M.) an Carl von Liphart. Für ein Territorium, das ein ganzes Kirchspiel umfasste und größer als so manches deutsche Fürstentum war, war es offenbar ein sehr niedriger Preis. Im Jahre 1774 kaufte Carl von Liphart vom Baron Uexküll für 120.000 Rubel (S.M.) das Gut Kabbal/Kabala im Kreis Fellin (34 3/8 Haken), im Jahre 1784 vom Kammerherrn O. von Bock, der in Konkurs geraten war, für 37.000 Rubel (S.M.) das Gut Terrastfer/Tarakvere im Kirchspiel Torma (9 1/8 Haken) und im Jahre 1786 vom Staatsrat Engden für 30.000 Rubel (S.M.) das Gut Marrama/Maramaa (7 Haken) in unmittelbarer Nachbarschaft von Ratshof. Die Tatsache, dass C. von Liphart unter seinen volljährig gewordenen Kindern neben sieben Töchtern nur einen Sohn hatte und offensichtlich auch der Misserfolg seines Bruders veranlassten ihn dazu, für das Weiterbestehen seines riesengroßen Besitzes und Geschlechtes zu sorgen. Zu diesem Zweck stiftete er als einer der ersten im Baltikum mit seinem Testament im Jahre 1776 aus den Gütern Ratshof und Neuhausen einen Fideikommiss- und Majoratsbesitz. Das bedeutete, dass der genannte Besitz nicht verkauft, verpfändet, mit Schulden belegt und als Erbschaft nicht geteilt werden durfte. Der Besitz durfte nur an männliche Nachkommen vererbt werden, bei Fehlen eines direkten Nachkommen an ein Mitglied des Geschlechts von Liphart nach dem Majoratsprinzip. Falls der Erbe im Ausland lebte, musste er nach Hause zurückkehren, um von seinem Erbrecht Gebrauch zu machen.

So wie C. von Liphart war auch sein Sohn Reinhold Wilhelm von Liphart (1750-1829) Alleinbesitzer des Riesenbesitzes und setzte dessen Erweiterung fort. Der junge Edelmann, der eine sehr gute Bildung genossen, viel gereist und eine Zeit lang in der kaiserlichen Garde gedient hatte, trat nach der Vermählung mit Gräfin von Stackelberg (Tochter des russischen Botschafters in Warschau) im Jahre 1774 als Major in den Ruhestand und übernahm die Führung des Gutes Kabbal, das von seinem Vater in demselben Jahr erworben worden war. Im Jahre 1792 kaufte er von Baron von Stackelberg für 12.000 Rubel (S.M.) das in der Nachbarschaft liegende Gut Ollepäh/Ollepa (2 3/8 Haken). Nach dem Tod seines Vaters nahm er als Erbe aller Güter seinen Wohnsitz in Ratshof. Von 1783 bis 1792 war er Adelsmarschall des Fellinschen Kreises, 1805 wurde er aber schon zum Livländischen Landrat gewählt. In Ratshof legte er den Grund für die bekannte Kunstsammlung, aber er hatte noch genügend Mittel für den Umbau und die Erweiterung des Schlosses sowie für den Erwerb neuer Güter.

1799 kaufte er von Baron Ungern-Sternberg für 145000 Rubel (S.M.) das Gut Alt-Kusthof/Vana-Kuuste (30¾ Haken).

1821 erwarb er von der Livländischen Güterkreditsozietät für 75.000 Rubel (S.M.) das Gut Jensel /Kuremaa (15 7/20 Haken). 1824 kaufte er von den Erben von Zeddelmanns für 28.000 Rubel (B.A.) das in Nachbarschaft von Jensel gelegene Gut Woitfer/Võikvere und zuletzt 1828 für die gleich große Summe das Gut Saarjerw/Saarjärve (1½ Haken).

Ein Kennzeichen, das die Größe seines Besitzes und auch der einzelnen Güter zu schätzen erlaubt, ist die Anzahl der dazu gehörigen Bauern. Nach Angaben der Seelenrevisionslisten lebten im Jahre 1816 in den Gütern von Liphart: in Ratshof 994 Seelen, in Marrama 372, in Rojel 990, in Kondo 362, in Terrastfer 551, in Jensel 653, in Woitfer 23, in Alt-Kusthof 1356, in Kabbal 2193, in Ollepäh 127, in Neuhausen 6130, in Saarjerw ca. 200. Also lebten in Lipharts Gütern im Kreis Dorpat/Tartumaa insgesamt 5.301 Seelen oder 6,9% vom ganzen Bauerntum des Kreises, im Kreis Fellin entsprechend 2.320 Seelen oder 4,0% und im Kreis Werro über 6.300 Seelen oder 13,7%.

Als Reinhold Wilhelm von Liphart starb, lebten in seinen Besitztümern insgesamt ca. 14.000-15.000 Bauern.

Was hat ein solches Gründertum ermöglicht?

Die Wirtschaftliche Lage

Seit Mitte des 18. Jahrhundert, als C. v. Liphart mit der Gutsführung begann, erlebte die Gutswirtschaft Livlands einen großen Aufschwung. Die Basis dieses Aufstiegs war das Branntweinbrennen, das in den Kreisen Dorpat und Werro schon Mitte des 18. Jahrhundert von einer nennenswerten wirtschaftlichen Bedeutung war. Je Hakengesinde wurde dort gewöhnlich 2 Faß Branntwein gebrannt. Nach 40 Jahren war aber das durchschnittliche Mass 4 bis 6 und in einigen Gütern sogar

8 bis 10 Fass. Das Branntweinbrennen stieg besonders nach dem Jahr 1766 an, als der russische Markt für den Branntwein der baltischen Gouvernements offen wurde. Die Absatzmöglichkeiten verdoppelten sich und die Branntweinpreise stiegen. Nach Angaben der Zeitgenossen hätte man gegen Ende des 18. Jahrhundert jedes Jahr aus Livland nach St. Petersburg 2 Millionen Eimer Branntwein geführt. Besonders gewinnbringend waren für die Gutsbesitzer langfristige Verträge mit der Krone über die Branntweinlieferung. Das gab den Gutsbesitzern die Möglichkeit, die Produktion zu regulieren. Wie C. v. Liphart im zweiten Anhang seines Testaments (Ratshof, 25.06.1790), seine Erfahrungen im wirtschaftlichen Bereich verallgemeinernd, geschrieben hat, bekam er sowohl in guten als auch schlechten Erntejahren den größten Gewinn von den Verträgen der Branntweinlieferung. Daran schlossen sich zusätzliche Einnahmen aus der Rindermast und eine höhere Ackerbaukultur an. Zugleich warnte C. v. Liphart seine Nachkommen vor einem zu großen Risiko bei zu umfangreichen staatlichen Lieferungsverträgen, falls bei schlechter Ernte zum Brennen der vertragsgemäßen Menge von Branntwein Getreide für einen hohen Preis dazugekauft werden müsste. Deshalb hat er es verboten, für Ratshof und Neuhausen einen Vertrag über die Lieferung von mehr als 30.000 Eimer Branntwein pro Jahr abzuschließen (1 Eimer = 12,3 l; 1 Fass = 12,4 Eimer). Als Bürgschaft des Liefervertrages konnte man natürlich die Bauern der entsprechenden Güter anbieten, doch durften die Güter mit keinen Schulden und Hypotheken belastet werden. Es scheint, dass bis 30.000 Eimer Branntwein pro Jahr an die Krone (ein Eimer kostete in den 1780er Jahren 80 bis 90 Kopeken und in den 1790er Jahren 140 bis 150 Kopeken) den Lipharts den Hauptanteil ihrer Einnahmen aus den genannten Gütern sicherten. Es ist bekannt, dass fast genau so viel wie der Krone wurde auch auf dem lokalen Markt verkauft - in Städten und Hofskrügen, wo die Preise von den staatlichen Abnahmepreisen al-

lerdings um ein Drittel niedriger waren. Hier hatten Neuhausen und Ratshof dank ihrer Lage - Neuhausen an der Poststraße Pleskau - Riga und Ratshof in unmittelbarer Nähe von Dorpat - äußerst günstige Möglichkeiten. Nach der Revisionsbeschreibung vom Jahre 1811 hatte das Gut Neuhausen an verschiedenen Straßen 17 Krüge, Ratshof aber zwei steinerne Wirtshäuser, das eine an der großen Petersburger Heerstraße und das andere an der Winterstraße Dorpat - Reval. Das Branntweinbrennen gab auch die Möglichkeit, Ochsen zu mästen. Nach Einschätzung von Zeitgenossen konnten in einem Winter 50 Ochsen gemästet werden, wenn in der Gutsbrennerei jeden Tag 1 Fass Branntwein produziert wurde; dabei bekam man am Ende des 18. Jahrhundert. von jedem Mastochsen mehr als 10 Rubel (S.M.) Reingewinn.

Wie aus dem Briefwechsel von R.W. v. Liphart zu ersehen ist, hatte ein Unternehmer im Winter 1785/86 130 kalmückische Mastochsen im Gutshof Neuhausen zur Mast gegeben, wofür das Gut über 1.000 Rubel (S.M.) verdiente. Außerdem wurden hier auch Ochsen von örtlicher Landrasse gemästet. In den genannten Briefen schreibt man noch über die Ochsenmast in anderen Gütern von Lipharts. So wurden im Frühling 1786 20 Ochsen aus Ratshof und 99 Ochsen aus Rojel nach St. Petersburg versandt. Wenn man aus dem Obenerwähnten ausgeht und noch in Betracht zieht, dass das Branntweinbrennen bald nach dem Michaelistag begann und oft noch bis in den Monat Mai dauerte - die Zeit des Branntweinbrennens musste deswegen verlängert werden, weil man Schlempe für die Mastochsen brauchte -, hätte man im Winter 1785/86 in Neuhausen und in Ratshof mindestens 600 Fass und in Rojel 400 Fass Branntwein brennen müssen. Es ist bekannt, dass es eines der schlechtesten Wirtschaftsjahre war.

So schreibt R.W. v. Liphart am 31. Dezember 1785 dem Bürgermeister Schröern, dass er wegen der Missernte, die im vorigen Jahr seine Güter heimgesucht hat, und wegen der hohen Getreidepreise das Brennen von Branntwein dermaßen eingeschränkt hat, dass er nicht mehr produziert, als für die Erfüllung der Bestellungen der Krone nötig ist. Weiterhin hat er die Angebote anderer Gutsbesitzer, ihre Lieferungsverträge zu übernehmen, abgelehnt.

Davon, dass das Brennen von Branntwein in den Gütern von Lipharts ganz großzügig betrieben wurde, zeugt die Anlage der eigenen Werkstatt für Kupfererzeugnisse. So brachte R.W. v. Liphart in seinem Briefwechsel von 1785 bis 1787 ständig seine Bemühungen um die Bestellung von Kupfer und Kupferblech für die Neuhausener Werkstatt zum Ausdruck. Der aus Neuhausen gebürtiger Journalist und Historiker H. Prants weiß nach seinen Familienüberlieferungen zu berichten, dass noch am Anfang des 19. Jahrhundert einige Werst vom Gutshof Neuhausen entfernt am Fluss Piusa eine großartige Werkstatt in Betrieb war, in der Kupfererzeugnisse, in erster Linie Kessel, Rohre u.a. für die eigene Brennerei, aber auch für Brennereien der Umgebung, ebenso verschiedene Haushaltsgeräte wie Koch- und Eßgeschirr und Trinkgefäße hergestellt wurden. Im Frühling 1840 habe das Hochwasser den Mühlendamm der Werkstatt zerstört und danach sei der Betrieb eingestellt worden, weil die Brennereien der Neuzeit die Erzeugnisse dieser Werkstatt nicht mehr brauchten.

Obwohl R.W.v. Liphart mit der Hofhaltung in Kabbal begann und erst nach dem Tod des Vaters im Jahre 1792 zum vollberechtigten Besitzer von Ratshof-Neuhausen wurde, hat er dessen Führung schon früher übernommen. Das Buch der Briefkonzepte von 1785 bis 1787, das offenbar in Ratshof zusammengestellt wurde, gibt uns das Bild eines Gutsbesitzers, der bis in die kleinsten Einzelheiten in wirtschaftliche Fragen des Majorats vertieft ist und auch einen Spürsinn für die Konjunktur hat. Er erteilt Anordnungen, um landwirtschaftliche Produkte aufzukaufen, zu verarbeiten und weiterzuverkaufen. Er vermittelt und leiht, er verfolgt im Rigischen Anzeiger Verkaufsannoncen und Preisveränderungen und regelt dementsprechend den Kauf und Verkauf. Er berücksichtigt die Veränderungen des Geldkurses und macht Börsengeschäfte, indem er seinen Agenten in Riga Albertustaler aufkaufen oder verkaufen läßt. Auch die Sorge für den Lebensstandard und die Lebensverhältnisse ist ihm nicht fremd, aber im Vergleich zu wirtschaftlichen Fragen nimmt diese Problematik in seinem Briefwechsel bedeutend weniger Platz in Anspruch. So bestellt er nur guten Zucker aus Riga, und wenn er durch seinen Buchhalter aus St. Petersburg die Beschreibung eines viersitzigen Wagens und Schlittens bekommen hat, bestellt er sie für 900 Rubel (B.A.), aber mit der Bedingung, dass die Räder die besten und die widerstandsfähigsten, d.h. englische sein sollten. Die aus Lübeck bestellten jungen Obstbäume sind offensichtlich für den Park von Ratshof und die Samen für den Garten bestimmt. Von dem Interesse R.W. v. Lipharts für den Gartenbau zeugt die Tatsache, dass er in seinem ersten Gut Kabbal einen Gemüsegarten und ein Treibhaus angelegt hat.

Einen Überblick über die Gutswirtschaften von Ratshof und Neuhausen, so wie sie von den beiden ersten Majoratsherren zum Beginn des 19. Jahrhundert ausgebaut worden waren, geben uns das Wackenbuch und die Revisionsbeschreibungen von 1805 bis 1811.

Dem Gut Ratshof gehörten in dieser Zeit 900 Lofstellen Brustacker von mittlerer Güte, der nach dem Dreifeldersystem bestellt wurde. Dazu kamen 400 Lofstellen Wiesen und 677 Lofstellen Viehweiden. Im Zentrum des Gutshofs war ein recht großes Hof- und Gartengelände, wo um den Gebäudekomplex mehrere Gärten (ein Blumen- und Lustgarten mit einem Treibhaus, ein Gemüse- und Bienengarten, ein neuer Gemüsegarten und nicht weit davon eine Faselkoppel, ein Hopfengarten, ein englischer Garten und der See Ratshof) und dann weiter schon Viehhöfe waren. Auf dem Gutshof befanden sich auch die Stellen der Hofleute (20) und der im Gutsdienst stehenden Lostreiber (10), zu denen auch ein wenig Land (3 bis 30 Lofstellen) gehörte. Darüber hinaus lebten viele Hofleute in dem sog. Hofgesinde. Im Jahre 1805 waren im Verzeichnis der Hofleute 62 verschiedene Hofleute, zusammen mit den Frauen und Kindern insgesamt 162 Seelen.

Außer dem Gutsland gehörte zu Ratshof noch Bauernland im Werte von 1.344 Talern, auf dem 49 Bauerngesinde lagen. Darin lebten im Jahr 1795 nach den Seelenrevisionslisten 769 Bauern.

Nach der Zusammensetzung der Hofleute und der Struktur der Fronlasten hatte die Gutswirtschaft von Ratshof einen den Majoratsherrn bedienenden Charakter – es war sein Lebensmilieu, seine Umwelt. Die Produktion dagegen, vor allem das Brennen von Branntwein, war im Gut Neuhausen und in der Hoflage Waldeck/Orava konzentriert. Der Haushalt von Neuhausen wurde von Lipharts Bevollmächtigten geführt. Eine lange Zeit, wenigstens von 1785 bis 1805 hat Adolph Rohrbeck dieses Amt innegehabt.

Die Gutsäcker von Neuhausen, die sich auf das Hauptgut und die Hoflagen Mecks/Meeksi, Carlshof, Reinholdshof und Waldeck verteilten, umfassten im Jahre 1805 in allen drei Feldern insgesamt 2.625 Lofstellen. Im Hauptgut und in den Hoflagen lebten damals ungeheuer viele Hofleute – 123 verschiedene männliche und weibliche Hofleute, zusammen mit den Familienmitgliedern insgesamt 205 männliche und 204 weibliche Seelen. Die Anzahl der Dienerschaft war unbedeutend, um so mehr gab es Bediente in der Produktion und im Bereich des Absatzes: 2 Branntweinlieferer, 14 Krüger, 3 Schornsteinfeger, 6 Kohlenbrenner, 2 Teerbrenner, 4 Buschwächter, 5 Müller, ein Tierarzt, 12 Ochsenfütterer und 2 Viehhüter, ein Schmied, 3 Gehilfen des Kupferschmieds, 6 Zimmerleute, 17 Maurer, 7 Weber u.v.a.

Darüber hinaus lebten viele Gutsbedienstete in Gesinden und Lostreiberstellen. Auf dem Bauernland, dessen Wert 1.811

nach dem Bodenpreis 8.360 Taler war, befanden sich 281 Gesinde. Da in vielen Gesinden eigentlich einige Familien mit ihrem eigenen Haushalt lebten, so gab es auf den Ländereien von Neuhausen über 500 Bauernwirtschaften. Die Bauernwirtschaften der Männer, die im Gutsdienst waren, waren vom Frondienst befreit. Unter ihnen gab es fünf ausgelernte Branntweinmeister, vier Kletenkerle, vier Böttcher, drei Aufseher, fünf Schilter und zehn Destnicks, denn das große Gut Neuhausen war zur besseren Organisierung der Fronarbeit in zehn Distrikte geteilt. Eine interessante Gruppe der vom Frondienst befreiten Bauern waren die Fuhrleute – Handlungsreisende, die für das ihnen zur Verfügung stehende Achtel- oder Viertelhakengesinde mit Bargeld zahlten und Fuhren nach Ratshof transportierten und Geschäftsbestellungen des Gutes erledigten.

Die Fuhren geben einen guten Überblick über die Wirtschaftsführung in Neuhausen. Nach dem Wackenbuch sollte jedes Viertelhakengesinde von Neuhausen und Waldeck im Winter eine fünftägige Branntweinfuhre nach Pleskau machen. Im Frühling sollten die Bauern von Neuhausen und Waldeck den nach Petersburg oder Kronstadt zu liefernden Branntwein hauptsächlich die Wasserstraße entlang in die Hoflage Wõbs/Võõpsu zu Räpina befördern, im Herbst sollten sie aber die aus Petersburg zurückgeschickten leeren Branntweinfässer aus Wõbs abholen. Zwei Viertelhakengesinde hatten pro Jahr fünf solche Fuhren zu machen. Für eine Strecke brauchten die Männer aus Waldeck (von Waldeck bis nach Wõbs sind es 28 Werst) drei Tage und die Männer aus Neuhausen (48 Werst) sogar fast fünf Tage. Wie aus dem Wackenbuch zu ersehen ist, waren die Branntweinlieferungen nach Petersburg und Kronstadt zum Jahr 1805 zum großen Teil beendet worden, weshalb im Laufe von drei Jahren im Winter kein Branntwein mehr von Neuhausen nach Waldeck geführt worden war. Zwar wurde der Branntweintransport nach Pleskau nach wie vor fortgesetzt.

Aus Neuhausen wurde Branntwein auch nach Nowgorod geliefert, das wurde aber mit Hilfe der russischen Fuhrleute gemacht. Alltagsprodukte wie Leinengewebe, Butter, Geflügel u.a. Lebensmittel wurden von den obengenannten neun Fuhrleuten – Handlungsreisenden von Neuhausen nach Ratshof geführt. Die Branntweinmeister waren verpflichtet, jedes Jahr eine Fuhre zu machen, um Weizen, Erbsen und Bohnen nach Ratshof und von dort nach Riga zu bringen, und um Salz für Neuhausen zu holen.

Auch die Krüger, die vom Gut 6% der Einnahmen des Kruges erhielten und dort, wo die Einkünfte geringer waren, auch ein wenig Land, waren von der Fuhrenpflicht nicht befreit. Die Krüger sollten außer ihren direkten Aufgaben im Winter und Sommer drei Reisen nach Ratshof machen und bei dringender Notwendigkeit beim Branntweintransport mithelfen.

Das waren die Umrisse des von beiden ersten Majoratsherren geschaffenen Wirtschaftssystems. Die Produktionsweise, die sich auf den Frondienst stützte und die wegen des übermäßigen Branntweinbrennens und des Holzschlags auch als Raubwirtschaft bezeichnet werden kann, hat sich wegen ihrer großen Gewinne im Laufe eines halben Jahrhunderts fast tadellos gerechtfertigt. Befriedigend hat sie wohl noch ein Viertel Jahrhundert funktioniert.

Man kann annehmen, dass gerade C. v. Liphart und sein Sohn gemeint waren, als ihr Zeitgenosse und guter Bekannter W.C. Friebe, Sekretär der Livländischen Gemeinnützigen und Ökonomischen Sozietät im Jahre 1794 schrieb: Im großen und ganzen ist der Livländische Adel vermögend. Es gibt wenig oder es gibt überhaupt nicht so arme wie in anderen Ländern, aber ebenso gibt es wenig Millionäre, die zu diesem Vermögen nur durch ihre eigene Tätigkeit in ihren Gütern gekommen sind.

Soziale Konflikte.

Natürlich war die Gutswirtschaft von Ratshof-Neuhausen von einem ehrfurchtgebietenden Wert und brachte im Jahr große Gewinne ein, wie C. v. Liphart selbst schon im Jahre 1776 bemerkte. Aber sachbezogen war auch eine Feststellung von W.C. Friebe, dass wie nützlich die auf dem Branntweinbrennen beruhende Wirtschaft dem Gutsbesitzer auch sein mochte, ebenso unterdrückend wurde sie den Bauern. Deshalb war es unvermeidlich, dass der Frondienst hier und da recht scharfe Auseinandersetzungen hervorgerufen hat. So ist auch das Kirchspiel Neuhausen im Sommer 1784 von der Welle der Unruhen, die durch die Einführung der Kopfsteuer veranlasst wurden, nicht unberührt geblieben. Die Bauern hatten von nun an für jede männliche Seele 70 Kopeken zu zahlen. Die Steuerzahlung sollte über die örtliche Gutsverwaltung erfolgen und im Falle der Zahlungsunfähigkeit der Bauern hatte das Gut die Kopfsteuer für sie zu entrichten. Damit bekam das Gut das Recht, die Schuld in Arbeitstagen einzufordern. Diese zusätzliche Last seitens des Gutes hat die Unruhen verursacht, mit denen C. v. Liphart nach schriftlichen Überlieferungen von H. Prants nicht fertig werden konnte und Machthaber und Truppen zu Hilfe ziehen musste. Das habe zu Zusammenstößen und zu einem Blutbad geführt. Der von H. Prants offensichtlich übertrieben beschriebene Kopfsteuerkrieg habe sich von anderen ähnlichen Kopfsteuerkriegen des Jahres 1784 dadurch unterschieden, dass man sich nur mit der Bestrafung im Gutshof während des Konfliktes abgefunden habe und keine weiteren Strafen gefolgt wären. Doch mit der Zahlung der Kopfsteuer sah es trotzdem schlecht aus, und viele wurden wegen Nichtzahlung geprügelt. Zuletzt hat der Gutsbesitzer mit den Bauern so viel Mitleid gehabt, dass er die Zahlung der Kopfsteuer für einige Zeit auf sich genommen hat.

Auch R.W. v. Liphart hat mit seinen Bauern Konflikte gehabt und das immer wieder wegen der zu schweren Fronlasten. So ist es in Kabbal 1779 und 1803 zu Auseinandersetzungen gekommen. Einen besonders schweren Konflikt gab es im Herbst 1803 in Neuhausen und Waldeck, wo sich die Unruhen in einen blutigen Aufruhr zu verwandeln drohten. Es wurde gegen den Frondienst, besonders aber gegen die Erhöhung des Hilfsgehorchs protestiert. Der Historiker J. Kahk hat festgestellt, dass bei den Unruhen von Neuhausen in der Haltung der Bauern ganz deutlich das Bestreben zu erkennen war, sich von dem Gutsbesitzer zu befreien. Nach der Einschätzung von J. Kahk gehörte R.W. v. Liphart, als auf dem Livländischen Landtag das Gesetz zum Schutz des Bauernvolkes besprochen wurde, zu den konservativen Gutsbesitzern, die gegen die Einschränkung des Hilfsgehorchs waren. Nach der Wahl zum Livländischen Landrat war R.W. v. Liphart einer der führenden Landespolitiker. Welche Standpunkte über die Bauernfrage die ersten Majoratsherren in dem Wendepunkt der Agrargesetzgebung vertraten, das bedürfte einer speziellen Untersuchung auf Grund der Dokumente der Ritterschaft. Die bisherigen Angaben erlauben wohl C. und R.W. v. Liphart für Konservative zu halten, die die bisherigen Verhältnisse eher befriedigten als dass sie sie zu Veränderungen veranlassten.

Gemeinnützige und Wohltätigkeit

Unbedingt muss die Rolle der ersten Majoratsherren in der Wohltätigkeit erwähnt werden. Dafür hat C. v. Liphart den Grund gelegt.

Der neue Besitzer hat dem Kirchspiel Neuhausen bedeutend mehr Aufmerksamkeit geschenkt als frühere Erbherren. Schon im Jahre 1769 hat er den Bau einer neuen Steinkirche unternehmen lassen; die Kirche wurde 1772 fertiggestellt. Die Baukosten betrugen 5.063 Rubel, wovon C. v. Liphart 3.150

Rubel gezahlt hat, während die Kirchenkasse 1.242 Rubel gegeben hat und die Gemeinde nur für die Kosten von 671 Rubel aufkommen musste. Etwa zehn Jahre später wurde an die Stelle der früheren Kirche das neue Pastorat gebaut, dessen Baukosten (1.716 Rubel) der Gutsbesitzer allein getragen hat.

In seinem 1776 abgefassten Testament, in dem C. v. Liphart die Pflichten der zukünftigen Erben des Fideikommissbesitzes festgelegt hat, wurden auch die Armen nicht vergessen: „Zuletzt wünsche ich, daß der Fideikommissarius jedes Jahr am Neujahrstag den Armen seiner beiden Güter – Neuhausen und Ratshof – 130 Rubel, 150 Lof Roggen und 150 Lof Gerste geben würde und daß die Kirchenvormünder das alles proportional zur Zahl der Hilfsbedürftigen der beiden Güter den Hilfsbedürftigen austeilen würden." Nach H. Prants war diese Verordnung bis zur Enteignung des Gutes gültig. In früheren Zeiten war diese Spende von großer Bedeutung für die Armenpflege, besonders deswegen, weil diese Unterstützung auch in Notjahren, wenn die Lebensmittel teuer waren, immer von der gleichen Größe war; nur geldliche Unterstützung hätte einen viel geringeren Wert gehabt.

In dem am 10. Oktober 1784 abgefassten Anhang des Testaments schrieb C. v. Liphart, dass er sich verpflichtet fühlt, für die jenigen Sorge zu tragen, die ihm viele Jahre lang treu gedient haben, denn die Nächstenliebe verlange es, dass ein treuer Dienst vergolten wird. Da den Leibeigenen das größte Geschenk die Freiheit sei, so werde er sie zusammen mit ihren Frauen und Kindern befreien, aber mit der Bedingung, das sie nach seinem Tode noch ein Jahr lang auch seinem Sohne für den Jahreslohn dienen, den C. v. Liphart ihnen bis jetzt gezahlt hat. Danach muss sein Sohn ihnen den Befreiungsbrief geben und ihnen noch einen Jahreslohn auszahlen und sie gehen lassen, wohin sie wollen. Diese Diener waren: 1. Hans Michelson mit Frau Mari und Kindern; 2. der Bruder von Hans Michelson, Verwalter des Gutes Marrama, mit Frau und Kindern; 3.

Michel Korts mit Frau und Kindern, 4. der Koch Tõnis Müller mit Frau Ello und Kindern. Auch der Diener Jakob, der Kammerdiener Mihkel und der alte Stallknecht Christian sollten befreit werden. Der Koch Pertel und die Stallknechte Andres und Hans sollten aber C. v. Lipharts Enkelin Benedickte Sievers bis an deren Lebensende dienen. Nach dem Tod von B. Sievers sollten auch sie mit Frauen und Kindern befreit werden. Alle übrigen Hofleute, die leibeigen blieben, sollten nach dem Tod ihres Herrn einen Jahreslohn als Geschenk bekommen.

R.W. v. Liphart brauchte eine solche Erklärung der Nächstenliebe nicht zu machen - als er starb, waren alle Bauern schon frei. Aber sonst hätte er wie sein Vater gehandelt. Sein Verdienst vor der Bevölkerung von Neuhausen war es, dass er die Herrnhuterbewegung, die damals unter dem Volk stark verbreitet war, respektierte und materiell unterstützte. Den zwei Bethäusern, die seit Beginn des 19. Jahrhundert existierten, spendete er Baumaterial und verordnete, dass sie mit Brennholz versorgt wurden. Auch bekamen beide Bethäuser ein Grundstück von je 6 Lofstellen, das für immer in ihrem Besitz blieb. Von dem Einfluss der Herrnhuterbewegung zeugte die Tatsache, dass die Gemeinden dieser Bethäuser im Jahre 1808 entsprechend etwa 400 und 600 Mitglieder zählten.

Am höchsten müsste man aber die gemeinnützige Tätigkeit von R.W. v. Liphart in der Livländischen Gemeinnützigen und Ökonomischen Sozietät schätzen, die von dem Philanthropen Peter Heinrich Blanckenhagen 1792 in Riga gegründet worden war. Die Sozietät hatte sich zum Ziel gesetzt, die Vervollkommnung der landwirtschaftlichen Tätigkeit im weitesten Sinne und die Förderung jedes gemeinnützigen, dem Wohl des Landes dienenden Unternehmens anzustreben. Es war selbstverständlich, dass R.W. v. Liphart, der ein anerkannter Wirtschafter und einer der hochgebildeten Männer Livlands war (so hat ihn der bayrische Diplomat Graf F. de Bray genannt, der livländische Verhältnisse gut kannte), zu den ersten zwölf berufenen Mitgliedern der Sozietät gehörte. Er war auch unter den vier Mitgliedern, die zusammen mit dem ersten Sekretär der Sozietät, G.F. Parrot, sie schon im Jahre 1800 nach Dorpat/Tartu verlegen wollten, wo die Universität eröffnet werden sollte. 1807 wurde Landrat R.W. v. Liphart zum Präsidenten der Sozietät gewählt und 1813 wurde die Sozietät nach Dorpat verlegt, wo sie als Livländische Landwirtschaftliche Kammer bis 1939 tätig war. R.W. v. Liphart machte als Präsident (1807-1828) viel dafür, um Universitätsprofessoren in die Tätigkeit der Sozietät einzubeziehen und Theorie und Praxis zusammenzuführen.

Dieser Grundsatz hat sich gefestigt und war die Grundlage der erfolgreichen Tätigkeit der Sozietät. Besonders fruchtbar war die Verbindung zwischen der landwirtschaftlichen Theorie und Praxis, als der Enkel von R.W. v. Liphart, Dr. med. Karl Eduard v. Liphart, Präsident der Sozietät war (1847-1862). Es ist interessant zu bemerken, dass während der 147jährigen Tätigkeit der Sozietät zwei angesehene livländische Geschlechter, die auch miteinander verbunden waren, sie geprägt haben – die Lipharts in der ersten Hälfte des 19. Jahrhundert (zwei Männer insgesamt 36 Jahre im Präsidentenamt) und das Geschlecht von Oettingen in der zweiten Hälfte des Jahrhunderts und zu Beginn des 20. Jahrhundert (fünf Männer im Laufe von 48 Jahren). Die nächsten Majoratsherren von Ratshof und Neuhausen entfalteten ihre Tätigkeit schon in ganz anderen Verhältnissen – die Gutswirtschaft wurde umgestaltet und die Beziehungen zum Bauernvolk waren anders.

Liberale bei der Umgestaltung der Gutswirtschaft (1829-1885)

Carl Gotthard von Liphart (1778-1853) wurde nach dem Tod seines Vaters R.W. v. Liphart der dritte Majoratsherr von Ratshof und Neuhausen. Im Jahre 1800 hatte er Anna Juliane Freiin von Löwenwolde (1783-1831) geheiratet, die ihm 16

Kinder schenkte, denen aus der zweiten Ehe mit Adéle Laurent (verh. Marechaux des Entelles) noch zwei Kinder folgten. Carl Gotthard hat vom Vater nicht alle dessen Güter geerbt, denn nach dem Testament bekam die Güter Kabbal und Ollepäh die einzige Tochter seines verstorbenen Bruders Sophia von Vietinghoff. Die genannten Güter blieben weiter im Besitz der Vietinghoffs.

Einigermaßen außergewöhnlich ist auch der zweite Erbteil – nämlich hinterließ R.W. v. Liphart zwei Güter – Jensel und Woitfer - seinem Enkel Karl Eduard (1808-1891), der künstlerisch begabt und interessiert und deshalb wohl ein Liebling des Großvaters war. Karl Eduard hat aber schon recht bald nach dem Empfang des Erbes die Güter Jensel und Woitfer im Jahre 1834 für 200.000 Rubel (B.A) dem späteren Landrat Alexander von Oettingen verkauft. Unter den Oettingens wurde aus Jensel eine der fortschrittlichsten Gutswirtschaften Livlands. Der neue Majoratsherr C.G. v. Liphart zog mit seiner Familie aus Alt-Kusthof nach Ratshof. 1829 wurde er zum Kreisdeputierten und 1833 zum Livländischen Landmarschall gewählt. Ab 1836 hat er aber auf alle öffentlichen Ämter verzichtet, er widmete sich seiner Familie und der bildenden Kunst und überließ die Politik sowie die Führung der Wirtschaft seinen älteren Söhnen, die sich auf diesem Gebiet mit größerem Eifer verwirklichten. C.G. v. Liphart selbst setzte die Erweiterung der Gemäldegalerie fort.

In seiner Zeit wurde der größte und wertvollste Teil der Ratshofschen Kunstsammlung erworben, die eine der größten und wertvollsten in Estland und im Baltikum war.

C.G. v. Liphart ließ am Anfang der 1840er Jahre das von seinem Großvater im Jahre 1783 nach dem Entwurf des französischen Architekten Franguet errichtete Herrenhaus nach den Entwürfen des italienischen Architekten Botta erweitern, so dass es jetzt den Charakter des französisch-italienischen Spätbarock erhielt. Beim Umbau wurde auch daran gedacht, hier Kunstwerke auszustellen, weshalb die Innenräume im Stile verschiedener kunstgeschichtlicher Epochen gestaltet wurden. Im Einklang mit dem Gutshaus wurde mit Hilfe des bekannten preußischen Gartenbaumeisters P.J. Lenné der Park von Ratshof im naturnahen Stil umgestaltet. Die Lipharts besaßen auch zwei Häuser in Dorpat – das eine am Barclay-Platz und das andere in der Breitstraße. Neben dem Schloss von Ratshof waren sie Zentren des kulturellen Lebens von Dorpat. Hier fanden Salon- und Musikabende statt.

C.G. v. Liphart hat sich auch ein Streichquartett gehalten, dessen erste Geige von 1829 bis 1835 der später in ganz Europa bekannte Ferdinand David war und der sogar zum Schwiegersohn des Mäzens wurde.

Guido Reinhold v. Liphart (1801-1842), der älteste Sohn von C.G. v. Liphart sollte der nächste Majoratsherr werden. Nachdem er zu Hause, wo eine hochgeistige Atmosphäre herrschte, eine glänzende Ausbildung genossen hatte, besuchte er einige Zeit das Dorpater Gouvernementsgymnasium und später eine kürzere Zeit das Straßenbauinstitut in St. Petersburg. Inzwischen reiste er im Ausland, diente beim Generalstab und im Außenministerium. Er schied aber recht bald aus dem Staatsdienst, um sich im Gut Neuhausen, das der Vater ihm zeitig überlassen hatte, der Landwirtschaft zu widmen. Am Anfang der 1840er Jahre hat er in der Benutzung der Länder des Gutes Neuhausen eine recht große Veränderung eingeführt.

Weil es im ganzen Kirchspiel nur ein Hauptgut und eine Hoflage gab und das Territorium des Geländes eine langgestreckte Form hatte, mussten die Gesinde ihre Fronknechte sehr weit weg zum Frondienst schicken. Guido v. Liphart ließ das ganze Kirchspiel vermessen und hat vier neue Güter – Eichhof/Lasva, Lobenstein/Loosi, Braunsberg/Põhu und Illingen/-Misso gegründet, die zusammen mit Neuhausen und Waldeck ihre eigenen Gemeinden erhielten, woher man ins Gut zum

Frondienst gehen konnte. Das hat die Lage der Gesinde bedeutend erleichtert. Die Teilung des Guts Neuhausen in sechs Güter – Neuhausen (2.512 Thalern Land), Waldeck (1.427), Eichhof (898), Lobenstein (1.336), Braunsberg (751) und Illingen (1.433) wurde erst nach dem Tod G. v. Lipharts im Jahre 1843 offiziell bestätigt.

G. v. Lipharts landwirtschaftliche Beschäftigungen waren doch mehr theoretischer als praktischer Art. Sehr viel Zeit nahm die Beschäftigung mit verschiedenen Wissenschaften in Anspruch. So war er Mitglied der Gesellschaft für Geschichte und Altertumskunde zu Riga und der Gelehrten Estnischen Gesellschaft. In einer Versammlung der Letzteren wurde G. v. Lipharts Forschungsarbeit „Fragmente zur Geschichte des Bisthums Dorpat" vorgetragen. Sie ist als Handschrift erhalten geblieben. Er interessierte sich für Archäologie und hat eine ganze Reihe alter Gräber auf eigene Kosten untersuchen lassen und hat Ausgrabungen in den Ruinen des Schlosses Neuhausen organisiert, um dessen Bauetappen zu ermitteln. Mehr als irgendein anderer Majoratsherr schenkte er dem Gut Neuhausen Aufmerksamkeit, ließ Gutshäuser reparieren und einen schönen artenreichen Park anlegen. Dort sollte noch ein kleines Schlösschen stehen und nach dem Stau des Baches ein größeres Gewässer mit einem Wasserfall, aber wegen des frühen Todes von G. v. Liphart konnten diese Pläne nicht verwirklicht werden.

G. v. Liphart, der sich durch Offenheit, Einfachheit und Wahrheitsliebe auszeichnete, war frei von Standesdünkel und Vorurteilen. In seinen letzten Lebensjahren widmete er sich mit großem Eifer der Umgestaltung der Lage des Bauernvolkes. Dabei ging er von der Idee aus, dass die Erhöhung der Moral und des geistigen Lebens durch die Verbesserung der Schulverhältnisse den politischen Veränderungen vorangehen muss, denn ohne geistige Selbständigkeit garantieren auch leichtere Pachtbedingungen und Landeigentum den Bauern keinen

Wohlstand. So trug er in erster Linie Sorge für Gemeindeschulen und kümmerte sich um die gesundheitliche Lage des Volkes. Auf G. v. Lipharts Kosten kam eine Zeit lang der junge Stadtarzt von Werro Fr.R. Kreutzwald ins Gut Neuhausen, um Kranke zu untersuchen, den Bauern medizinischen Rat zu geben und ihnen Arzneien zu verteilen. Zwischen Fr. R. Kreutzwald und G. v. Liphart entwickelten sich enge freundschaftliche Beziehungen. Später wurde in Neuhausen auf Kosten des Gutsbesitzers ein eigener Kirchspielarzt eingesetzt.

G. v. Liphart brachte seine liberalen Ansichten auf dem stürmisch abgelaufenen Livländischen Landtag im Februar 1842 in vollem Maße zum Ausdruck. In seinem ersten öffentlichen Auftritt unterstützte er fest die Reformpartei von Hamilkar v. Fölkersahm, die den Ersatz der Fronpacht durch die Geldpacht verlangte und somit die Schaffung der Möglichkeiten für die Entstehung des bäuerlichen Kleinbesitzes. Kurz nach dem erwähnten Landtag wurde G. v. Liphart krank. Er selbst meinte, dass es wegen des großen Ärgers auf dem Landtag war und wollte nach Italien oder auf eine südliche Insel fahren, um seine Gesundheit wiederherzustellen. Trotz aller Warnungen trat er Ende September seine Reise an, erreichte aber nur Königsberg, wo er starb.

Nach dem Tod von G. v. Liphart hat der zweitälteste Bruder Gotthard Lionel von Liphart (1804-1885), der mit Anna Sinowjew verheiratet war, die Güter von Neuhausen und seit 1850 wahrscheinlich auch das Gut Ratshof übernommen. Bis jetzt hatte er eine große Gutswirtschaft, die aus Kaster/Kastre, Mäxhof/Mäksa und Heidehof/Toka bestand (31 11/20 Haken), gehalten, die er im Jahre 1835 für 165.000 Rubel (S.M.) erworben hatte. Im Jahre 1850 verkaufte er diese Güter für 190.000 Rubel (S.M.) dem Generalleutnant Otto von Essen, der aus den Gütern im Jahre 1860 einen Fideikommissbesitz bildete, der unter der Führung von Nikolai von Essen eine der besten Gutswirtschaften Livlands war.

Vielleicht veranlasste die Notwendigkeit, als Erbe der Fideikommissgüter mit Auszahlungen an Miterben zurechtzukommen, ohne den wirtschaftlichen Stand von Ratshof-Neuhausen zu beeinträchtigen, Gotthard Lionel von Liphart dazu, die genannten Güter zu verkaufen.

Carl Gotthard von Liphart hatte eine sehr kinderreiche Familie, von denen aus der ersten Ehe fünf Söhne und neun Töchter und aus der zweiten Ehe ein Sohn volljährig wurden. In Anbetracht der Erben hatte C.G. von Liphart seinen Gutsbesitz im Vergleich zu dem von Vater geerbten bedeutend vergrößert. Im Jahre 1816 hatte er vom Baron Schoultz für 65.000 Rubel (B.A.) das Gut Toikfer (4 1/4 Haken) im Kreis Dorpat gekauft. 1835 kaufte er zusätzlich das Gut Torma (7 3/5 Haken), wofür er 55.500 Rubel (S.M.) zahlte. Im Jahre 1838 wurde er für 35.000 Rubel (S.M.) zum Pfandbesitzer des Guts Sennen/Sänna (7 7/20 Haken) und im nächsten Jahr zum Besitzer desselben. 1851 erwarb er zusammen mit der Tochter, die mit dem kurländischen Fürsten Lieven verheiratet war, für 120.000 Rubel (S.M.) das Gut Abgunsten-Grünfelden in Kurland. 1838 hat er aber Alt-Kusthof für 112.000 Rubel (S.M.) und 1840 das Gut Saarjerw für 6.714 Rubel (S.M.) verkauft.

Nach dem von C.G. v. Liphart im Jahre 1847 abgefassten Testament wurde das reichliche Erbe mit einem 1856 zwischen den Erben geschlossenen Vertrag geteilt. Dieses Dokument bietet interessante Angaben über das Vermögen der Lipharts – sowohl über Mobilien als auch über Immobilien.

Die Töchter bekamen ihr Erbteil gewöhnlich als Geld, Wertpapiere und bewegliches Eigentum; und das schon beim Heiraten. Bei Tod des Vaters kam ihnen nur ein zusätzlicher Teil zu. Zur Zeit der Teilung des Erbes waren alle Töchter des Erblassers schon verheiratet. Bei zwei Töchtern – Constance von Reutz und Anette von Weiss – ist angegeben, dass sie die für sie bestimmten 150.000 Rubel (B.A.) schon zu Lebzeiten des Erblassers erhalten hatten. Man kann annehmen, dass die

Mitgift der übrigen Töchter nicht kleiner war, denn bei der Erbteilung haben die genannten Töchter noch ein Gut erhalten. Die erste das Gut Sennen und 4.000 Rubel (S.M.) bar, während die zweite die Rechte des Pfandbesitzers auf einen Teil des Gutes Abgunsten-Grünfelden im Werte von 89.200 erhielt.

Von dem vom Erblasser hinterlassenen Bargeld und den 130 Aktien des Petersburger Feuerversicherungsvereins und den 157 Aktien der Petersburger Baumwollspinnerei bekamen die Töchter (außer A. von Weiss): Fürstin Elise Lieven, Sophie David, Baronin Johanna von der Brüggen, Gräfin Charlotta Stackelberg, Constance von Reutz, Gräfin Marie Tiesenhausen, Isabella von Helmersen und die Kinder der verstorbenen Tochter Baronin Emmy von Korff je 2.190 Rubel (S.M.) und 7 Aktien. Die Töchter des verstorbenen Sohnes von C.G. v. Liphart Zeneide Tawaststjerna und Hortensia Seliwanowa sollten je 30.000 Rubel (S.M.) bekommen, wobei die erstere schon 2.000 und die zweite 7.000 Rubel erhalten hatten.

Alle übrigen Aktien, verschiedene Wertpapiere im Wert von fast 10.000 Rubel und die Gewinne der im Gouvernement Petersburg an der Schlüsselburger Straße an der Newa gelegenen Dampfmühle (C.G. v. Liphart war deren Teilhaber mit Kollegiensekretär D.S. Scangart und Generalmajor P. von Rennenkampf) fielen dem Majoratsbesitzer G.L. v. Liphart zu. Er sollte die Zinsen von diesen Beträgen teilen, ebenso verschiedene testamentarische Pensionen zahlen – an Baronin Budberg 700 Rubel und an Fräulein Rosen 200 Rubel im Jahr.

Von den Immobilien seien zwei Häuser im Zentrum von Dorpat zu nennen, die die Söhne Otto und Friedrich bekamen und ein Steinhaus in Petersburg bei der Obuchow-Brücke im Admiralitäts-Stadtteil, das dem Sohn Benjamin (1839-?) hinterlassen wurde. Zum Erbteil des Letzteren gehörten noch Möbel und ein Teil von Silber-, Porzellan- und Kristallgegenständen. (Die zu Ratshof gehörende Kunstsammlung wurde nicht geteilt).

Das Testament von C.G. v. Liphart legitimierte auch die Teilung der Güter, die sich in ihren Grundzügen schon früher herausgebildet hatte. In Adelsfamilien, in denen ein Vater mehrere Söhne und viele Güter hatte, war es üblich, dass das wichtigste Gut im Besitz des Vaters war, während andere den Söhnen zur Haltung überlassen wurden. Die Söhne waren in diesem Fall sozusagen Pachtbesitzer. Von den Söhnen C.G. v. Lipharts blieb ausnahmsweise ohne ein Gut der jüngste Sohn Benjamin aus zweiter Ehe, der später doch für eine kurze Zeit Gutsbesitzer wurde. Nämlich kaufte er im Jahre 1867 für 75.000 Rubel (S.M.) vom Kuratorium des Vermögens von Baron Carl Bruining das Gut Tammist/Tammistu, das er aber 1874 für 90.000 Rubel (S.M.) an Eduard Walter verkaufte.

C.G. v. Lipharts Söhne aus erster Ehe waren schon zu Lebzeiten des Vaters Gutsbesitzer geworden. Von den zwei älteren – den Majoratsherren – wurde schon berichtet. Der dritte Bruder, Dr. med. Karl Eduard hielt nach dem Verkauf von Jensel und Woitfer das in der Nachbarschaft von Ratshof gelegene Gut Marrama, das nach dem Testament in seinen Besitz ging. Marrama war in seinem Besitz bis 1862, als er ins Ausland ging und das Gut dem älteren Bruder anvertraute. Im Jahre 1879 verkaufte K.E. v. Liphart Marrama für 45.000 Rubel (S.M.) seinem älteren Bruder. Im Jahre 1881 schloss G.L. v. Liphart Marrama an den Fideikommiss Ratshof.

Der vierte Sohn Otto Magnus v. Liphart (1812-1893) ist in die estnische Kulturgeschichte als ein strenger und hochmütiger Gutsherr eingegangen, mit dem der junge C.R. Jakobson Auseinandersetzungen hatte. Er bekam die Güter Torma, Toikfer und Kondo. Die Gutshaltung fiel ihm höchst lästig, und er zog es vor, im Ausland zu leben, wo er auch starb (in Paris). Da er als Junggeselle keine offiziellen Nachkommen hatte, überließ er die genannten Güter im Jahre 1866 für 200.000 Rubel seinem Bruder Karl Eduard. Dieser vererbte die Güter schon nach einem Jahr seinem ältesten Sohn Dr. phil. Reinhold

Carl v. Liphart (1839 Berlin - 1870 Leipzig). Man hoffte, dass er der zukünftige Majoratsherr sein wird. Wegen seines frühen Todes wurden seine Söhne die Erben der Güter. Die Güter Torma, Toikfer und Kondo bekam der jüngste von ihnen – Ferdinand Ernst (1868-1935), der die Güter 1896 übernahm und zugleich ihr letzter Besitzer war. Es ist unklar, wer die Güter inzwischen als Pächter gehalten hat.

Der fünfte Bruder Eduard Friedrich (1819-1903) bekam nach dem Testament die Güter Rojel und Terrastfer. Er war mit der Tochter des Grafen Ernst Gotthard von Manteuffel, dem Besitzer des Fideikommisses Schloss Talkhof/Puurmani und Herjanorm/Härjanurme verheiratet. Nach seinem Tod erbte sein einziger Sohn Otto Paul v. Liphart (1872-1933) die Güter Rojel und Terrastfer. In der Republik Estland behielten die Lipharts als einzigen Grundbesitz das Restgut Rojel mit einer Größe von 20 ha.

Neuerungen in der Gutswirtschaft

Gotthard Lionel von Liphart, der im Jahre 1850 zum Livländischen Landrat gewählt worden war und der im Jahre 1856 zum vollberechtigten Majoratsbesitzer geworden war, war als Gutsbesitzer in den 1850er und 1860er Jahren recht aktiv tätig und das in erster Linie in Ratshof, während die Güter von Neuhausen mehr den Verwaltern überlassen waren. Der Landwirtschaftswissenschaftler A. Stebut, der im Sommer 1856 hier eine agronomische Bildungsreise machte, hat das Gut Ratshof für eine der fortschrittlichsten Wirtschaften im ganzen Baltikum gehalten. Für den bemerkenswertesten Teil der Wirtschaft von Ratshof hielt er dessen Betriebe - eine großartige Malzerei und eine Schnaps- und Liqueurfabrik. Deren Produktion wurde auch in der ersten Landwirtschaftsausstellung, die im Herbst des Jahres 1857 in Dorpat stattfand, hoch geschätzt. Der Landrat Liphart bekam dort für die Produktion seiner Fabrik - Liqueure, Brennspiritus, Eau de Cologne - ein Belobigungsschreiben. Nennenswert war auch die Ziegelei- und Dränageröhrenfabrik, die dem Gutsverwalter Loewen gehörte und deren Produktion zum großen Teil für das Gut bestimmt war. Der unternehmungslustige Verwalter hatte von dem Gutsbesitzer ein Bauernhaus gepachtet und darin eine Fabrik eingerichtet, in der aus einem außerordentlich guten örtlichen Lehm pro Jahr etwa 150.000 Dränageröhren gebrannt wurden, ebenso wurden Dachsteine und Ziegelsteine hergestellt. In Ratshof waren gerade umfangreiche Umgestaltungen im Gange. Es wurden neue Wirtschaftsgebäude errichtet, und man begann mit Bodenentwässerung. In dieser Hinsicht war Ratshof eines der ersten in Livland. Die Entwässerungsarbeiten gaben sehr gute Resultate.

G.L. v. Liphart förderte das Unternehmen auch weiterhin. So hat er offensichtlich als Teilhaber seinen Neffen Ingenieur Karl v. Liphart (1841-1893) unterstützt, der im Jahre 1868 in Quistenthal ein Maschinenwerk mit Dampfbetrieb angelegt hat. In einem Reklameprospekt vom Jahr 1864 kann man lesen, dass das Maschinenwerk Dampfmaschinen, Dreschmaschinen, Sämaschinen, verschiedene Pflüge, Häckselmaschinen, Kartoffelschälmaschinen für die Brennerei, Kreissägen u.a. anzubieten hat. Man kann sich vorstellen, dass alle diese Maschinen in ers-ter Linie in der Gutswirtschaft des Landrats Liphart gebraucht wurden. Nach dem Wechsel des Besitzers (Karl v. Liphart ging in den Dienst der Baltischen Eisenbahn) war das Maschinenwerk von Quistenthal noch bis zum Jahr 1879 in Betrieb, als es von einem Schadensfeuer vernichtet wurde.

Im Jahre 1881 gab es in Ratshof drei Industrieunternehmen, die dem Landrat Liphart gehörten - eine Schnaps- und Liqueurfabrik mit drei Arbeitern (Umfang der Jahresproduktion 80.750 Rubel); ein Sägewerk mit 25 Arbeitern (Jahresproduktion für 12.000 Rubel) und eine Kachelfabrik mit fünf Arbeitern (Jahresproduktion für 4.000 Rubel).

Was landwirtschaftliche Neuerungen betrifft, so hatte sich Ratshof dank seiner günstigen Lage in unmittelbarer Stadtnähe schon recht früh an der Viehzucht und besonders an der Milchviehwirtschaft orientiert. Nach A. Stebut bekam das Gut von der Milchviehwirtschaft ein gutes Einkommen. Die Erhöhung der Einnahmen setzte die Verbesserung der Viehherde und die Beschaffung produktiverer Zuchttiere voraus. Seit Beginn der 1860er Jahre hat der Landrat Liphart darauf großen Wert gelegt, so wie später auch auf die örtliche Rassenzucht. Das beweisen aktive Teilnahme an den von 1871 an in Dorpat durchgeführten alljährlichen landwirtschaftlichen Ausstellungen sowie viele Preise für die Zuchttiere des Gutes Ratshof. Zugleich hat der Landrat auch die Bauern zu Rassenzucht angeregt und hat in der Dorpater Ausstellung für die Bauern eine Goldmedaille mit einem speziellen Statut gestiftet.

Nach A. Stebut gab es in Ratshof auch eine bemerkenswerte Schweine- und Geflügelzucht. Da es in der Viehhaltung und -pflege besonders nötig war, nicht die Arbeit der Fronknechte, sondern der Lohnknechte zu gebrauchen, ist man in Ratshof recht früh zur Knechtwirtschaft mit Lohnarbeit übergegangen. Im Jahre 1856 hat es im Gutshof zehn Lohnknechte gegeben.

Im Zusammenhang mit dem Übergang zur Knechtwirtschaft mit Lohnarbeit hat der Landrat Liphart in seinen Gütern viel mehr aus Deutschland eingeführte Arbeitskräfte eingesetzt als andere livländische Gutsbesitzer. Initiatoren waren eigentlich der Oberverwalter seiner Güter und der Pächter des Gutes Lobenstein, Gustav Rosenpflanzer, und der Pächter der Güter Neuhausen, Illingen und Braunsberg, Gustav Loewen. Im Jahr 1861 waren alle Gesinde des Kirchspiels Neuhausen zur Geldpacht übergegangen. Da die Güter jetzt statt der Fronknechte Lohnknechte finden sollten, örtliche Knechte aber keine Deputatknechte werden wollten oder nach der Meinung von Loewen und Rosenpflanzer einen zu hohen Lohn verlangten, so beschloss man, Arbeiter aus dem Ausland anzuwerben. Der energische G. Rosenpflanzer war zwei Jahre in Norddeutschland gewesen, hatte dort die Landwirtschaft studiert und für die Güter Livlands den Import der Zuchttiere organisiert. Im Frühling 1861 hat er mit der Genehmigung von G.L. v. Liphart aus Pommern 25 deutsche Familien gebracht, wo sie auf die Güter Neuhausen, Waldeck und Lobenstein aufgeteilt wurden. Im nächsten Jahr hat sie auf dieselbe Weise noch sieben Familien Landarbeiter und 7-8 ledige Handwerker - Zimmerleute, einen Töpfer, einen Wagner, einen Schmied und einen Sattler - hierher gebracht. Deutsche bildeten in den genannten Gütern fast die Hälfte der Arbeitskraft. In zwei Jahren wurden in das Kirchspiel Neuhausen etwa 200 Deutsche gebracht, von denen die Hälfte im arbeitsfähigen Alter war; die übrigen waren Kinder. Da im Gut Lobenstein, wo Rosenpflanzer mit deutschen Ansiedlern ein sog. Mustergut gestalten wollte, für deutsche Kinder auch eine Schule eröffnet wurde, blieb das deutsche Element in Neuhausen erhalten, im Laufe der Zeit sich unter Esten assimilierend.

Deutsche Landarbeiter und sogar Gesindepächter hat es auch in Ratshof gegeben. So waren um 1863/64 drei von den 41 Gesindepächtern Deutsche. Mit deutschen Bauern ist in den Ackerbau der benachbarten Gesinde so manches Neues und Nützliches gekommen. So schrieb z.B. J.H. Wirkhaus in seinen Erinnerungen, wie großen Einfluss der aus Holstein stammende Ratshofer Landwirt Claus Puck auf seine Nachbarn ausgeübt hat.

Somit haben die in den Gutswirtschaften vorgenommenen Umgestaltungen das Leben des Bauernvolkes sehr verschiedenartig beeinflusst und dorthin viele neue Momente gebracht.

Zum Verhältnis von Gutsherrn und Bauernschaft

Wie der aus dem Kirchspiel stammender Journalist und Historiker H. Prants in seinen Erinnerungen schreibt, sei der Landrat von Liphart auf den Landtagen stets als Befürworter von Neuerungen und Verbesserungen des Lebens der Bauern aufgetreten. Und als diese beschlossen worden waren, habe er sie auch unverzüglich in die Wirklichkeit umgesetzt, früher als dies anderweitig geschah. Aus den Archivmaterialien geht aber hervor, dass dies dem Landrat jedoch nicht immer gelungen ist - teils deshalb, weil die Bauernschaft noch nicht reif war, mit den Neuerungen Schritt zu halten.

So hat G.L. von Liphart gleich nach der Verkündigung des Livländischen Bauerngesetzes 1849 angefangen, in den Bauernhöfen seines Gutshofes die Fron in die Geldpacht umzuwandeln. 1850 beabsichtigte er allerdings, die Bauerwirte in der Umgebung des Gutshofes Neuhausen noch in der Fron zu belassen, während alle anderen vom Gutshof entfernten Bauernhöfe in die Geldpacht überführt werden sollten. Da einige Bauern damit nicht einverstanden waren, sollte der Gutsherr sie sogar mit Zwang gefügig machen - die Widerstrebenden verloren ihre Stelle. Erst 1861 wurden alle Bauernhöfe in Neuhausen endgültig in die Geldpacht überführt.

Eine der wesentlichen Fragen, wonach die Bauern ihre Gutsherren schätzten, war der Bauernlandverkauf. Obwohl G.L. von Liphart dabei nicht unter die Ersten kam und seine Länder nicht am billigsten verkaufte, wurde er laut der Überlieferungen sowohl zu seiner Zeit als auch mehrere Generationen später für einen guten Herrn gehalten. Ausschlaggebend war dabei die Bevorzugung der Bauerwirte seiner Gemeinde, wo immer dies möglich war, sogar ihre Stimulierung durch mehrfaches Nachgeben und Vergünstigungen sowie in Notfällen das Entgegenkommen im Tilgen von Kaufschillingsrestanzen. Die Kaufverträge der Bauernhöfe und andere Archivquellen leisten uns hierbei Hilfe, das aus den Zeitungen und Erinnerungen gewonnene Bild wesentlich zu vervollständigen. Von dem Fiedeikommissbesitz hatte der Landrat Liphart als erstes die Bauernhöfe der Gemeinde Ratshof zum Kauf angeboten, obwohl erst einige Jahre zuvor man mit ihnen einen vorschriftsmäßigen Pachtvertrag auf sechs oder zwölf Jahre eingegangen war. 1869 verkaufte man 6 Bauernhöfe, 1870 - 3, 1871 - 17, 1872 - 12 und 1873 - einen Bauernhof. Beinahe alle Kaufverträge der 39 Bauernhöfe wurden 1874 ratifiziert. Von den 39 ehemaligen Pächtern wurden 22 Eigentümer, wobei lediglich ein Käufer von außerhalb gekommen war - aus Alt-Kusthof. Anfang der 1880er Jahre wurden auch die letzten Bauernstellen verkauft. Zwei davon schafften sich der Adlige Ernst von Köhler und ein Bürger aus Dorpat, der ehemalige Bürgermeister und Stadtrat F.G. Faure an, die gemäss dem Bauerngesetz auch Mitglieder der Bauerngemeinde Ratshof wurden. 1883 wurde das Land des Gemeindehauses an die Bauerngemeinde verkauft, und die letzten zwei Bauernhöfe erwarben die bisherigen Pächter, deutsche Bauern von noch deutscher Staatsbürgerschaft. Damit hatte Liphart in den Jahren 1869-1883 insgesamt 44 Bauernhöfe zu 178.920 Rubel verkauft. Die Preise für diese in der Nähe von Dorpat gelegenen Bauernhöfe waren mittelmäßig - ungefähr 18o Rubel für einen Thaler Land. Die Kaufschillingsrestanzen sollten in der Regel binnen 40 Jahren alle 10 Jahre in vier Raten getilgt werden, wobei man für die Schuldsumme jedes Jahr 5% Zinsen zu zahlen hatte. Diese wurden dann dem Verkäufer zur Verfügung gestellt, die Kaufsumme des Bauernhofes sollte dagegen auf das Sparkonto des Fideikommisskapitals eingezahlt werden. Im Einverständnis mit dem Verkäufer konnte man die Schulden auch in kleineren Beträgen und kürzeren Abständen zurückzahlen

Als erste Rate beim Ankauf von Bauernhöfen, als Handgeld dem Kreisgericht oder direkt dem Verkäufer beim Unterzeichnen des Vertrages übergeben, zahlten die Bauerwirte von Ratshof meistens 120 bis 200 Rubel, was ungefähr ihrer Jahrespacht entsprach und 3-6% vom Kaufpreis ausmachte. Um den Verkäufer als auch den Käufer hinsichtlich der finanziellen Veränderungen besser zu verstehen, nehmen wir beispielsweise einen durchschnittlichen Bauernhof von Ratshof, den von Kriisa, der über etwa 40 Hektar Land (24 Thalern) verfügte. Er wurde im Jahre 1871 für 4.320 Rubel an den bisherigen Arrendebesitzer Johan Kaljo verkauft. Davon zahlte der Käufer beim Vertragsabschluss 240 Rubel und verpflichtete sich, die Schuldsumme in vier Raten abzutragen, d.h. je 1020 Rubel in den Jahren 1881, 1891, 1901 und 1911. Dabei hatte er jedes Jahr 5% Zinsen für die Schuldsumme zu zahlen, das sind in der Zeitspanne von 1872 bis 1881 waren es 201 Rubel, von 1882 bis 1891 noch 153 Rubel, von 1892 bis 1901 dann 102 Rubel und von 1902 bis 1911 nur noch 51 Rubel im Jahr. Davor hatte J. Kaljo laut des 1865 auf zwölf Jahre abgeschlossenen Pachtvertrages jährlich 192 Rubel Pacht für sein Bauerngehöft zu zahlen gehabt. Somit war die Steuerlast des Ankäufers des Bauerngehöftes erheblich gestiegen, weil der Verkäufer zunächst sogar eine höhere Geldsumme erhielt als beim Verpachten. Zweitens ging es dem Verkäufer just um die Zahlung von Zinsen, was auch strikt befolgt wurde, wohingegen bei der Schuldentilgungsfrist auch ein Kompromiss eingegangen werden konnte. Eben so sei der „gute Herr" von Liphart vorgegangen.

In der Tat kam auch auf Ratshof, ungeachtet der günstigen Bedingungen vor Ort, die Zahlung von Kaufschillingsrestanzen recht mühsam zustande. 1883 waren im Kreisgericht von Dorpat auf das Konto des Besitzers nur 24.150 Rubel, das sind etwa 14% von dem gesamten Kaufpreis, eingezahlt worden. Bis zum Jahr 1891, in dem die meisten Bauerwirte gemäss dem vorläufigen Vertrag die Hälfte ihrer Schulden schon hätten zurückgezahlt haben müssen, hatten diese sich nicht bemerkenswert verringert. Auch zu Beginn des Jahres 1900 hatte man von den Kaufschillingsrestanzen lediglich 60.443 Rubel abgedeckt

(33,8%), wobei nur ein einziger Bauernhof seine gesamte Kaufschuld hatte tilgen können.

Unter ähnlichen Bedingungen und fast zum gleichen Zeitpunkt (1868-1873) mit den Bauerngehöften von Ratshof verkaufte der Landrat Liphart im Einverständnis mit seinem Bruder, Dr. med. Karl Eduard Liphart, 24 Bauerngehöfte des Gutshofes Marrama, was im Jahre 1877 bestätigt wurde. Den Bauerwirten von Marrama ist es verglichen mit denen von Ratshof bei der Tilgung von Kaufschillingsrestanzen ein wenig besser gegangen: Bis zum Sommer 1891 hatte man die Hälfte von dem Gesamtkaufpreis von 72.420 Rubeln (36.581) und zu Beginn des Jahres 1900 70% (50.888) abgezahlt, wobei vier Bauernhöfe ganz eingelöst worden waren.

Sichtlich anspruchsloser und selbst freigebiger als auf Ratshof hat sich der Landrat Liphart beim Verkauf von Bauernhöfen der Gemeinde Neuhausen, eines abgelegenen livländischen Ortes mit weniger fruchtbarem Boden, aufführen müssen.

In Neuhausen schickte sich Liphart im Jahre 1870 an, Bauernhöfe zu verkaufen, wobei er sie zunächst in Grundstücke teilen ließ. Nach der historischen Tradition hätten pfiffigere und wohlhabendere Männer dann dem Landmesser 5-10 Rubel in die Hand gedrückt und wären solcherweise zu einem größeren Landbesitz gekommen. Liphart selbst habe bei der Landvermessung verlangt, der Landmesser solle dabei nach Recht und Billigkeit vorgehen, was er auch im Kirchspielkonvent gesagt habe. Die ehemaligen Pachtbesitzer seien hinsichtlich des Bauernlandverkaufes sehr misstrauisch gewesen und hätten gemeint, dass das nur ein Streich der Herrschaften sei. Aus diesem Grunde kamen gegen 1872-1873 viele Letten dorthin, denn vor dem Landverkauf setzte eine recht rege Auswanderung ein. Weggezogen seien auch die Bauerwirte, die gemeint hätten, sie seien nicht imstande, den Bauernhof einzulösen. Als Liphart davon vernahm, entrüstete er sich über die Einwanderung des fremden Volkes in das Kirchspiel. Er habe gesagt, man sollte sein Geld nach Möglichkeit zunächst nur dem Landmesser zahlen - einen Rubel für einen Thaler Land, mit dem Rest des Geldes eile es sich nicht. Also hatte man aufgrund des Vorvertrages ca. 8-12 Rubel zu zahlen. Im Jahre 1875, nachdem man die Vermessung und Bewertung aller Länder des Gutshofes und der Bauernhöfe über die Runden gebracht hatte, wurden auch offizielle Kaufverträge abgeschlossen, wobei der Lipartsche Verwalter G. Rosenpflanzer die Verkaufsangelegenheiten des ganzen Kirchspiels übernahm. Für einen Thaler Land sollte man zunächst 10 Rubel einzahlen. Zum Kaufpreis wurden 120-130 Rubel für einen Thaler Land angeboten. Diese hatte man mit 5% Zinsen von der Schuldsumme und mit 1% Tilgungskapital binnen 38 Jahre abzuzahlen.

Von den 557 Lipartschen Bauernhöfen im Kirchspiel Neuhausen hatten die meisten im Jahre 1875 einen Kaufvertrag abgeschlossen. Die letzten zwanzig Bauernhöfe wurden zu Anfang der 1880er Jahre verkauft (siehe Tabelle 2, Anhang).

Die Bauern hatten die Erinnerung, dass der Landrat Liphart ihnen beim Bauernlandverkauf in vieler Hinsicht unter guten Bedingungen entgegengekommen war. So habe er den Wunsch geäußert, die Bauern mögen auch ihre Häuser in Ordnung bringen. Laut Kaufvertrag hatte man es erlaubt, ihnen für die Bauarbeiten aus dem Walde des Gutshofes 300 Balken, 500 Latten und 4 Klafter Zaunpfähle sowie 36 Klafter Brennholz zu geben. Nach dem Bauernstellenkauf haben die Bauersleute auch angefangen, für sich bessere Wohngebäude zu errichten.

So wie wir im Falle von Ratshof und Marrama gesehen haben, hatten auch die meisten Bauernhöfe in Neuhausen die festgesetzte Frist nicht eingehalten, daher ihre Kaufschillingsrestanzen bis zu den Jahren 1911-1913 nicht getilgt. So hatten von 134 Bauernhöfen des Gutes Waldeck nur 12 den Gesamtkaufpreis vorfristig bezahlt, wogegen der Rest noch 53,5%

Schulden hatte. Von den 66 Bauernhöfen des Gutshofes Lobenstein waren vier schuldenfrei, auf den anderen Bauernhöfen dagegen lag noch eine Schuld von 53,5% des Kaufpreises. Von 62 Bauernhöfen des Gutshofes Eichhof waren acht schuldenfrei, der Rest hatte jedoch noch 56,5% zu zahlen. Insgesamt hätte vor dem Ersten Weltkrieg bei dem Liphartschen Fideikommiss die ganze durch den Bauernlandverkauf erhaltene Kaufsumme eingegangen sein müssen, und zwar etwa 180.000 Rubel aus Ratshof und über 700.000 Rubel aus Neuhausen. Nach den vorläufigen Angaben waren davon jedoch höchstens etwa 75% eingegangen.

So wie es aus dem oben gebrachten Beispiel ersichtlich wird, hatte sich von Liphart auch um die Verbesserung des Lebens der landlosen Bauernschaft bemüht, indem er nach Möglichkeit strebsame Bauerwirte unterstützte und den Nutzen des Gutshofes im Auge behielt. So erlaubte er, in den Randgebieten des Kirchspiels Neuhausen mehrere sog. Ansiedlerstellen anzulegen, die die Gutshöfe mit Arbeitskräften versahen. Auf Ratshof hatte er etwa zwanzig landlose Menschen angesiedelt, indem er jedem für die ersten zehn Jahre 15 Lofstellen unbebautes abgelegenes Land ohne Pacht gab, allerdings unter der Bedingung, dass die Ansiedler in diesem Zeitraum die Häuser eigenhändig aufbauen und das Land nutzbar machen sollten. Einer der Söhne von solch einem Kleinbauern hatte bestätigt, dass man sich auch damit durchaus zufriedengeben und auskommen kann.

Zur Wohltätigkeit

Gleich seinen Vorgängern hatte auch der Landrat G.L. von Liphart die Kirche, Schulen und Arme der Gemeinde unterstützt. Bereits im Jahre 1843 gab er als ganz frischer Majoratsherr von Neuhausen der Kirche eine großzügige Spende, indem er für alle ihre Renovierungskosten aufkam, ihr eine neue gute

Orgel (Arbeit des Dorpater Meisters Kessler) und ein neues Altarbild von Fr. L. von Maydell schenkte. Zweitens spendete er jeder Schule des Kirchspiels Neuhausen, von denen es ein Dutzend gab, für das Gehalt des Schulmeisters acht Thaler Land (ca 15 ha). Darüber hinaus hatte er auch dort den Bau von Schulhäusern gefördert, wo diese noch fehlten. Bei diesem Unternehmen hatten ihn anscheinend auch die damaligen Pastoren von Neuhausen Karl Gottfried Masing (im Amt von 1814 bis 1859) und Gustav Masing (1860-1901) animiert. Unter dem Einfluss des Letzteren habe das dortige Schulleben zwar einen bemerkenswerten Aufstieg erlebt, anderenteils sei jedoch gerade unter seinem Einfluss die Zeit des nationalen Erwachens an Neuhausen leider fast unmerklich vorbeigegangen.

Der Landrat Liphart hatte auch später den Bau und den Unterhalt von Schulen unterstützt. Außer 13 Gemeindeschulen unterhielt man auf Kosten des Guts Neuhausen noch eine größere Gutsschule, in der Russisch und Deutsch unterrichtet wurden. Auch auf Ratshof war seit 1875 auf Kosten des Gutshofes eine Schule für Kinder der Gutsarbeiter im Betrieb, von der die Schulkinder zudem alle Schreibutensilien erhielten. Anlässlich des 100. Jahrestages des Majorats 1876 schenkte der Landrat dem Schulkonvent des Kirchspiels Neuhausen eine 1.000-Rubel-Aktie des Dorpater Ressource Vereins, damit dort eine Kirchspielmädchenschule gegründet wird. Beim späteren Deponieren der Aktie ist sie jedoch abhanden gekommen. Wertvolle Hilfe leistete der alte Herr bei der Errichtung eines neuen prächtigen einstöckigen Steingebäudes für die Kirchspielschule Neuhausen, das nach seiner Fertigstellung 1883 sogar „Universität Neuhausen" genannt worden ist. Holz für den Bau und 1200 Rubel zur Deckung der Baukosten hatte auch der Majoratsherr spendiert. Freundliche Unterstützung bekamen außerdem das Blasorchester von Ratshof sowie das von Neuhausen.

Im Kirchspiel Neuhausen wurde ab 1857 auf Kosten von Liphart und nach Auswahl durch Pastor Masing auch eine estnischsprachige Zeitung für jedes Schul- und Gerichtshaus abonniert, mit der Anordnung, diese sollten den Menschen aus der Umgebung im Schulhaus vorgelesen werden. Nach H. Prants habe man die Zeitungen auf diese Weise bis zur Revolution bezogen.

So wie einst vor drei Generationen der erste Majoratsherr den Brauch eingeführt hatte, zu Weihnachten an Arme der Gemeinde Getreide und Geld zu verteilen, so wurde dieser Brauch auch zur Zeit von G.L. v. Liphart weiter gepflegt.

Nicht nur unter dem einfachen Volk, sondern auch unter den Gebildeten wurde der alte Landrat für einen sehr populären und geachteten Herrn gehalten.

Das Jubiläum des Gutsherrn und seine Beisetzung

In der Mitte der 1880er Jahre, wo sich das Verhältnis von Bauernschaft und Gutsherrn besonders zugespitzt hatte, scheinen die Beziehungen zwischen Liphart und seinen Bauern in seiner patriarchalischen Haltung und der Untertänigkeit seiner Bauern recht außergewöhnlich zu sein. Selbst die deutschbaltischen Kreise scharf kritisierende Zeitung „Olevik" von A. Grenzstein geizte nicht mit warmen Worten bei der Beschreibung der dem Landrat Liphart anhaftenden Idylle.

Schon am 14. Mai 1883 hatten sich die Beamten der Gemeinde Ratshof bei G.L. von Liphart für seine zahlreichen Wohltaten bedankt. Der Landrat hatte dann versprochen, auch weiterhin, solange er lebt, den Gemeindebauern bei allen Sachen unter die Arme zu greifen. Er habe sich insbesondere zum Andenken der Kaiserkrönung vergewissern wollen, dass die Länder dieser zwei Schulen, beide acht Thaler groß, stets pachtfrei der Gemeinde zur Verwendung überlassen werden und dass auch seine Nachfolger dies einhalten würden, denn leider könne er wegen des Fideikommissreglements keinen Schenkungsvertrag eingehen. Auch Renovierungs- und Heizmaterialien wolle er den Schulhäusern immer kostenlos geben. Der Wohltaten des Landrats G.L. von Liphart hatte man auch zu seinem 80. Geburtstag in mehreren estnischen Zeitungen gedacht. Zu diesem Anlass hatten sich am Sonntag, dem 19. Februar 1884, Gemeindebeamte und Bauernwirte der Gemeinde Ratshof zusammen mit drei Gesandten aus Neuhausen im Gutsschulhaus versammelt, von wo aus man sich dann zur Begrüßung des Gutsherrn auf den Weg machte. Der Schulmeister der Gemeinde sprach Dankesworte und übergab dem Jubilar als Geschenk ein von dem Photographen R. Sacher angefertigtes wunderschönes Emailbild, auf dem alle Gemeindebeamte, Schulmeister und Bauerwirte der Gemeinde Ratshof zu sehen waren und eine eigenhändig kunstvoll geschmückte Dankschrift. Mit Tränen in den Augen nahm der Alte sie entgegen. Zugegen waren auch der Chor, der zwischen den Reden sang, und der Lehrer Willigerode aus Dorpat-Marien, der ebenso eine Rede hielt. Sehr prophetisch klangen die Worte der Gesandten aus Neuhausen des Kirchspielschulältesten, des Gemeindeältesten und des Kirchenvormundes: „Einen solchen Herrn wie Sie haben wir noch nie gehabt und werden ihn auch nach Ihnen nicht bekommen." Der feierliche Teil wurde durch die Bitte der Gemeindebeamten von Ratshof gekrönt, der Alte möge ihnen auch sein Bild zum Andenken schenken, damit ihre Kinder ihn auch noch dann anblicken könnten, wenn er zur ewigen Ruhe eingegangen ist. Ihr Wunsch war erfüllt und ihnen ein schönes Ölgemälde als Erinnerung mitgegeben worden. Daraufhin ging man zur Frühkost und dann klang erneut Musik von dem Männerquartett und dem Blasorchester.

Doch damit fand die rührend idyllische Beziehung zwischen dem Gutsherrn und seinen Bauernwirten noch nicht ihren Abschluss. Lassen wir wiederum die Zeitungen zu Wort kommen:

„*Am 22. März hätten die Leute von Ratshof wieder einen Festtag gehabt - der Landrat sei ins Gemeindegerichtshaus gekommen, wo sein Ölgemälde, das er auf seinem Jubiläum der Gemeinde als Erinnerung geschenkt hatte, auf feierliche Weise aufgestellt wurde. Der Herr wurde erneut mit Gesang und einem vom Schulmeister [J.H. Wirkhaus]eigens zu diesem Tag geschmiedeten Vers begrüsst. Der Gast bedankte sich und stiess mit den Gemeindebeamten und Bauerwirten mit Champagner an. Es wurde gesungen "Es lebe!". Danach sah sich der hohe Gast das neue Gemeindevorratshaus an. Inzwischen unterhielt der Gesang das Fest. Nach einer zweistündigen Anwesenheit nahm der Gast von den Feiernden Abschied und schenkte vor dem Weggehen der Gemeinde noch ein hübsches, wunderschön eingerahmtes Bild im Öldruck, auf dem die Krönung der Kaisermajestäten dargestellt worden war.*"

Eine noch größere Verehrung als zu seinen Lebzeiten hat man dem Landrat Liphart nach seinem Tode entgegengebracht. Der am 15. Oktober 1885 nach kurzer Krankheit in Dorpat verstorbener Majoratsherr wurde auf seinen Wunsch hin auf dem Friedhof in der Familiengrabkapelle bestattet. Bei Fackelschein und in Begleitung von vielen Menschen trugen die Bauerwirte seinen Leichnam vom Gut Ratshof durch die Stadt bis in eine Entfernung von fünf Werst. Dann wurde er auf den Leichenwagen gelegt und bis zur Grenze des Kirchspiels Neuhausen gefahren, wo man für ihn das letzte Ehrentor gebaut hatte. Dort nahmen die Bauernwirte der Gemeinde Eichhof den Sarg auf ihre Schultern und trugen ihn unter Begleitung von Musik in die Kirche, wo Pastor Masing ihn mit dem Heiligen Wort empfing. Nach der Neuhausschen Tradition hätten die Menschen des Kirchspiels die ganze Nacht in der Kirche die Totenwache gehalten. Nach dem Begräbnisgottesdienst am nächsten Tag sei der Sarg mit dem vorletzten und von den Bauern am meisten geschätzten Majoratsherrn erneut bei Fackellicht und in Begleitung eines grossen Trauerzuges in die Grabkapelle

gleitung eines grossen Trauerzuges in die Grabkapelle gebracht worden.

Der letzte Majoratsherr (1885-1919)

Da G.L. von Liphart kinderlos geblieben war, sollte der Fideikommissbesitz an den älteren Sohn seines jüngeren Bruders Karl Eduard von Liphart übergehen. Dies war Reinhold Karl von Liphart (1839-1870), der als Erster von diesem hochgeistigen Geschlecht eine Zeitlang auch an der Universität Dorpat studiert hatte (Philologie, 1857-1858). Nach dem Physikstudium in Berlin und nach der Promotion zum Dr. phil. wirkte er kurze Zeit als Leiter einer Gasfabrik in Salzburg und kehrte dann 1865 nach Livland zurück, um sich in die Rolle des Majoratsbesitzers einzuleben. Zu diesem Zweck verpachtete ihm sein Onkel am 1. Mai 1866 die Gutshöfe Neuhausen, Illingen und Braunsberg, wobei er den früher geschlossenen Pachtvertrag mit Gustav Loewen aufhob. Ein Jahr später verzichtete Dr. phil. R.K. von Liphart offensichtlich deshalb auf diesen Pachtvertrag, weil er in den Besitz der vorher seinem zweiten Onkel Otto Magnus von Liphart gehörenden Güter Torma, Toikfer und Kondo gelangt war. Es war ihm auch nicht gegeben worden, Majoratsherr zu werden, denn so wie einst sein Onkel Guido von Liphart, ist auch er jung gestorben. Die Erbschaftssorgen und die Erziehung des Erben überließ er seinem Landrat-Onkel. Da der Letztere zum Wohle der Bauernschaft des Majoratsbesitzes ein hohes Alter erreicht hatte, wurde der nächste Majoratsherr der Sohn von Dr. phil. R.K. von Liphart, Reinhold Karl junior (1864-1940). Gleich nach dem Tode seines Großonkels ist er Besitzer der Güter von Neuhausen geworden, von Ratshof dagegen nach dem Tode seines Großvaters Dr. med. K.E. von Liphart im Jahre 1892. Der letzte Majoratsherr hatte seinen Besitz noch um einen Gutshof erweitert, um den Gutshof Rosenhof im Kreis Werro, den er 1888 von Otto Friedrich Moller für 247167 Rubel abkaufte. 1897 wurde dieser Gutshof dem Liphartschen Fideikommissbesitz angeschlossen.

1889 vermählte sich R. von Liphart mit Anna Mathilde, der Tochter des Grafen Ernst von Manteuffel junior, des Besitzers der Schlösser Talkhof und Herjanorm. Sie hatten fünf Söhne und drei Töchter. Bei den letzten Liphart und Manteuffels sehen wir, wie sich die Familien der größten Landbesitzer Livlands verbunden haben.

R.K. von Liphart ist in die Fußstapfen seines Großvaters, eines Kunstforschers, getreten, indem er in Berlin Medizin studierte, zum Dr. med. promovierte und danach sich immer mehr der Kunst, seit 1905 der Malerei zuwandte. Er siedelte nach dem Ersten Weltkrieg nach Italien über und fand dort vornehmlich als Kunsthistoriker und Restaurator Anerkennung. Während seiner Ratshof-Zeit 1901-1905 hat man dort den letzten Umbau ausgeführt: Dem Ostflügel des Herrenhauses wurde die mit Renaissancemalereien versehene Kuppel angeschlossen, die den Bibliothekssaal gekrönt hatte. Das hat dem Gebäude noch mehr das Gepräge eines Schlosses verliehen

Als Majoratsherr zählte R.K. von Liphart zu den eher Schlechteren und verlor schnell die Liebe und Achtung der Bauern, die sein Großonkel genossen hatte. Obwohl die Menschen der Gemeinde Ratshof und von Neuhausen unter dem Einfluss des dahingeschiedenen Landrates versuchten, ihm ihre Zuneigung zu schenken, kühlten sich ihre Beziehungen recht bald ab. Der neue Majoratsherr war ein Mensch von ganz anderem Schlag - interessenlos und nachlässig bei der Gutsbewirtschaftung sowie gleichgültig den Bauern gegenüber. Seine Lebensauffassung schien darauf zu beruhen, Reichtum und Luxus zu genießen sowie den Gütern das Letzte abzupressen. Nach der Überlieferung im Kirchspiel Dorpat-Marien waren die letzten Lipartschen Männer so stolz gewesen, dass sie mit ihren Instleuten und Aufsehern überhaupt nicht gesprochen hatten, denn diese seien für sie zweibeinige Bestien gewesen. Für die Schulhäuser, die der vorige Majoratsherr den Gemeinden kostenlos übergeben hatte, verlangte er Pacht und beschwor zudem mehrere Konflikte herauf. Von den zahlreichen Gutshöfen hatte der Form halber der Besitzer, in Wirklichkeit jedoch der Gutsverwalter, lediglich Ratshof und Rosenhof zu bewirtschaften. Die anderen Güter waren schon zu Zeiten des vorigen Majoratsherrn lange Zeit verpachtet worden. Unter den Pächtern sind mehrere Güter heruntergewirtschaftet worden, so dass man es schwer hatte, neue Pächter ausfindig zu machen. So hatte sich ein junger Gutspächter, der Literat Fritz Behse, in eine kuriose Geschichte verwickeln lassen, indem er sich durch die Vertrauensmänner von Liphart von dem Klang des Lipartschen Namens so täuschen ließ, dass er 1892 einen Pachtvertrag über Gutshof Illingen auf 18 Jahre einging. Dann stellte sich jedoch heraus, dass der Gutshof dermaßen heruntergekommen und die Gebäude dermaßen alt waren, dass sie einer Renovierung oder eines Neubaus bedurften. Kein einziger Ofen war heil, das Haus der Instleute hatte keine einzige Fensterscheibe, usw. Im Laufe von drei Jahren zeigte sich, dass es sich auch in den besten Jahren als unmöglich erweisen würde, die Pachtbedingungen einzuhalten, d.h. in den ersten neun Jahren 1.600 Rubel und in den folgenden neun Jahren 2.000 Rubel im Jahr zu zahlen. In drei Jahren hatte er 7.000 Rubel seines Kapitals einbüssen müssen und blieb aus diesem Grunde dem Besitzer 2.600 Rubel Pacht schuldig. Deshalb suchte er um die Aufhebung des mit R. von Liphart durch Betrug abgeschlossenen Pachtvertrages nach.

Offensichtlich war selbst die Gutsbewirtschaftung von Ratshof, das im Anfang der 1890er Jahre von Bränden heimgesucht wurde, sehr heruntergekommen. Der Brandstiftung bezichtigte man den Gutsverwalter und andere Herrendiener, deren Umgang mit dem Besitzer nicht zu loben gewesen sei. Innerhalb von anderthalb Jahren (1893-1895) gab es auf dem Gut zehn Brände, denen die Schnapsfabrik, mehrere große Viehställe und Scheunen und zuletzt am 18. Oktober 1895 der ganze auf einem etwa 1,5 Hektar großen Territorium gelegene Wirtschaftskomplex mit einer ausgezeichneten Molkerei, zahlreichen Viehställen und Futterscheunen samt 250 Stück Kornvieh, 8 Pferden und 10 Hunden zum Opfer gefallen waren. Die Höhe der daraus dem Besitzer erwachsenen Schäden betrug fast 100.000 Rubel.

Wegen der zugespitzten Beziehungen zwischen Gut und Bauernschaft sowie der schwer auf den Bauernhöfen lastenden Kaufschillingsrestanzen entstand ein günstiger Boden für die Unruhen, zu denen es im Kirchspiel Neuhausen kam, wo im Dezember 1905 an den Lipartschen Bevollmächtigten sehr strenge Forderungen für die Verbesserung der Lage der Bauern gestellt wurden. Da die Menschen dabei sehr organisiert vorgegangen sind und auf dem Gut nichts geplündert worden ist, sind die Strafkompanien ausgeblieben. Zwar wurden später 16 Männer einer Untersuchung unterzogen, doch sind sie mit einer während der Voruntersuchung geleisteten 1,5- bis 2-monatigen Haft davongekommen.

Aufgrund der Angaben der im April 1913 vom Statistischen Büro des Livländischen Landratskollegiums durchgeführten Erhebungen waren während des Bauernlandverkaufes von den neun Gütern des Liphartschen Fideikommissbesitzes (Ratshof, Marrama, Rosenhof, Neuhausen, Waldeck, Illingen, Eichhof, Lobensstein, Braunsberg) nahezu 38.000 Hektar Land (ca 88% wirtschaftliches nutzbares Land) in den Besitz der Bauern übergegangen. R. von Liphart gehörten noch etwa 32.000 Hektar als Hofsland und Quote, wovon ca. 32% landwirtschaftlich nutzbar war. Laut des am 10. Oktober 1919 sanktionierten Agrargesetzes der Estnischen Republik gehörte dieses Land zur entschädigungslosen Enteignung und zum größten Teil zur Verteilung an die landlosen Menschen als Neuansiedlerstellen.

Die letzten anwesenden Majoratsherren zu dieser Zeit waren Reinhold von Liphart und sein ältester Sohn, der kaiserlich-russische Garderittmeister aus dem Ersten Weltkrieg, Reinhold Friedrich von Liphart (1892-?), der ungeachtet der Kriegszeit als formeller Pachtherr des Gutshofes Neuhausen sich die Rolle eines livländischen Gutsherrn zu eigen zu machen begann. Doch wie die Geschichte es so oft will, war diese Zeit schon vorbei. Von dem riesengroßen Gutsbesitz war lediglich das auf 518 Hektar reduzierte Gut Ratshof übrig geblieben, wo als Symbol der neuen Zeit eine Wirtschaft und eine Versuchswirtschaft der Landwirtschaftlichen Universität Tartu sowie das Estnische Nationalmuseum errichtet wurden.

Der letzte Majoratsherr R.K. von Liphart siedelte 1920 nach Deutschland über, wobei es ihm gestattet wurde, außer Kunstschätzen in 16 Eisenbahnwagen sein Hab und Gut mitzunehmen. Beim Abschied hatte er eine großzügige Geste gemacht, indem er der Universität Tartu die Gebäude von Ratshof samt dem Schloss, das Gurtszentrum, Wirtschaftsinventar, Skulpturen, Graphik, Zeichnungen, Porzellan und kunstvolle Möbel, also insgesamt über 1.500 Gegenstände, sowie eine Bibliothek mit mehreren Tausenden von Bänden schenkte. Es ist allerdings dabei zu bedenken, dass er bei der Spende auch an die gedacht hatte, durch deren Arbeit und Mühe solch eine Kunstsammlung Möglichkeit geworden war.

Am 7. Juni 1920 nahm der Kurator Peter Põld im Namen der Universität dieses Geschenk in Empfang.

Anhang siehe nächste Seite

Anhang

Tabelle 1
Güterbesitz des Geschlechts von Liphart in Livland

Gut	Kaufs- und Verkaufs-(Enteignungs) jahre	Kaufs- und Verkaufs-summa
Wölla	1649-1682	? - reduziert
Duckern	1662-1740	geerbt - ?
Rojel	1725-1919 (1939)	10000 Rbl.S.M. - enteignet (Restgut
Kawast		
Aya	u. 1760-1788	
Waimastfer		
Rippoka		
Ratshof	1751-1919	
Kondo	1759-1919	12000 Rbl.S.M. - enteignet
Neuhausen	1766-1919	4000 Rbl. - enteignet
Braunsberg	1919	110000 Rbl.S.M. - enteignet
Eichhof		
Illingen		
Lobenstein		
Waldeck		
Kabbal	1774-1829	120000 Rbl.S.M. - vererbt
Terrastfer	1784-1919	37000 Rbl.S.M. - enteignet
Marrama	1786-1919	30000 Rbl.S.M. - enteignet
Ollepäh	1792-1829	12 000 Rbl.S.M. - vererbt
Alt-Kusthof	1799-1838	145000 Rbl.S.M. - 112000 Rbl.S.M.
Jensel	1821-1834	75000 Rbl.S.M. - 200000 Rbl.S.M.
Woitfer	1824-1834	28000 Rbl.B.A.
Saarjerw	1828-1840	28000 Rbl.B.A.
Toikfer	1816-1919	67-140 Rbl.S.M. - enteignet
Torma	1835-1919	65000 Rbl.B.A. - enteignet
Sennen	1838-1856	55500 Rbl.S.M.
Kaster		
Mäxhof	1835-1850	35000 Rbl.S.M. - vererbt
Heidehof		165000 Rbl.S.M. - 190000 Rbl.S.M.
Tammist	1867-1874	75000 Rbl.S.M. - 90000 Rbl.S.M.
Rosenhof	1888-1919	247167 Rbl. - enteignet

Tabelle 2
Bauernlandverkauf im Kirchspiel Neuhausen

Gutshof	Anzahl Bauernhöfe	Nutzbares Land in Dessatinen	Land im Talerwert	Kaufsumme in Rbl.
Neuhausen	157	8838	1647	205175
Waldeck	134	6357	1331	165440
Illingen	104	5850	957	118580
Eichhof	62	2589	663	84620
Lobensstein	66	3284	715	89020
Braunsberg	34	1444	352	42880
Insgesamt	557	28362	5665	705715

Quellen und Literaturverzeichnis

Archivbestände:
Estnisches Historisches Archiv
F. 567 - Livländische Mess-Revisionskommission:
   Reg. 1, Nr. 683-684; Reg. 2, Nr. 244, 245, 683, 686.
F. 923 - Dorpater 2. Kirchspielsgericht:Reg. 1, Nr. 20.
F. 1185 - Livländische Gemeinnützige und Ökonomische Sozietät:
   Reg. 1, Nr. 354, 522, 1361, 1399.
F. 1271 - Gemeinde Neuhausen: Reg. 1, Nr. 133.
F. 1427 - Statistisches Büro des Livländischen Landsratskollegiums:
   Reg. 1, Nr. 14, 28, 32, 35, 63, 138.
F. 1850 - Dorpater Deutsche Genealogische Gesellschaft: Reg. 1, Nr. 136.
F. 2381 - Dorpater Krepostabteilung: Reg. 1, Nr. 383, 497, 510, 1245.
F. 2399 - Livländischer Verein zur Förderung der Landwirtschaft und des Gewerbefleisses Reg. 1, Nr. 152.
F. 2469 - Livländische Adlige Güter-Kredit-Sozietät:
   Reg. 1, Nr. 438, 638; Reg. 3, Nr. 36.
F. 3724 - Kollektion der Katasterdokumenten:
   Reg. 5, Nr. 1222-1225, 1227, 1229.
F. 3748 - Gut Neuhausen:
   Reg. 1, Nr. 23.

Estnisches Literarisches Museum
F. 169 - Varia: M. 14:17.
F. 172 - 1905. Aasta Selts: M. 15:10.
F. 199 - Akadeemiline Ajaloo Selts: Nr. 34.
F. 200 - Eesti Kirjanduse Selts: M. 6:1; 6:2.
F. ÕES (Gelehrte Estnische Gesellschaft): M.B. 1:15.

Universitätsbibliothek Tartu, Handschriften und Rara Abteilung
F. 32 - Liphart: Nr. 6.

Literatur
T. Rosenberg, Liphartid Liivimaa mõisnikena. I-III. // Kleio. Ajaloo Ajakiri. Tartu. Nr. 9, 1994, S. 12-15: Nr. 2 (16) 1996, S. 19-23, Nr. 3 (21) 1997, S. 3-14. Hier finden Sie genauere Hinweise auf die benutzten Archivbestände und Literatur.
Album Academicum der Kaiserlichen Universität Dorpat. Bearbeitet von A. Hasselblatt und Dr. G. Otto. Dorpat 1889.
E. Arro, Ferdinand David und das Liphart-Quartett in Dorpat 1829-35.// Baltische Monatshefte 1935, S. 19-30.
Deutschbaltisches Biographisches Lexikon 1710-1960. Köln-Wien, 1970.
H.D. v. Engelhardt,/H. Neuschäffer, Die Livländische Gemeinnützige und Ökonomische Sozietät (1792-1939). Quellen und Studien zur Baltischen Geschichte. Bd. 5. Hrsg. P. Kaegbein, G. v. Pistohlkors. Köln-Wien, 1983, S. 40-41.
W.C. Friebe, Physisch-ökonomische und statistische Bemerkungen von Lief-und Ehstland oder von den beiden Statthalterschaften Riga und Reval. Riga 1794.
Genealogisches Handbuch der baltischen Ritterschaften, Teil: Livland. Bd. II. Lief. 9. Görlitz, s.a. S. 674-685. Liphart. (Bearb. von F. v. Stackelberg).
I.M. Friedenthal, Die Entwicklung der Industrie in Estland bis zum Ausgang des 19. Jahrhunderts. // Beiträge zur Kunde Estlands. Bd. 14, H. 2. Reval 1928.
H. Ligi, Talurahva arv ja paiknemine Lõuna-Eestis aastail 1711-1816. // Uurimusi Läänemeremaade ajaloost II. Tartu Riikliku Ülikooli Toimetised. Vihik 371. Tartu 1976.
J. Kahk, Rahutused ja reformid. Tallinn, 1961.
O. Karma, Jooni maaparanduse arengust Eestis kuni 1917. aastani. Tallinn 1959.
O. Karma, Tööstuslikult revolutsioonilt sotsialistlikule revolutsioonile Eestis. Tallinn 1963.
J. Keevallik, Karl Eduard von Liphart. // Jahrbuch des baltischen Deutschtums. Bd. 39. 1992. Lüneburg/München 1991.
Fr. R. Kreutszwaldi kirjavahetus. V. Tallinn 1962.
H. Prants, Minu elukäik. Mälestusi ja pärimusi. Tartu 1937.

H. Stryk, Beiträge zur Geschichte der Rittergüter Livlands. Th. I. Dorpat 1877, Th. II. Dresden 1885.
Tartu Ülikooli ajalugu. III. Tallinn, 1982.
E. Thomson./G.v. Rauch, Schloss Ratshof in Estland. Vom Musenhof zum Nationalmuseum. Lüneburg 1985.
O. Utter, Tartu Ülikooli kunstivarade ajaloost. // Tartu Ülikooli ajaloo küsimusi I. Tartu 1975.

Zeitungen
Baltische Wochenschrift 1888.
Das Inland 1843.
Eesti Postimees 1883, 1884.
Hommik 1907.
Linda 1894.
Olevik 1884, 1885.
Olion 1932.
Postimees 1889, 1895, 1899, 1926.
Virulane 1885.

GUTSHÖFE DER GRAFEN VON SIEVERS:
Kultureller und wissenschaftlicher Mittelpunkt in Livland

Jānis Baltiņš

Das Museum für Heimatkunde und Kunst in Wenden/Cēsis, das in dem von Carl Eberhard Graf von Sievers erbauten Schlossplatz eingerichtet ist und sich am Fuß der historischen Ordensburg Wenden befindet, wendet sich gerade wegen seiner Lage der Archäologie besonders intensiv zu, sowohl in seiner nächsten Umgebung als auch im ganzen Gebiet. Die Mitarbeiter des Museums versuchen, die Leistungen ihrer Vorgänger auf dem Gebiet der Geschichtsforschung zu beurteilen und kommen dabei nicht selten zu überraschenden Entdeckungen. So haben sie neulich in Reval/Tallinn die vom livländischen Archäologen Carl Georg Graf von Sievers (1814-1879) gesammelten Materialien und Tagebücher gefunden und erforscht. Da diese Materialien sehr hoch eingeschätzt wurden und zugleich zugegeben werden musste, dass der Beitrag dieses Wissenschaftlers zur Erforschung des Altertums von Livland bis heute in Lettland nicht genügend bewertet ist, wurde beschlossen, diese Materialien zu ordnen und zu veröffentlichen sowie in Zukunft eine beständige Ausstellung zu eröffnen, die die Interessierten mit den hervorragenden Leistungen des Archäologen Carl Georg Graf von Sievers bekanntmachen würde. Es wurde auch geplant, in den Ausgaben der wissenschaftlichen Aufsätze des Museums von Wenden die Leser nicht nur mit den Leistungen des Wissenschaftlers von Sievers, sondern auch mit der Tätigkeit von anderen Vertretern der Grafenfamilie Sievers in Livland bekanntzumachen, wobei dem Autor dieses Vortrages die Erforschung dieses Themas aufgetragen wurde.

Die Studien der Archivurkunden über die Gutshöfe der Grafen Sievers und der von konkreten Persönlichkeiten geleisteten Beiträge zur Errichtung und Verschönerung dieser Landgüter erbrachten die Schlussfolgerung, dass einen großen Einfluss auf die Geschichtsentwicklung Lettlands der Erbauer und Besitzer des Bauenhofes (Abb. 1), der Enzyklopädist der Aufklärungszeit und der Staatsmann, Jacob Johann Graf von Sievers (1731-1808) sowie andere Persönlichkeiten ausgeübt haben. (Abb. 2)

Es seien hier zuerst einige Daten über die Einwanderung der Familie von Sievers ins Baltikum angeführt. Als die Urheimat dieser Familie gilt Deutschland, und zwar Holstein. Die Heerstraßen haben die ersten Vertreter der Familie nach Schweden und dann in das Baltikum geführt. Als erster kam hierher Johann von Sievers, der 1663 Catharina - die Tochter des Bürgermeisters von Hapsal Christian von Husen, heiratete und zwei Jahre später schon als Bürger von Reval registriert wurde; im Jahre 1700 wurde er hier auch beigesetzt.[1] Johann's Bruder - Karl war bei der schwedischen Kriegsmarine und fiel 1702 in der Schlacht auf dem Fluss Embach unweit vom Peipussee. Genauere Informationen gibt es über die Söhne von Peter Christian (1671-1729) und Joachim Johann (1674-1752). Der älteste von ihnen - Peter Christian wurde 1704 zur Zeit des Nordischen Krieges in der Schlacht bei Narva als Major der schwedischen Armee von den Russen gefangengenommen und bis zum Kriegsende nicht freigelassen. Während seiner Gefan-

---

[1] Literatur über die Genealogie der Familie von Sievers:
Genealogisches Handbuch des Adels. Bd. 89, Adelige Häuser B, Bd. XVII.. Limburg 1986, S. 411-34.; A. Buchholtz, Materialien zur Personenkunde der Ostseeprovinzen. Bd. 42, - Manuskript in der Abteilung für Manuskripte und seltene Ausgaben der Akademischen Bibliothek Lettlands.; J. Siebmachers Großes und allgemeines Wappenbuch - Adel der russischen Ostseeprovinzen. Bd. 25. Nürnberg 1898, S. 104-107.

genschaft erlernte er schnell die fremde Sprache und wirkte als Übersetzer. Wegen der neuen Pflichten, die er jetzt leistete, wurden die Bedingungen der Gefangenschaft gemildert, und seine Gemahlin Anna Magdalena von Brümmer durfte zu ihm nach Russland kommen. Peter Christian und seine Nachkommen haben keine bedeutende Rolle in der livländischen Geschichte; es seien hier nur sein Sohn Joachim Christian (1719-1778) - der Vizegouverneur von Estland und Generalleutnant der russischen Armee erwähnt und seine Schwestern Maria Elisabeth und Anna Magdalena, die sich durch Heirat verschwägerten und auf die Güter kamen, die uns interessieren. Der Bruder von Peter Christian - Joachim Johann - rückte im Militärdienst zum Kapitän der schwedischen Armee auf, aber mehr ist er als Kanzleisekretär des livländischen Gouverneurs Jacob Johann von Hastver bekannt. Der hohe Rang im Zivildienst ermöglichte es ihm, den weiten Rujen-Großhof zu pachten. Das Amt des Gouverneursekretärs war die höchste Stufe, die er in seiner Karriere erreichte, denn, wie es auf seinem Bildnis zu sehen ist, ist er sogar nach seinem Tode und langen Jahren, die er in Russlands Dienst gestanden hat, mit schwedischen Regalien dargestellt worden.[2] 1698 heiratete J.J. von Sievers Gertrud Elisabeth von Eckermann (1671-1710) aus Estland[3] und bald - 1699 - wurde sein Sohn Joachim Johann (1699-1770) geboren, der später mit dem Ankauf von livländischen Gutshöfen anfing. In dem darauf folgenden Krieg verloren die Jungvermählten die Grundbesitze, die die Frau geerbt hatte, und siedelten nach Finnland über. Zur Zeit des Nordischen Krieges tauschte J.J. von Sievers seinen zivilen Staatsdienst gegen den Dienst beim schwedischen Militärkorps Finnlands ein. Während der

---

[2] Das Gemälde ist in dem Schlossmuseum Ruhental/Rundāle deponiert.
[3] K.L. Blum, Ein russischer Staatsmann. Bd. 1-IV. Leipzig, Heidelberg 1857/58.; Fr. Rambach, Jacob Johann Graf Sievers. Dorpat 1809.

Kriegsjahre wurden in der Familie noch die Tochter Gertrud Elisabeth und die Söhne Eberhard (1705-1760) und Karl (1710-1774) geboren. Nach dem Tod seiner Frau und der Auflösung des Militärkorps kehrte Joachim Johann nach Estland zurück und trat in den russischen Dienst. Um 1730 schloss er die zweite Ehe - mit Anna Boerenberg (1695-1792). Darüber berichtet auch die Aufschrift auf seinem Porträt; „Joachim Johann von Sievers geb. 1674, gest. 1752, Schwedischer Kapitain, verh.: erste Ehe mit Frl. von Ekermann zu Poddis 1698 und zweite Ehe mit Anna Boerenberg, die nach dem Tode ihres Gemahls mit ihren Kindern nach Holstein zurückging." Der älteste Sohn von Joachim Johann aus der 2. Ehe, David Reinhold (1732-1814), verbrachte sein ganzes Leben in Deutschland und wurde zum Gründer des Hauses Sievers-Holstein, seine Brüder aber kehrten nach Russland zurück und widmeten ihr Leben dem Militärdienst; ihre Schicksale stehen somit in keiner Beziehung zum Baltikum.[4]

Die Familie Sievers und Lettland sind durch zwei Söhne von Joachim Johann - den ältesten Sohn und Karl - in Verbindung zu bringen. Nach dem Tode ihrer Mutter kehrten sie nach Estland zurück und wohnten auf den Landgütern der Großeltern mütterlicherseits, bald aber, durch die schweren Umstände der Nachkriegsjahre gezwungen, übernahmen sie die Verwaltung der Gutshöfe des estnischen Landrats Jacob Johann Freiherr von Tiesenhausen bei Wesenberg. Die Lebenswege der Brüder trennten sich aber bald - Karl begab sich nach Petersburg, wo er am russischen Hof zum Favoriten der Thronfolgerin Elisabeth Petrowna wurde und eine glänzende Karriere

---

[4] Nach Livland kehrte nur ein Sohn von David Reinhold - Carl Friedrich (1761-1823) zurück. Er nahm das Vizepräsidentenamt des livländischen Hofgerichts ein. Sein Sohn Ernst Peter (1795-1876) war schon der Präsident des Gerichts, sehr lebhaft interessierte er sich für die Kunst und Wissenschaft, blieb aber ledig.

machte. Joachim Johann aber, nach der Eheschließung 1730 mit seiner Kusine Anna Magdalena (1710-1762) und nach der Geburt des oben erwähnten Sohnes Jacob Johann, siedelte 1733 nach Bersohn in Livland um. Bedeutsame Ereignisse spielten sich im Leben der Brüder von Sievers im Jahre 1743 ab, als der Friedensvertrag von Abo, der endgültig die russisch-schwedische Grenze festsetzte, geschlossen wurde. Eine wichtige Rolle spielten bei diesen Friedensverhandlungen der Höfling und Diplomat Karl von Sievers und General der russischen Armee Alexander Rumjanzew, die zur Belohnung große Grundbesitze bekamen - der General das Schlossgebiet Burtneck mit Bauenhof und Zarnau, Karl von Sievers aber das Gut Ranzen - im Erbbesitz - und das Pachtrecht auf das Gut Ostrominsky.

Auf dem Pachtgut ließ sich die neue Familie des Vaters von Karl nieder und wohnte hier bis zu Joachim Johanns Lebensende. Anstelle des Pachtrechts auf den Gutshof Ostrominsky erwarb K. von Sievers bald das Erbrecht auf dieses Gut, nachdem er 1761 Ranzen an Friedrich Wilhelm von Sievers aus Euseküll verkauft hatte.[5]

Karl sorgte nicht nur für seinen Vater, sondern auch für seinen ältesten Bruder Joachim Johann, der vorher erfolgreich die Landgüter der Herren von Tiesenhausen verwaltet hatte, und verschaffte ihm die Stellung in dem weiten Schlossgebiet Burtneck. Die erste Unterkunft des neuen Verwalters war das Gutshofszentrum Burtneck, das laut der Beschreibung von August Wilhelm Hupel verwahrlost und verfallen gewesen und nur in der letzten Zeit, das heißt, unter der Verwaltung von J.J. von Sievers bewohnbar geworden war, so dass dort 1762 sogar Kaiserin Katharina II. die unterwegs nach Riga war, aufge-

---

[5] L. von Stryck, Beiträge zur Geschichte der Rittergüter Livlands. II Theil. Dresden 1885, S. 144.

nommen werden konnte.[6] Parallel zu seiner Tätigkeit als Gutsverwalter war J.J. von Sievers um die Erwerbung von Grundbesitzen für sich bemüht. 1747, unterstützt von seinem Bruder, erstand er für 30.000 Rubel von den Grafen Rumjanzew die von ihren Grundbesitzen abgeteilten Landgüter Bauenhof und Zarnau. Durch sein Testament teilte Graf Alexander Rumjanzew die Gutshöfe Wilsenhof, Gallandfeld und Seckenhof von dem Komplex Burtneck ab, wobei der erste seiner Frau Maria Matwejewa und die letzten seiner Tochter Maria vermacht wurden. Bald kaufte Joachim Johann von Sievers die abgeteilten Immobilien und fügte ihnen noch Alt-Ottenhof zu. So entstanden in den Gemeinden Matthiä und Salisburg weite Grundbesitze der Familie von Sievers, die von Nachkommen der Familie eingerichtet und verschönert wurden; zum Hauptzentrum aller dieser Gutshöfe wurde zweifellos Bauenhof.

Seiner Natur nach war Joachim Johann ein schroffer, aber ehrenhafter Mensch, dessen Lebensmotto lautete: „Tue Recht und scheue Niemand!" Er war auch tief religiös, denn das zweite Leitmotiv, dem er folgte, war: „Alles, was Gott will!"[7] Von den dreizehn in der Familie geborenen Kindern wurden nur sechs erwachsen, weil der Vater mehr auf Gott, als auf die Ärzte vertraute. Als Gemeindeältester zu Matthiä hatte er scharfe Konflikte mit dem Pastor Johann Reinhold Busch, den er des Vergehens „incestus caussa" beschuldigte.[8] Die gute Seele des Hauses war zweifelsohne die Mutter Anna Magdalena, besonders aber die Großtante von Eckermann, die auf dem Bauenhof wohnte und die Pate des ältesten Sohnes Jacob Johann war. Um den Schmerz über den Tod mehrerer Söhne zu lindern, wurde Lorenz, der Sohn des Bruders von Joachim Jo-

---

[6] A.W. Hupel, Topographische Nachrichten. Bd. 1. Riga 1774, S. 230.
[7] K.L. Blum, Staatsmann. (wie Anm. 116).
[8] F.C. Napiersky, Beiträge zur Kirchengeschichte Livlands. Heft III. Riga 1852.

hann, Eberhard, in die Familie aufgenommen. Er war nur um ein Jahr jünger als Jacob Johann, und die Altersgenossen wurden bald Freunde; die Zusammenarbeit zwischen ihnen setzte sich auch im reifen Alter fort, als sie beide im Gouvernement Nowgorod tätig waren. Die Vettern wurden von einem Hauslehrer unterrichtet, von dem nur bekannt ist, „daß er sich auf die niedere Gegenstände beschränkte; von neuen Sprachen war nicht die Rede, ebenso wenig von den alten, die doch die echte Grundlage jeder höheren Bildung ausmachen. Vielleicht verdankt ihm Jacob Johann die ausgezeichnete schöne Handschrift, von der er selbst späterhin seinen Enkeln, um sie zur Sorgfalt für ihre Handschrift zu ermahnen, erzählte, wie er ihr zum Teil seinen Wohlstand verdanke und wie drei russische Kaiserinnen sie zu lesen liebten."[2] Joachim Johann von Sievers hatte beschlossen, seinen Sohn nach Schweden zu senden, damit er sich dort bei der Flotte abhärte, aber die Patin des Jünglings war damit nicht einverstanden. Als sie nach einem Besuch in Estland nach Bauenhof zurückkehrte und entdeckte, dass Jacob Johann schon nach Reval auf die Schiffe geschickt war, eilte sie dorthin, holte den Jungen ein und führte ihn nach Hause zurück.

1743 erhielt Karl von Sievers, der schon ein bedeutender Politiker in Petersburg war, den Befehl, den Frieden von Abo mit Schweden in Est- und Livland öffentlich zu verkünden. Dieses ist mit großen Feierlichkeiten geschehen.

Bei dieser Gelegenheit besuchte er seinen Bruder in Bauenhof und nahm den jungen Jacob Johann nach Petersburg mit, der bald des Oheims Liebling werden sollte.

In der Hauptstadt wurde er der Obhut des Pagenhofmeisters Noski übergeben, der ihm die Hofmanieren beibrachte; außerdem besuchte er die Vorlesungen des Professors Gretsch,

---

[2] K.L. Blum, Staatsmann, (wie Anm. 116), S. 10.

um sich mit den Problemen der Wissenschaft vertraut zu machen. Zu Ende des Jahres 1744 wurde der fleißige Jüngling als Junker beim Kollegium der auswärtigen Angelegenheiten angestellt. 1748 wurden seine Kenntnisse noch höher eingeschätzt - Jacob Johann wurde zum Sekretär bei der russischen Botschaft in Kopenhagen, die von dem erfahrenem Politiker Johann Albert von Korff geleitet wurde, ernannt. Nach einem Arbeitsjahr in Dänemark wurde J.J. von Sievers in einem ähnlichen Dienstgrad an die russische Botschaft in England versetzt. Zu dieser Zeit war England der progressivste Staat in Europa, der die blutige Revolution von Cromwell überlebt und danach die friedliche Restitution der Königsmacht erlebt hatte; es herrschten dort ziemlich weite politische und persönliche Freiheiten. Auf dem Gebiet der Ästhetik war es aber die Zeit, in welcher bereits die Anweisungen, die Alexander Pope in der Gartenkunst durch die bekannten Verse und durch seine gefeierte Villa bei Twichenham gegeben hatte, ihre Früchte trugen. Bekanntlich hatte der berühmte Dichter gesagt, von allen seinen Werken sei er am stolzesten auf seine Gärten. Auch ist anerkannt, dass er zur Bildung des Geschmacks, den der große Gartenkünstler William Kent in bewunderten Schöpfungen darlegte, besonders beigetragen hatte. Dieser war um die Zeit gestorben, als Sievers England betrat, Pope war ihm vier Jahre früher vorausgegangen. Aber der Einfluss beider Männer wirkte weit über ihr Leben hinaus, und gerade jetzt ward es mehr und mehr Sitte der großen und wohlhabenden Landeigentümer, den neuen Geschmack in ihren Landsitzen zu verwirklichen.[10] In Großbritannien verbrachte Jacob Johann von Sievers sieben Jahre, und die tiefen Eindrücke, die England auf ihn gemacht hatte, verwischten sich sein ganzes Leben lang nicht. Sie spiegelten sich auch in der späteren Einrichtung des Gutszentrums

---

[10] Ebenda, S. 39.

Bauenhof wieder. Der erfolgreiche Diplomatendienst wurde durch die Einberufung in die Armee und Teilnahme an dem Siebenjährigen Krieg, in den er als Oberquartiermeister der Liv- und Kurländischen Division zog, und aus dem er im Rang eines Generalmajors zurückkehrte, unterbrochen. Nach der Einstellung der Feindseligkeiten verließ Jacob Johann den Militärdienst und kam in sein Vaterhaus am Burtneck-See zurück, fand hier aber keine Erfüllung seiner Wünsche; der ruhige Lauf des Lebens auf dem Lande befriedigte ihn nicht. 1762 erfolgte der oben erwähnte kurzfristige Besuch der Kaiserin Katharina II. auf dem Gutshofe Burtneck, und es fiel der Kaiserin nicht schwer, den jungen Mann zur Rückkehr in den Staatsdienst zu überreden.

Kaiserin Katharina II. hatte für Russland weitgehende ökonomische und politische Reformen geplant und brauchte deshalb Menschen von fortschrittlicher, europäischer Sinnesart. Im Frühjahr 1764 wurde Jacob Johann zum Gouverneur von Nowgorod ernannt, um in dieser Provinz wirtschaftliche Neuordnungen durchzuführen. Hier fand er schon seinen Jugendfreund und Vetter Lorenz vor, der in der Stadt als Kollegienrat angestellt war. Für seine erfolgreiche Tätigkeit wurde bald der neue Gouverneur mit dem St. Annen Orden ausgezeichnet; besondere Verdienste hatte er um den Verkehrswasserbau. Der Gouverneur war in seiner Arbeit nicht allein, er hatte einen Kreis der besten Fachleute seiner Zeit um sich gesammelt. Einer von ihnen, Johann Conrad Gerhard - ein ausgezeichneter Wasserbaumeister, hatte der Kaiserin Maria Theresia große Dienste in seinem Fach geleistet, geriet aber als Protestant gerade von jener Fürstin seines Glaubens wegen in arge Bedrängnisse. In späteren Jahren, als J.J. von Sievers nach Bauenhof übersiedelt war, besuchte der Wasserbaumeister häufig seinen vormaligen Arbeitgeber in Livland, und vermutlich ist das auf dem Gute vorhandene Kanalsystem teilweise aus den

Ideen des Österreichers und berühmten Schleusenmeisters Schwenzon entstanden.

1767 heiratete Jacob Johann von Sievers Elisabeth von Sievers (1746-1818) - die älteste Tochter seines Ohms und Gönners, der jetzt schon Oberhofmarschall und Graf des Heiligen Römischen Kaiserreichs war. Die Beziehungen zwischen den Neuvermählten und ihren Eltern waren äußerst herzlich. Jacob Johann wurde stets in St. Petersburg als Sohn empfangen, und schon zur Zeit, da Bauenhof gekauft wurde und sich keiner von der Familie Sievers in einer glänzenden finanziellen Lage befand, hat sich die Gemahlin von Karl zum Juwelier begeben, um ihren Schmuck zu verkaufen und somit ihrem Schwager beim Kauf der ersten Grundbesitze zu helfen. Von den Eltern des jungen Paars wurden große Hoffnungen auf diese Ehe gesetzt, aber trotz den Erwartungen war das Zusammenleben von Vetter und Kusine nicht glücklich, denn die beiden hatten unterschiedliche Lebensauffassungen. Der Mann konnte das müßige Leben am Hofe, an dem seine Frau als Hofdame der Kaiserin unbedingt teilnehmen sollte, nicht ertragen. Elisabeth aber machte ihrem Mann Vorwürfe, dass er zu sehr in seine Arbeit verfallen sei und viel Zeit fort von der Hauptstadt verbringe. 1775 wurde Jacob Johann wiederum befördert, er wurde zum Generalgouverneur von Twer-Nowgorod und Pleskow ernannt und erhielt neue Auszeichnungen, doch der Zwiespalt im Familienleben wurde immer größer, besonders nach dem Tod des Schwiegervaters im Jahre 1774. Die Ehe wurde 1781 geschieden. Elisabeth mit ihrer Tochter Benedikte fuhr ins Ausland, Jacob Johann aber verließ den Staatsdienst und ließ sich auf dem Bauenhof nieder, in welchem Veränderungen eingetreten waren.

Schon 1762 war die Mutter von Jacob Johann gestorben, und der Vater hatte sie im Grabgewölbe der nahe gelegenen

Kirche St. Matthiä beisetzen lassen, wohin er ihr 1770 folgte.[11] Nach dem Tod des Vaters wurden die Erbgüter unter seinen Söhnen aufgeteilt. Der älteste - Jacob Johann erbte Bauenhof und Zarnau, die er anfänglich wegen seiner Arbeitspflichten in Russland verpachtete. Sein Bruder Joachim Johann (1741-1815) nahm Wilsenhof sowie Gallandfeld und Seckenhof in Besitz, die er nach einem Rechtsverfahren mit dem Grafen Rumjanzew 1777 verlor; Carl Eberhard (1741-1821) erbte Alt-Ottenhof und kaufte 1777 auch das Schlossgut Wenden. Der jüngste Bruder Peter Christian studierte noch zu dieser Zeit in Leipzig. Jacob Johann kehrte nach Bauenhof mit zwei Töchtern Catharina (1770-1844) und Elisabeth (1776-1865) zurück. Die Umgebung von Bauenhof im Jahre 1781 hat Gustav Bergmann wie folgt beschrieben:

„Auf einer Reise von Wenden nach Salisburg wurde ich bei Antlitz des Burtneckschen Sees auf die angenehmste Weise unterhalten. Ich stieg in einem Wirtschaftshause vor der Matthisenschen Kirche aus; wählte mir den Gottesacker, der sich um diese Kirche befindet, zu meinem Erholungsplatze, und mitten in diesem glücklichen Staate, wo alles friedlich und ungestört nebeneinander liegt und modert, nahm ich mein Mittagsmahl ein. Die treffliche Aussicht der dasigen Gegend hatte mich an diesen Platz der süßen Melancholie gelockt, der sanfte, blaue Spiegel des langen Sees; Rumänzows - des großen Überwinders der Ottomanen - Landgut zur Rechten, Bauenhof mir gegenüber; hervorstehende Ziegeldächer, Gebüsche, entfernte Gehölze, lachende Ebenen, das naheliegende Pfarrhaus zur

---

[11] LVVA (Historisches Staatsarchiv Lettlands), Best. 234, Reg. 1, Akte 22, S. 702.

Linken, eine schöngelegene Bauernwohnung zu meinen Füßen, alles macht meinen Augen die schönste Landschaft ab." [12]

Der Zustand des Gutshofes befriedigte den Erbherrn, der die besten Beispiele der Weltarchitektur gesehen hatte, nicht; es sollte ein neues Herrenhaus, umgeben von weiten Anlagen nach englischen Mustern, das den Forderungen der Zeit entsprechen würde, erbaut werden.

Die Namen der Meister, die auf dem Bau in Bauenhof gearbeitet haben, sind nicht bekannt, aber es gibt Angaben, dass die meisten von ihnen aus Russland, aus Ortern, wo J.J. von Sievers früher gearbeitet hatte, gekommen sind. Es ist auch bekannt, dass J.J. von Sievers als Gouverneur von Nowgorod im Jahre 1767 einen deutschen Architekten namens Seydel angestellt hat, der bei ihm in Twer und anderswo arbeitete.[13] Bis jetzt ist es aber leider nicht gelungen, den Zusammenhang zwischen dem oben erwähnten Architekten Seydel und dem kurländischen Hofarchitekten (1764-1765) Johann Gottfried Seydel, der in seiner ersten Schöpfungsperiode als Architektengehilfe in St. Petersburg tätig gewesen ist, festzustellen.[14]

Der oben zitierte Gustav Bergmann setzt seine Beschreibung des Bauenhofes im Jahre 1787, d. h. nach sechs Jahren, fort:

„Seit dieser Zeit hat diese Gegend große Verschönerungen und malerische Scenen erhalten. Die Lage und die Gestalt des steinernen Bauenhofschen Palais im englischen Geschmack tut eine treffliche Wirkung (Abb. 3). Von der einen Seite liegt dieses Gebäude im Angesicht eines zwei Meilen langen und eine Mei-

---

[12] Sammlung der Materialien von Gustav Bergmann. Ms. 1131,1/ D. Nr.3, Bl. 1. - Manuskript in der Abteilung für Manuskripte und seltene Ausgaben der Akademischen Bibliothek Lettlands.
[13] K.L. Blum, Staatsmann. (wie Anm. 116), S. 173.
[14] I. Lancmanis, Jelgavas pils. Rīga 1979, S. 54-55.

le breiten Sees. Der Eingang ist mit einer ionischen Säulenordnung geziert. Der ganze Schloßplatz ist mit hohen steinernen Gebäuden nach dem Ebenmaße umgeben, welche das Ansehen einer blühenden wohlgebauten Stadt haben. Das Hauptgebäude und der Pavillon sind zwei Stockwerke hoch, das ganze Palais ziert ein holländisches Dach, das mit Eisenblech gedeckt und mit Ölfarbe überzogen ist. Alles ist hier regelmäßig und geschmackvoll, nirgends herrscht Dissonanz. Die innere Einrichtung entspricht ganz dem Äußern.

Hier findet man Säle und Gemächer mit Geschmack möbliert und ausgemahlt. Im Flügel sieht man auf der gegipsten Wand entzückende Landschaften von Patersens Pinsel gemahlt. Hier trifft man eine ausgesuchte Sammlung von den kostbarsten Kupferstichen an, eine auserlesene Bibliothek, welche außer einem ansehnlichen Vorrate von Büchern, welche die Gartenkunst und Landschaften betreffen, aus den besten Werken der Deutschen, Engländer und Franzosen besteht, welche dem erhabenen Besitzer Ehre machen, von seinen ausgebreiteten, in England, Frankreich, Deutschland und Italien erlangten Kenntnissen zeugt." [15]

Es wurde auf dem Gute viel gelesen - deutsch und französisch. Bücher in beiden Sprachen ließ der Gutsherr sich oft vorlesen, weil ihm der französische Druck selten gefiel, der deutsche fast nie. Desto mehr behagte ihm Druck und Papier der englischen Bücher, deren er sich eine bedeutende Sammlung in mehreren stattlichen Schränken angelegt hatte, und die er selbst las und lesen musste, weil sie ihm niemand vorlesen konnte. Dort gab es Werke von solchen namhaften Schriftstellern wie Gibbon, Robertson, Watson, Goldsmith u. a. Von Zeitungen

---

[15] Sammlung der Materialien von Gustav Bergmann. Ms. 1131,/ID. Nr. 3, Bl. 3-12. - Manuskript in der Abteilung für Manuskripte und seltene Ausgaben der Akademischen Bibliothek Lettlands.

nahm er nur, so weit es notwendig schien, Notiz. Er hasste die „politische Kannengießerei" und meinte, wer in Geheimnisse der großen Weltverhältnisse eingedrungen wäre, könnte allein etwas davon wissen und urteilen. Jacob Johann von Sievers sammelte nicht nur Kunstwerke und Bücher, sondern verschenkte sie auch an andere, vorwiegend an Lehranstalten. So, zum Beispiel, als 1802 der Kurator der Universität Dorpat Gotthard Graf von Manteuffel auf dem Gute Bauenhof weilte, schenkte ihm der Hausherr mehrere hervorragende Kupferstiche für die neugegründete Universitätsbibliothek. Im neuerbauten Herrenhause veranstaltete Jacob Johann von Sievers literarische Vortragsabende und bereitete sogar Aufführungen von Schauspielen vor. Eine wichtige Rolle spielte bei diesen Veranstaltungen der jüngere Bruder von Jacob Johann - Peter Christian, der sich zu seiner Studienzeit in Leipzig mit einem der bedeutsamsten Intelligenten Livlands, Liborius Bergmann, befreundet hatte. Zusammen mit ihm begann auch sein Bruder - Gustav Bergmann diese Veranstaltungen zu besuchen und wurde später, indem er seine Zusammenarbeit mit Jacob Johann von Sievers fortsetzte, Pastor zuerst in der Gemeinde Salisburg und danach in Rujen. Da er ein hoch intelligenter Mensch war, befriedigten ihn seine Pflichten als Pastor nicht, und er ergriff verschiedene Maßnahmen zur Verbesserung der Ausbildung der Einheimischen. In der lettischen Kulturgeschichte ist Gustav Bergmann in erster Linie als Autor und Herausgeber von vielen Büchern bekannt. Als erster hat er mit der Sammlung von lettischen Volksliedern begonnen, hat ein lettisch-deutsches Wörterbuch verfasst und vieles andere geschaffen. Er verstand auch, die Erkenntnisse der Wissenschaften, besonders der Medizin, im Alltag anzuwenden und organisierte in der Gemeinde Rujen die Blatternschutzimpfung. Vier Generationen der Pastorenfamilie Bergmann haben in Nordlettland gelebt und gearbeitet, und heutzutage ist die livländische Geschichte und Kultur ohne sie kaum denkbar.

Ein häufiger Gast der Lesegesellschaft auf Bauenhof war auch Johann Christoph Brotze; sein Zeichentalent hat uns mehrere Zeugnisse über die Bauten jener Zeit überliefert. Wie andere Persönlichkeiten der Aufklärungszeit war von Sievers - Graf seit 1798 - in seiner Tätigkeit sehr vielseitig: parallel zu seiner Beschäftigung mit Sprachen, Geschichte, Literatur und dem Staatsdienst begeisterte er sich für Musik, musizierte selbst und sammelte Literatur über die Novitäten der Tonkunst. Im Jahre 1842, bei der Inventaraufnahme des Gutes Neuhall, das laut dem Testament von Jacob Johann von Sievers von Bauenhof abgeteilt war, wurden unter anderen Gegenständen eine Violine mit Bogen und Kasten und folgende Bücher gefunden: „1 Rigisches Gesangbuch und 1 Kalender, Emphirische Psychologie, 1 Mathematik, 2 Theile lateinischer Grammatik, Gillerts Schriften, 5 Naturbücher, 1 Band Rambachs Schriften, französische Grammatik."[16] Den größten Teil unter den aufgezählten Gegenständen machen aber die eleganten Kleidungsstücke des Grafen aus, von denen einige Exemplare sogar bis heute erhalten sind. 1889 schenkte die Livländische Ritterschaft mehrere kostbare Kleidungsstücke des Grafen Jacob Johann von Sievers als ein Beispiel für die angewandte Kunst der Rokokozeit der Gesellschaft für Geschichte und Altertumskunde, und heutzutage befinden sie sich im Museum für Rigaer Geschichte und Schiffahrt. In den Beständen dieses Museums gibt es auch einen Paradedegen des Grafen Sievers.

Infolge der umfangreichen Bauarbeiten und Einrichtungen war der Besitzer von Bauenhof in finanzielle Schwierigkeiten geraten und nahm mit Dankbarkeit die Stellung des russischen Boten in Polen an. Danach folgten noch mehrere andere Posten in Petersburg, bis 1798 die Brüder Jacob Johann, Carl Eberhard

---

[16] EAA (Historisches Staatsarchiv Estlands), Best. 1862, Reg. 5, Akte 199, S. 2.

und Peter Christian in den Grafenstand des Kaiserreichs Russland erhoben wurden. Ungeachtet seiner vielen Dienst- und Ehrenpflichten verließ J.J. von Sievers Bauenhof für eine längere Zeit nicht, während seine Töchter - Catharina, die Karl Johann von Günzel (1741-1816) geheiratet hatte, und Elisabeth - die Gemahlin von Berend Johann von Uexküll (1762-1827) - vom Gutshof ihres Vaters weggezogen waren.

Den größten Eindruck auf die Zeitgenossen hat der vom Grafen Sievers angelegte Park gemacht, zu dem - wegen seiner Planung und des geleisteten Arbeitsumfanges - schwer eine Analogie im Baltikum zu finden ist. Vermutlich haben bei der Anlage des Parks nicht nur die Bauern aus den russischen Gutshöfen des Grafen Sievers, sondern auch türkische Kriegsgefangene, die von Generalen Günzel zur Verfügung gestellt wurden, gearbeitet. Schon 1787 hat G. Bergmann die Umgebung von Bauenhof wie folgt beschrieben:

„Die hintere Seite [des Herrenhauses] siehet in den Garten, in welchen man durch eine Arkade auf einer herablaufenden Treppe aus dem Palais gelangen kann. Hier stellt sich dem Auge ein unabsehliches langes Blumenfeld dar, auf welchem es unter anderen Blumen gegen hundert Nelkengattungen, das Gesicht entzückend und die Luft mit Wohlgerüchen erfüllend, gibt. Neben diesem Blumenbeete ist ein ansehnlicher Teich, der mit Schwänen besetzt ist und in dessen Mitte eine Insel aus dem Wasser emporsteigt. Gehet man weiter, so kommt man zu rauschenden Wasserfällen, wo man Ruheplätze zum Ausruhen antrifft und wo man eine Stelle zum Baden eingerichtet siehet. Der Bach, der die Kaskaden formiert, schlängelt sich seitwärts durch den Garten: man sieht auf selbigem einen Steg in dunklen Schattengängen, eine hingesetzte Bank unter hohen ehrwürdigen Bäumen. Der sanft rieselnde Bach fällt endlich in einen großen Wasserbehälter auf dem weiten Schloßplatze, wo eine beträchtliche Insel das Auge ergötzet. Das Wasser läuft

zuletzt auf die nahegrenzende steinerne Mühle, wo das Rauschen des Wassers fürs Ohr sein angenehmes hat und sich endlich in den Burtneckeschen See verliert.

Gehet man den Weg längs dem sanftrieselnden Bache bis zu den Kaskaden zurück, so erblickt man eine mit allerlei Holz nach englischer Art bepflanzte Anhöhe. Man gelangt durch einen kühlen Lindengang auf einen geebneten Hügel - mit schönen Bäumen besetzt, mit einer geräumlichen, von Linden gewölbten Gartenlaube geziert, auf welchem man eine Aussicht über den Garten erhält. Von diesem Hügel steigt man hinab auf die Heerstraße von Wolmar nach Salisburg, welche den Garten in zweien Hälften durchschneidet. Die Reisenden fahren hier über eine Brücke, wo sie eine sehr schöne Aussicht haben: auf der einen Seite das Gut Burtneck, den See, die Burtneckensche Kirche in altgotischem Geschmack, vor sich den Garten, das Palais. Das Auge durchläuft eine gerade Allee von Birken, hinter der sich in einer Entfernung der Anblick des steinernen Vorwercks zu Bauenhof darbietet. Auf der anderen Seite des Weges fängt sich ein englischer stundenlanger Garten an. Hier stellen sich fünf lange, sehr breite und tiefe Kanäle (Abb. 4) mit acht Reihen hohen majestätischen Birken dem Auge an. Nachdem man tausend Schritte in diesen Alleen fortgegangen ist, so gelangt man zum Jacobsberg. Dort trifft man rieselnde Quellen, mit Bäumen bepflanzte Höhen, Insel, Halbinsel, Grotte, Kanapees, Wasserfälle, ein festes Zelt, Sitze, Buschwerk und Bäume von aller Art zu Tausenden an. Tausend Schritte weiter ist der Jungfernberg, welcher ein mit allerlei Bäumen bepflanzter Hügel ist. Von hieraus fließt ein Bach in die Kanäle, macht die Kaskaden im Garten, bringt frisches Wasser nach den Teichen vor dem Palais und fließt endlich in den großen Wasserbehälter bei der Mühle. Im Garten siehet man sehr viele Obstbäume, Weinstöcke und Pfirsichen an der hohen steinernen Gartenwand, weiße Maulbeerbäume, Lindenhecken, Gänge, Lauben, ein Paar Kabinette, Terrassen und

Kanapees. Im Jahre 1786 wurden hier Melonen ohne Fenster gezogen, welche zur völligen Reife gelangten. Man hatte bloß Pferdedünger untergelegt, um das Eindringen der Kälte zu verhindern, und abends sie mit Strohdecken bedeckt. Hier ist auch ein ziemlicher Anwachs von Zedern, die aus dem Kern gezogen sind. Die englischen Anlagen bestehen aus Capifolium, wilden Jasminen, Akazien, Zimenen, Rosen, wilden und zahmen Holunder, Ulmen (Rüßtern), Ebereschen, Faulbeerbäumen, Kreutzdorn, Birken, Tannen, Ahornbäumen, Fichten, Äschen, Brombeersträuchern, Linden u. a. Des Winters ist hier eine ansehnliche Blumenflor von Hyazinthen, Jonquillen, Narzissen, Tulpen u. s. w., welche jährlich verschrieben werden. Auch hält hier der Hof einen eigenen Kunstgärtner, damit der Geschmack, das Gesicht und der Geruch hinlänglich befriedigt werden, und überall ist die Natur so mit Geschmack benutzt worden, wie sie hat benutzt werden können." [17]

An der Verschönerung des Parks arbeitete Graf Sievers bis zu seinem Lebensende, es wurden versucht, Seidenraupenzucht, Imkerei und andere Nebenzweige der Landwirtschaft einzuführen. Einen großen Beitrag hat J.J. von Sievers auch für die Anlage auf dem Nachbargute Breslau, aber besonders für die Einrichtung des Gutshofes Fickel, wo nach der Heirat seine Tochter Elisabeth wohnte, geleistet. Auch die Bauern des Bauenhofes wurden nicht vernachlässigt: es wurde ihnen befohlen, Obstgärten auf den Gesinden anzulegen, anstelle der unkultivierten Gräser Wiesenklee zu bauen. Wie die Bauern bei Nowgorod wurden auch die Einheimischen auf dem Bauenhof im Kartoffelanbau und anderen Weisheiten der Landwirtschaft unterwiesen. Deshalb ist es auch kein Wunder, dass aus der Hof-

---

[17] Sammlung der Materialien von Gustav Bergmann. Ms. 1131,/ID. Nr.3, Bl. 4-10. - Manuskript in der Abteilung für Manuskripte und seltene Ausgaben der Akademischen Bibliothek Lettlands.

lage Rimeicken bei Alt-Ottenhof einer der Grundleger der landwirtschaftlichen Wissenschaft in Lettland Pauls Lejins stammt, dessen Namen im 20. Jahrhundert die landwirtschaftliche Schule in Kautzmünde/Kauceminde trägt. Im Jahre 1865 wurde in der Parkanlage von Bauenhof, am Fuß des Jagdpavillons, das II. regionale Sängerfest der Letten veranstaltet (Abb. 5); auf dem gegenüberliegenden Hügel aber war schon 1808 Graf Jacob Johann von Sievers bestattet. (Abb. 6)

Wie war nun das weitere Schicksal des Gutshofes? Nach dem Tod des Vaters wurde Bauenhof zwischen seine Erben geteilt. Die älteste Tochter Catharina erbte den zentralen Teil des Gutes und Ostrominsky, das Graf Sievers 1805 nach dem Tode des Sohnes Karls von Sievers – Johann (1749-1805) gekauft hatte. Nach dem Tode ihres Mannes, des Generals von Günzel verpachtete Catharina die Gutswirtschaft Bauenhof anfänglich an von Lövis of Menar, dann an ihren Enkel - den künftigen Archäologen C.G. von Sievers. Wenn man das Kulturmilieu und das von Vorfahren hinterlassene Erbe auf Bauenhof in Betracht nimmt, scheint die Liebhaberei des Grafen Carl Georg von Sievers für Archäologie selbstverständlich. Als ältester Sohn der Enkelin von J.J. von Sievers - Catharina von Günzel (1792-1845) und des Enkels des Oberhofmarschalls Karl von Sievers - Paul (1773-1824) hatte er eine gute Bildung genossen. Zuerst wurde er von seinem Hauslehrer A. Hollander unterrichtet, dann setzte er seine Ausbildung fort bei dem späteren Superintendenten und begeisterten Liebhaber der antiken Geschichte R. von Klot, der in dem jungen Menschen Liebe zu den Helden Homers erweckte. Es sei hier darauf hingewiesen, dass die archäologischen Forschungen von C.G. von Sievers einem anderen hervorragenden Altertumsforscher, dem Bibliothekar der Livländischen Ritterschaft Karl Woldemar von Lövis of Menar aus dem unweit gelegenen Gutshof Panten ein gutes Beispiel gegeben haben. Nach dem Tode der Mutter erbte Bauenhof ihr Sohn Carl Joachim Johann von Günzel, der von seiner Natur aus kränklich war und Bauenhof zuerst an einen Vertreter der Familie von Vietinghoff und dann an den Landwirt Andreas Schmidt verpachtete. Die Besitzer von Bauenhof übergaben es 1861 ihrem Sohn Arthur von Günzel; Zarnau und Ostrominsky aber wurden verkauft.

Zur Zeit, als Bauenhof von Arthur von Günzel bewirtschaftet wurde, wurden im Herrenhause umfangreiche Renovierungsarbeiten durchgeführt, und es gewann das Aussehen, das dem Schloss bis zum ersten Weltkrieg eigen war. Damals wurden hier auch Öfen gesetzt, die heute das Schloss Ruhental/Rundale schmücken. 1920 wurde Bauenhof im Laufe der in Lettland durchgeführten Bodenreform dem Sohn von Arthur - Arved von Günzel enteignet.

Heutzutage sind vom dem ehemaligen Herrenhause nur eine Ruine, von der oben beschriebenen Parkanlage und dem Kanalsystem nur armselige Reste übriggeblieben. Hoffentlich werden künftig die Grabstätten auf dem Jacobsberg und der Sängerfestplatz im Park instandgesetzt sowie Kanäle gereinigt. Ein ermutigendes Vorbild dafür ist die nahe gelegene St. Matthiä Kirche, deren Turm vor kurzem baufällig war. Gäste aus dem befreundeten Gebiet Gütersloh, die hier zu Besuch waren, bemerkten den schlechten Zustand der Kirche, und da das Portal der Kirche das Monogramm des schwedischen Königs Karls XI. schmückt, machten sie es dem Königshaus Schweden bekannt. (Abb. 7) Es wurden Mittel für die Instandsetzung der Kirche gespendet, das Gotteshaus wurde gerettet. Die Hoffnung, dass es in der Zukunft gelingen wird, etwas von der vormaligen Schönheit der Umgebung von Bauenhof wiederherzustellen, ist nicht erloschen.

Auch das Schicksal anderer Gutshöfe der Familie von Sievers ist nicht beneidenswert. Wilsenhof wurde vom Bruder Jacob Johanns, Joachim Johann geerbt und 1777, nachdem er Gallandfeld verloren hatte, gebaut. Nach seinem Tode nahm es sein jüngster Bruder Peter Christian in Besitz, der durch die

Heirat auch das Gut Warrol bei Dorpat erwarb und dort 1809 ein stattliches Herrenhaus erbaute. Nach ihm erbte Wilsenhof sein Sohn - Iivländischer Kreisrichter Carl Eduard (1795-1873), der die Enkelin des Grafen Jacob Johann von Sievers, die Erbin von Neuhall, Elisabeth von Uexküll (1802-1862) geheiratet hatte. Durch den Kauf des benachbarten Gutshofes Eichenangern geriet Carl Eduard in große Schulden. Die weiten Grundbesitze von Wilsenhof, Neuhall und Eichenangern erbten nach seinem Tode die Söhne Paul (1827-1880) und Karl, genannt Charlot (1825-1891). Die finanzielle Lage der Brüder verbesserte sich aber nicht und sie waren gezwungen, ihre Güter zu veräußern: Wilsenhof und Eichenangern an die Familie von Stackelberg, Neuhall an einen von Günzel. Warrol wurde vom Bruder Carl Eduards - Paul (1797-1863) - geerbt, der auch ein Haus in Dorpat besaß. In diesem Haus ist vormals eine große Porträtsammlung der Vorfahren der Familie von Sievers gewesen, und ein Bildnis aus dieser Galerie ist heute im Kunstmuseum Lettlands zu betrachten. Der Erbe von Paul - Georg, hielt sich eine lange Zeit in Dresden auf, wo die Bildnisse der Mitglieder der Familie von Sievers restauriert wurden. Aufgrund der von den Restauratoren gemachten Aufschriften war es auch heute möglich, diese Bildnisse zu identifizieren.[18]

Von allen oben genannten Gutshöfen sind heute nur noch Ruinen übriggeblieben. Auch Alt-Ottenhof, das zuerst der Sohn von Carl Eberhard - Georg, genannt Jegor, (1778-1827) erbte und später Nikolai (1826-1910) im Besitz hatte, befindet

---

[18] Im Kunstmuseum Lettlands wird das Bildnis von Johann Carl von Sievers (1749-1805) aufbewahrt, auf dem er in der Uniform eines Pagen dargestellt ist. Die Aufschrift auf der Leinwand berichtet, dass es 1758 in St. Petersburg von Rottan gemalt und 1862 in Dresden von Hermann Malotti restauriert ist. Dieses Gemälde befand sich früher in Dorpat, in einem Hause auf der Gartenstraße 21.

sich heute in einer kläglichen Lage. Die einzige Ausnahme ist das Schloss Wenden/Cēsis das von Carl Eberhard an der Stelle der Vorburg von Ordensburg Wenden erbaut ist und bis heute in einem unversehrten Zustand erhalten ist. In der Zukunft wird hoffentlich das Museum des Gebietes Wenden/Cēsis seinen Besuchern eine kleine Übersicht über das umfangreiche kulturelle und wissenschaftliche Erbe, das die Familie von Sievers Livland hinterlassen hat, bieten.

Abb.1 Bauenhof. Aquarell von J. Chr. Brotze um1800.

Abb. 2 Jakob Johann von Sievers. 1731-1808.

Abb. 3 Bauenhof

Abb. 4 Heute einer der Kanäle auf Bauenhof.

Abb. 5 Jagdpavillon und Platz, wo das II. regionale Sängerfest der Letten stattfand.

Abb. 6 Grabstätte der Familien von Sievers und von Günzel auf dem Jakobsberg.

Abb. 7 Die Kirche St. Matthiä mit dem renovierten Turm.

VON DER FESTUNG ZUM HERRENHAUS
Entwicklung der Gutshäuser in Lettland während der Renaissance im 16. und 17. Jahrhundert

Ojārs Spārītis

Einführung

Der Architekturhistoriker estnischer Herkunft, A. Tuulse, charakterisiert eindrücklich den Abschluss des Mittelalters als Ende des Rittertums als militärische Kraft in der Geschichte der Wehrarchitektur. Er schreibt: „Mit Wolter von Plettenberg und Jasper Linde findet in den dreißiger Jahren des 16. Jahrhunderts die über dreihundertjährige Entwicklung der Wehrarchitektur Alt-Livlands ihren Abschluß." [1]

Obwohl im 16. und 17. Jahrhundert die alten Festungen noch bedeutende militärische Kräfte darstellten und Zuflucht boten, die man zur Landesverteidigung weiterzuentwickeln, zu vervollkommnen und mit den Bastionen und anderen Fortifikationsbauten anzulegen versuchte, konnten sie der modernen Kriegskunst nicht widerstehen und die Burgen vor der Vernichtung schützen. Das beweist das Endergebnis des Nordischen Krieges, als noch nach dem Krieg zum Schutz von Livland und Lettgallen angelegte mittelalterliche Festungen gesprengt, zerstört und der Erosion überlassen wurden. Bis heute sind nur ererbte Privatgüter und zum Wohnen umgebaute mittelalterlich architektonische Baudenkmäler erhalten.

Die Epoche der Renaissance brachte dem Steinbau Livlands technische, konstruktive und künstlerische Neuheiten und öffnete den Weg für Bauten neuer Art im demokratisierten So-

---

[1] A. Tuulse, Die Burgen in Estland und Lettland. Dorpat 1942, S. 333.

zialraum. Wenn militärische und architektonische Objekte erforscht werden, ist es möglich, eine allmähliche Kunstevolution festzustellen, die mit einem Zuwachs der Renaissancemerkmale das Gemeinschaftsleben veränderten, und die Baukunst-, Verteidigungs- und Komfortqualität steigerten. Leider werden wir es in einer Vielzahl der Fälle nur mit indirekten oder fragmentarischen Zeugnissen beweisen können, weil viele der zu erforschenden Objekte entweder in Trümmern liegen oder ihre ehemaligen Qualitäten nicht anders als archäologisch gewürdigt werden können.

Es wäre methodisch nützlich, den Überblick des Kulturerbes in Lettland aus der Perspektive des schon bekannten europäischen Kulturerbes vorzunehmen. Die Übereinstimmung des Kulturprozesses in Raum und Zeit wird sich anschaulich mit Hilfe der Beispiele aus der Baukunst der Nachbarländer darstellen. Nur im Vergleich werden die Tatsachen der Fragmentforschung der Baudenkmäler unseres Landes örtliche Nuancen und regionale Varianten ins gemeinsame System bringen.

Man kann sagen, dass Westeuropa um die Wende zum 16. Jahrhundert in allen kulturellen Bereichen ein breites Interesse an italienischen Leistungen hatte; es begann, manche davon, wenigstens oberflächlich, zu übernehmen. Auch in den baltischen Gebieten wurden sie für administrative, militärische und Residenzbauten auch in der Zivilarchitektur nachgeahmt.

In den Auftragsbauten und Umbauten der Adelsgüter haben sowohl ausländische Einwanderer als auch Handwerker aus den nächsten Städten Arbeit gefunden. Die Gestalter der künstlerischen Umgebung führten neue Formen ein, die sowohl in den Gütern als auch in den Städten übernommen und nachgeahmt wurden. Der deutsche Architekturhistoriker E. Ullmann stellt für die Stilablösung vereinfacht die Behauptung auf, dass „von dieser Kunststilmischung der Übergangsperiode im 16.

Jahrhundert die deutsche Renaissance entstand, die ähnlich wie in Italien ihre theoretische Begründung entwickelte."[2] Für zutreffend halte ich den Gedanken, dass immer dann wenn die Region die Form und den Inhalt entlehnt und weiterentwickelt, auch etwas Eigenes entsteht. Als ein sehr weit vom Zentrum des Renaissancestandortes entfernt liegendes Peripherieland entlehnten die baltischen Länder im Unterschied zu Deutschland Stile, ohne sie zu entwickeln und zu begründen. Sie ahmten eine Mode oder Art nach. Die Formrezeption und deren Nachahmung trat in den Vordergrund, dabei gewannen sie zusätzliche Vereinfachungs- und Rustikalisationsaspekte.

Auf dem Gebiet des heutigen Lettland schloss man sich den internationalen Kunstentwicklungen der katholischen und protestantischen Nachbarländer an und übernahm von ihnen aus ähnlicher sozialer Umwelt entlehnte Grundmerkmale der Baukunst der Renaissance. Das um die Jahrhundertwende gespeicherte und international eingebrachte Eigengewicht der Renaissanceformen war schon von der künstlerischen Orientierung des Entlehnungslandes aus zum geistigen Eigentum der deutschen, schwedischen, holländischen, polnischen Handwerker und denen anderer Nationalitäten geworden. In Lettland war die dominierende Künstler- und Handwerkerschicht deutscher Herkunft vom reflektierenden Geist der nordischen Renaissance wie von ihrem eigenen bestimmt, den sie sowohl direkt als auch vermittelt aus Büchern und Gravuren entlehnt hatte. Die Architektur, die gegenständliche und bildende Kunst Livlands konnten sich dank der ununterbrochenen Einwanderung von Handwerkern und Künstlern zu einem Gesamtbild kreativer und praktischer Erfahrung entwickeln. All dies zusammen lässt ein Gefühl des gemeinsamen Kulturhintergrun-

---

[2] E. Ullmann, Renaissance. Deutsche Baukunst 1520-1620. Leipzig 1995, S. 120.

des aufstellen, in dem es möglich ist, den Geist und den Stil der Renaissance festzustellen.

Um übereilte Behauptungen zu verhindern und einzelne Erscheinungen des regionalen Kulturhintergrundes Alt-Livlands nicht zu verabsolutieren, kann ich mich in der Architekturinterpretation der Renaissance der im Jahr 1987 von I. Lancmanis ausgedrückten Erkenntnis anschließen: „Wir haben kein Recht, diese Bauten als Ausdruck des persönlichen künstlerischen Willens zu betrachten, sondern nur als ein Produkt der objektiv politischen, sozialen, wirtschaftlichen und nationalen Kulturumstände." [3] Deshalb wird es bei der Betrachtung nicht immer möglich sein, vollkommen genau den Eingangsweg stilistischer Entlehnung bei jedem Gegenstand zu beschreiben.

Befestigte Gutshöfe als Wohn- und Wirtschaftskomplex

Die seit dem Beginn der baltischen Christianisierung gebauten Bischofs-, Ordens- und Vasallenburgen und die dort angelegten Wirtschaftsbauten, ebenso der der mittelalterlichen Sozialstruktur entsprechende Städtebau stimmten im großen und ganzen mit den materiellen und geistigen Möglichkeiten einer provinziellen Region in Europa überein. Mit der Entwicklung der Urbanisierung und der Technik, auch der Produktionsmöglichkeiten, der Konsumformen und dem Zuwachs an Umfang vergrößerten sich die geistigen und materiellen Tätigkeiten des Menschen und seine soziale Rolle als bewegende Kraft der Renaissance. Dieser Prozess begann 1484 im Konflikt des Rigaer Bürgertums mit dem Deutschen Orden und

---

[3] I. Lancmanis, Die Fragen Renaissance- und Manierismustheorien in Bezug auf die lettische Architektur in der zweiten Hälfte des 16. Jahrhunderts und Anfang des 17. Jahrhunderts. Materiali feodalisma posma Latvijas mākslas vēsturei. Teil II., Rīga 1987, S. 11-12.

führte zum Sieg des Bürgertums, zur Zerstörung der Burgen von Riga und Tuckum/Tukums und wurde im Symbol der Stadtverwaltung, im Rathaus, in der herausfordernden Devise seiner Beischlagsteine festgehalten: „Wer ist gegen uns, wenn Gott mit uns ist." Die professionelle und organisierte Militärkraft unter der Führung von Wolter von Plettenberg versuchte die Entwicklung aufzuhalten, bewirkte aber nur ein kurzfristiges Gleichgewicht. Die folgende Reformationswelle und Glaubensfreiheit erschütterten das Fundament der feudalen Sozialstruktur in Riga, Wolmar, im ganzen Livland und auch in Kurland.

Für seinen Widerstand musste der Orden mit einem eigenartigen Wehrbau beginnen: im Vorposten der Burg Tuckum, dem vom Ordensvasallen und Hofmarschall W. von Butlar im 15. Jahrhundert verwalteten Gut Schlockenbeck, 1490 eine befestigte Siedlung mit einem militärischen Wehrbau des Kasteltyps einrichten. Dessen konstruktives Ziel war es, in der Flusskurve vom Schlockenbach/Slocene (Abb. 1) mit einer perimetrischen Wehrmauer ein improvisiertes Garnisonslager für kürzere Aufenthalte aufzubauen.[4] Eine mit Schießscharten angelegte Wehrmauer in unregelmäßig fünfeckiger Form begrenzte ein Territorium, wo das einreisende Regiment oder die Wanderer von Livland nach Preußen, ohne Dach und Bequemlichkeit zu haben, Sicherheit und kürzere Rast finden konnten. Die Mauer wurde möglicherweise auch um einen speziellen Befestigungsgraben ergänzt, so dass es der Eigenart des Flusses Schlockenbach und der günstigen Lage wegen möglich war, um das ganze Territorium ein Wasserhindernis zu bilden. In die westliche Hofseite war ein Tor mit einer Zugbrücke eingefügt. Das Tor konnte hochgehoben werden, so gab es die Möglichkeit, in die Kastellbefestigung hineinzukommen.

---

[4] A. Tuulse, (wie Anm. 132), S. 230 und SSKDDZ.

1503 wurde Dietrich von Butlar für treue Dienste im Orden mit dem Gut belehnt.[5] Doch 1541 verlor er es wegen seiner feindlichen Haltung dem Orden gegenüber, seiner Teilnahme am Aufstand von Sāmsala/Ösel 1536 an der Seite des Erzbischofs von Riga und seines Koadjutators Wilhelm und seines Beitritts zu den ersten protestantischen Adligen in Kurland. Seit 1570 war Schlockenbeck das Privatgut von D. von Schenking, bei dessen Familie das Gut bis 1678 blieb, als O. von Schenkings Witwe zugunsten ihres Bruders H.K. Putkammer auf das Eigentumsrecht verzichtete.[6] Eben dann, am Ende des 17. Jahrhunderts, verlor das Gut den Charakter einer aktiven Befestigung und wurde den wirtschaftlichen Tätigkeiten und Repräsentationszwecken angepasst. In die nördlichen und südlichen Wehrmauerteile wurden neue Durchfahrten geschlagen, 1688 wurden sie in der Form eines Torturmes mit prächtigen im Bewurf gebildeten Portalen ausgebaut. Im Hof wurden nah an der Mauer Remise, Speicher und andere Wirtschaftsbauten angelegt.

Diese Wehrarchitektur wiederholt den Charakter eines der Situation angepassten und befestigten fränkischen Hofes im 16. und in weiteren Jahrhunderten. Das Gut Schlockenbeck ist ein Prototyp für einen breiten, mit einer Mauer gesicherten Hof, wo Wohn- und Wirtschaftsbauten eingeschlossen sind. Es ist ein charakteristisches Beispiel für ein weltliches Architekturensemble in der politisch unsicheren Übergangszeit vom feudalen zum Gutswirtschaftssystem. Nach diesem Prinzip sind die Vasallenburgen des Deutschen Ordens in Alschwangen/Alsunga und Nurmhusen/Nurmuiza, das Wirtschaftsgut des Erzbischofs in Sunzel/Suntaži den neuen wirtschaftlichen Umständen angepasst und mit breiten befestigten Höfen territo-

---

[5] LSAG, Fond 4038, 13-15.
[6] LSAG Fond 6999, 1-3; Fond 4038, 89-91.

rial erweitert[7] worden. Das Verfahren, den Besitz nach dem Prinzip einer befestigten Siedlung zu sichern, hat im 16. und 17. Jahrhundert die kompositorische und perimetrische Verteilung der Güter von Preekuln/Priekule, Kronenberg/Lorupe, Rutzau/Rucava, Platon/Platone, Setzen/Sece und Alt-Sehren/Vecsērene und anderer Gutshofbauten bestimmt.[8] In ihnen ist das prinzipielle Schema des Typus in Betracht gezogen, aber in jedem Einzelfall ist es individualisiert worden.

In den befestigten Gütern, in ihren Wohn- und Wirtschaftsbauten wurde der Hof nach dem Befestigungsprinzip einer annähernd viereckigen Form angelegt, die Zwischenräume wurden mit einem Palisadenzaun oder einer Mauer gefüllt. Die Umgebung und die Kommunikation mit dem Gut wurde gewöhnlich mit einem Haupttor verbunden, aus Sicherheitsgründen führte der Eingang in alle Bauten vom Innenhof aus. Es waren auch die Nähe größerer Landstraßen und die Verbindung des Gutes mit ihnen, in der Nähe liegende Flüsse, Seen oder Wälder und ihre mögliche Ausnutzung für die Sicherheit von großer Bedeutung. Die befestigten Güter wurden bewußt in der Nähe natürlicher Hindernisse angelegt, in den Flusswindungen, im Seenschutz oder auch künstlich mit Gräben in der

---

[7] E. Dunsdorfs, Lielvidzemes kartes. Meloern 1986, S. 40, 44 und 120.
[8] Leider ist die räumliche Struktur der hier genannten späten mittelalterlichen und Renaissancegüter lokal in den meisten Fällen infolge der Umbauten und Zerstörungen nicht zugänglich. Die räumliche Rekonstruktion ist teilweise aufgrund der nicht veröffentlichten Quellen des LASG, der Untersuchungsdokumente als auch kartographischen Materials und Grundstückseinrichtungsplänen und anderer Datenbasis isographischer Fixation im Dokumentationszentrum des Schutzdienstes für Kulturdenkmäler des lettischen Kulturministeriums. Die Aufzählung der befestigten Güter ist mit der Forschung in der Diplomarbeit von G. Tora an der Fakultät für Geschichte und Philosophie der Universität Lettlands ergänzt, das Thema „Befestigte Güter - Architekturdenkmäler in der lettischen Republik". (Maschinenschrift) Riga, 1991.

Nähe von Mühlen, Teichen und überschwemmten Wasserbecken umfasst. Aber solche Planung der befestigten Wirtschaftsgüter darf nicht verallgemeinert werden, weil die vorhandene Erfahrung von Sicherheitsmaßnahmen im Einzelfall die günstigste und örtlich erfolgreichste Lösung finden ließ. Um diese Feststellungen zu illustrieren, wende ich mich der Eigenart der Planung mancher Güterensembles besonders zu und verbinde sie mit der architektonisch wichtigen Bautenübersicht.

Besonders sind die Güter von Rutzau, Platon, Setzen und Alt-Sehren zu erwähnen, deren Gesamtbild einen Wirtschaftshof zeigt, der mit einem Zaun umgeben ist, und deren Bautenverteilung nach der perimetrischen Bautradition gebildet worden ist. Diese Güter sind in der ersten Hälfte und in der Mitte des 17. Jahrhunderts entstanden und wegen der begrenzten Mittel ist ihre Sicherheit gewiss nur relativ. Alle diese Güter sind wie ein Holzhofterritorium gebildet, das ein Holzzaun umgab und nur ein Tor hatte. Die Bauten waren nach dem Prinzip des Fachwerkhauses (das Gut Rutzau) oder nach der Konstruktion eines Blockhauses gebaut. Der Wohnbau des Besitzers (von den oben genannten ist das Gut Alt-Sehren gemauert) (Abb. 2), und die Wirtschaftsbauten sind sogar mit Stroh- und Schilfrohrdächern um den Hof verteilt und in den Hofecken der gebrochenen Plankonfiguration angepasst.[2]

Solch prinzipielles Schema der Bebauung gibt der Historiker E. Dunsdorfs in der Planung vom Gut Kronenberg, die ein schwedischer Landvermesser im 17. Jahrhundert fixiert hat. In einer visualisierten Form ist ein analoges Beispiel in der Reise nach Russland von Adam Olearius festgehalten worden, wo auf

---

[2] P. Bērzkalns, Latvijas mazas dzīvojamas ēkas 17. gs. Wissenschaftliche Artikel der P. Stučka Universität Lettlands. XXI. Riga 1958, S. 47-59.; S. Cimmermānis, Celtnes Latvijā 17. gs. 60. gados – Arheoloģija un etnografija. XIII, Riga 1979, S. 30-41.

einem Bild das Gut Kunda im Territorium Estlands dargestellt ist.[10] Mit einer so späten Darstellung der Bebauung und Räume konnten die bekannten Güter auf dem Boden des heutigen Lettland im 17. Jahrhundert mit mittelständigen Bauernhöfen in Schleswig-Holstein, Schweden und anderswo verglichen werden, wo die bescheidene gesellschaftliche Stellung und materielle Lage des Kleinadels und der Bauernschaft ein Hindernis für umfangreiche Bautätigkeit war. Derselbe Umstand hat sich als bestimmendes Merkmal in der Bautradition und in den archaischen Planungsformen unverändert durch Jahrhunderte erhalten. In unserem Fall hat das Prinzip des befestigten Hofes sogar in der Gutshofarchitektur Anwendung gefunden.

Adaption der Festungen für die Residenzbedürfnisse

Der humanistische Geist der Renaissance bildete allmählich ein anderes Verhältnis zur befestigten Mauerburg heraus, einerlei ob es ein Konvent- oder Kastelltyp oder ein Adelssitz war, die nach freiem und dem Gelände angepassten Bauschema eine Art Festung oder auch eine Residenz der administrativen Verwaltung darstellten. Mit dem Zusammenbruch des feudalen Systems wurden viele Bischofsschlösser und Burgen ihrer Vasallen aus Stützpunkten für die Grenzverteidigung und für die territoriale Verwaltung, auch befestigte Güter des Deutschen Ordens in den eroberten Ländern in Livland, zu Adelswohnsitzen mit dem Charakter der zivilen Repräsentation. Mittelalterliche Wehrbauten wurden, entsprechend den sozialen Vorstellungen, wie eine sichere und bequeme Unterkunft zu sein hätte, mit Hilfe architektonischer und künstlerischer Mittel umgeformt. So wurden die ehemaligen Festungen den alltäglichen

---

[10] E. Dunsdorfs, (wie Anm. 138), S. 44, 185.

Bedürfnissen mehrerer Generationen adliger Familien angepasst.

Hier sind mehrere für die militärische Verteidigung gebaute Festungen zu nennen, die in der Mitte und in der zweiten Hälfte des 16. Jahrhunderts eine für ein ruhiges Leben gedachte Architektur gewannen, obwohl man sie von außen wenig verändern konnte und ihr rauhes Bild der archaischen Festung erhalten blieb. Die Anpassung der Räume und deren Installation fand im Rahmen der Burgkonturen als zusätzlicher Ausbau auf Rechnung des Innenhofes statt. Maßnahmen dieser Art haben am häufigsten die Lehnsherren und Lehnsleute unternommen.

Das kurländische Bistum erlebte im 17. Jahrhundert eine gleiche wirtschaftliche Einbuße wie das ganze Baltikum. Diejenigen Bischöfe, die teilweise ihre Unabhängigkeit vom Erzbischof von Riga bewahrt hatten, suchten einen Ausweg aus den Zerstörungen des vom Livländischen Kriege überzogenen Landes. Der Bischof von Pilten, Johann von Minnhausen, meinte, dass er mit dem Verkauf seines Bistums an den dänischen König Friedrich II. Sicherheit gefunden hätte.[11] Das Residenzschloss Pilten verlor seine Rolle als administratives Zentrum. Die Schloßgebäude und die Räume wurden seit Anfang der zweiten Hälfte des 16. Jahrhunderts nicht mehr gebraucht und allmählich verlassen.

1976, während der archäologischen Ausgrabungen ist im Schloßterritorium ein aus Öseler Sandstein gemeißeltes Pilasterkapitell mit der Verzierung eines Renaissancesimses, plastischen Gewächsmotiven und Spiralornamenten gefunden wor-

---

[11] E. Mugurēvičs, Burg Pilten im 14. und 16. Jahrhundert. in: Achäologie des Mittelalters und Bauforschung im Hanseraum. Rostock 1993, S. 151.

den (Abb. 3).[12] Dieses frühe Beispiel der Renaissancebauplastik zeugt ausdrucksvoll von dekorativen Ausgestaltungsqualitäten in der Architektur von Schloss Pilten im zweiten Viertel des 16. Jahrhunderts. Das war möglich dank der Steinbrüche in Ösel, die der kurländische Bischof besaß. Aus ihnen konnte auch das Material für verschiedene Bauelemente gewonnen werden, darunter auch für „viele prächtige Fenster",[13] wobei jedoch kein Element von großem Wert gefunden worden ist. Insgesamt wurden in der Ruine dieses Schlosses in verschiedenen Zeiten zwei Kapitelle gefunden, deren Standort der Archäologe E. Mugurēvičs mit der Gebäudekonstruktion in der Nähe des Tores verbindet. Es ist aber heute nicht möglich, ein eingehenderes Bild der Situation zu rekonstruieren.

Meisterresidenzen des Deutschen Ordens, Schlösser in Riga und Wenden

Ohne territoriale Autonomie außerhalb der Stadtmauer gab das 16. Jahrhundert dem Schloss von Riga noch zwei diagonal angelegte Kanonenbatterietürme: den Turm des Heiligen Geistes in der nordöstlichen Ecke und den Bleiturm in der südöstlichen Ecke (Abb. 4). Der Bau wurde bis zur Erneuerung die Residenz Wolters von Plettenberg 1515 beendet. Höhepunkt war eine Madonnenskulptur und eine Skulptur des Meisters oben auf dem Haupttor. Es wird vermutet, dass dieses Schloss des Konventtypus bis zur Säkularisierung des Deutschen Ordens 1561 in Livland nicht wesentlich umgebaut oder ergänzt wurde. Schon als Herzog verbrachte hier der letzte Ordensmeister Gotthard Kettler noch manche Jahre.

---

[12] E. Mugurēvičs, Piltenes biskapa pils un tās archeoloģiska izpēte. in: Materialien von den Arbeitsergebnissen derArchäologen und Ethnographen von der Forschung 1976. Rīga 1977, Abb. 11, S. 51-55.
[13] A. Tuulse, (wie Anm. 132), S. 210.

Im Schloss von Riga befand sich die Kanzlei des Herzogtums. Erst nach 1568 verlor der Herzog die Hoffnung, sich Kurland und Semgallen einzuverleiben. Er musste darum nach Mitau ziehen und dort die Hauptstadt seines Staates bilden.

In den nächsten Jahrzehnten der administrativen Verwaltung des polnischen Königs ist vor allem der Komfort der Wohnräume verbessert worden, doch ohne Ergänzungen, die neue Elemente der militärischen Verteidigung hervorgebracht hätten. Trotzdem kann man feststellen, dass schon bald die Idee vom Schloss als autonome Festung bekannt und mit einem Wall realisiert wird, der sie von der Stadt mit einem Palisadenzaun und von der Düna/Daugava trennt.

In den Dokumenten der Güterrevision, in der sogenannten „Litauischen Metrik", die 1590 polnische Administrationsbeamte verfasst haben, kann man von vielen Räumen mit qualitativ gleicher Ausstattung im Schloss von Riga lesen: von Holztüren mit Eisentürangeln, die vom Schmied gefertigt wurden, manchmal sogar mit Schlüsseln, Holzfußboden, Fenstern mit oder ohne Eisengitter und dazu auch im Holzrahmen eingesetzten Fensterscheiben, Bretterdecken, gemauerten Kachelöfen usw.[14] Im zweiten Obergeschoss befindet sich das große Esszimmer Seiner königlichen Gnaden mit einem Kachelofen und einem Kamin. Die Esszimmerwände werden sowohl mit Bänken und einem Brettpaneel, als auch mit vier großen Fenstern mit Glasscheiben und Gittern geschmückt. Für dieses Geschoss werden noch das königliche Schlafzimmer, die Toilette, mehrere Vorräume mit relativ vollständigem Bestand des Mobilars aufgezählt.

Als ein interessantes architektonisches Element erwähnt die „Litauische Metrik" mehrmals in der Beschreibung des Schlosses Riga die Galerie im zweiten Obergeschoss, wohin

---

[14] ZSAAM, Fond 389, 1-6; ASSDKD 1962, 1-7.

eine große und gewölbte Treppe vom Erdgeschoss führt. Die Galerie „geht um den ganzen Schloßhof um" und ist auf Mauerstützen konstruiert. Diese sehr wertvolle Aussage erklärt den Ausbau einer Galerie mit dem Bedürfnis der Königsresidenz, am glaubwürdigsten in den 80er Jahren des 16. Jahrhunderts, der ein Versuch gewesen sei, nach dem Muster der Fassadengestaltung der Renaissanceschlösser eine dem Schloss Wawel ähnliche Formkonstruktion auch in Riga einzuführen. Es fehlt eine Information darüber, ob sie in der Höhe von allen drei Geschossen ausgebaut war oder aus Holz konstruierte Galerien provisorischen Charakters sich im Erdgeschoss auf einen stabilen Mauerbogengang stützten. Wenn angenommen wurde, dass in Schlössern wie in Krakau an einer Galerie aus Stein 30 Jahre lang gebaut wurde, konnten die Investitionen des polnischen Königs in Riga, wo Armut und Krieg herrschten, so schnell keine die Schlossgröße entsprechende dreigeschossige Galerie „zaubern", deren Baumaterialien länger erhalten werden könnten. Wenn eine solche Galerie gebaut worden wäre, hätte die schwedische Administration sie schätzen und erhalten können.

Der Schlossplan von Nikolaus Mollyn in der Vedute vom Rigaer Schloss lässt an der Hauptmauer im oberen Teil deutlich eine offene Galerie mit einem Pultdach erkennen. Im Kupferstich dieser Galerie sind dem Anschein nach Merkmale des dekorativen und architektonischen Rhythmus zu erkennen, doch betont ist nicht die Funktion der Dekorativität, sondern die eines praktischen Wehrganges. Für die nächste Zeit bis 1646 ist keine Bauperiode bekannt, die mit dem Schlossumbau verbunden gewesen wäre. Erst 1646 bis 1649, nach J. Döring von 1643 bis 1648, beeinflussten größere Umbauten die Vorburg, die schon am Ende des Ordenszeitalters in der nördlichen Seite gebaut worden war. Dann wurde in der nordwestlichen Ecke der Hornbastion gegenüber ein 1649 datierter Erker ausgebaut. Ende des 17. Jahrhunderts, 1682, wurde zwischen dem Bleiturm und dem Vorburgtor ein Arsenalgebäude gebaut, das mit seiner langen Fassade und seinem hohen Dach die mittelalterliche Mauer zudeckte und das Schloss mit der Vorburg visuell verband.

Die zweitgrößte Residenz des Ordensmeisters, die Burg mit Schloss von Wenden/Cēsis, wurde 1577 im Kriegszug von Ivan IV. ruiniert und diese Grenzlinie kennzeichnet das Ende aller Entwicklungen von Schloss Wenden. Seit der Wende vom 15. zum 16. Jahrhundert bereicherten drei runde Kanonentürme seine Planung eines Konventgebäudes und noch zwei gleiche in der Wehrmauer der Vorburg. Während das Schloss Wenden bewohnt wurde, besonders im 16. Jahrhundert, haben keine wesentlichen Umbauten außer dem Bau der Türme stattgefunden. Seit 1974 werden Ausgrabungen vorgenommen, bei denen die Fachleute von Z. Apals und aus der Forschungsgruppe der Architektur (Arhitekturas izpetes grupa - AIG) dem Zeitalter entsprechende alltägliche Gegenstände, und gleichzeitig zu datierende Baudetails entdeckt haben: bemalte Fensterscheiben und Bewurffragmente, Kacheln, unter ihnen auch eine bildliche Darstellung von Martin Luther und ein an ursprünglicher Stelle erhaltenes Wandgemälde mit thematischer Darstellung aus der Bibel im Meisterraum, im sogenannten Lademacherturm.

Residenzschlösser des Herzogs von Kurland

Mitau/Jelgava

Aus dem von T. Krauss gezeichneten Stadtplan von Mitau als einer Vedute lässt sich annähernd die Ansicht des herzoglichen Residenzschlosses beurteilen, wo unbestreitbar die Ästhetik der Renaissanceformen vorhanden ist. Die Aufmerksamkeit können die übertrieben vergrößerten Tor-, Kirchen- und Schlossfassaden im Vordergrund auf sich lenken, die alle mit den von Voluten ergänzten Giebeln verziert sind. Sie zeugen davon, dass der Konventsbau des Deutschen Ordens in der zweiten Hälfte des 16. Jahrhunderts, angefangen mit den 60er Jahren, aktiv aufgefrischt wurde, weil Gotthard Kettler ihn einem zeitgenössisch anerkannten ideellen Vorbild gleichstellen wollte. Neben dem Konventsbau erhob sich winkelförmig an dessen südwestlicher Seite ein neues Wohnhaus, der andere erstreckte sich im östlichen Teil der Insel der Kurischen Aa entlang. Bezug darauf nimmt der Brief, den der Hofmarschall Georg Preuß für den Herzog als Bericht über die Bautätigkeit seinem Gutachten hinzugefügt hat: „Eure fürstliche Gnaden und Herr könntet euch auf mein Wort verlassen, dass die fremdländischen Giebel den ganzen Bau sehr schmücken werden." [15]

Damit hat er den zeitgenössischen Architektureinfluss europäischer Länder gemeint, die mit neuen und unterschiedlichen Formen stilistischer Ausdrucksmittel „von außen" die Kunst Deutschlands und seiner Satellitenländer bereichern könnten. In Deutschland strebte man bewusst nach italienischer Mode, weshalb ich oft im Zusammenhang mit den Architekturaufträgen aus dem Bundesland Schleswig-Holstein den Begriff „Welsche Giebel" festgestellt habe. Deshalb konnte sich der zeitgenössischen Geschmack des livländischen Adels in dem Wunsch bestätigen, traditionelle provinzielle gotische Formen mit der Übertragung des klassischen Ordenselementes auf angepasste Fassaden der Militäranlagen zu setzen, auch wenn sie nur dekorative Funktionen hatten. Zum Anregungsträger konnte hier alles werden - jedes andere Land, das sich außerhalb Deutschlands befand und im Kontakt mit dem italienischen Renaissancegeist bereits die Ästhetik des eigenen Lebensraumes bereichert und geändert hatte. Zu stärksten Vermittlern der italienischen Kultur wurden im 16. Jahrhundert Frankreich

---

[15] I. Lancmanis, Jelgavas pils. Rīga 1979, S. 12-13; I. Lancmanis, (wie Anm. 134), S. 11-12.

und die Niederlande, im Herzogtum Kurland auch sein Schutzherr Polen, dessen Vorbilder in den wirtschaftlich mit Polen verbundenen Ländern begierig aufgegriffen wurden. Wie ein topografisch vergleichend ausgeführter Plan der neuen Herzogresidenz Herzog Ernst Johann Birons (1690-1772) in der Beschreibung der kurländischen Schlösser des Deutschen Ordens von K. von Löwis dargestellt wird, kann die in den Anfangsjahren der Herzogstums gebildete Architektur der Residenz mit dem Ausmaß der alten gestreckten Rechteckplanung der Festung des Ordenskomturs verglichen werden.[16] Solche Residenz bildete um sich einen neuen perimetrisch angelegten Wohn- und Kirchenkomplex. Intensive Bautätigkeit fand in den 50er Jahren des 16. Jahrhunderts statt, als der Herzog (Herzog Gotthard Kettler 1517-1587) mit seiner Familie schon im Schloss wohnte. Er verfolgte seinen Ausbau, bat andere Adlige, dem Schloss die Balken zuzustellen und beschäftigte Handwerker, unter denen auch ein „fremdländischer Maurer aus Dünaburg" gearbeitet hatte. Das hielt G. Kettler in seinem 1577 geschriebenen Brief für erwähnenswert.[17] Teilweise Ausgrabungen haben im Schloss Mitau manche plastischen Baudetails entdeckt, die im zweiten Quartal des 18. Jahrhunderts abgerissen worden waren. Ähnlich wie die Fragmente vom alten Schloss Ruhental/Rundale stellten sie die ausgeführten Arbeiten der Fassadenausgestaltung am Anfang des 17. Jahrhunderts dar, wobei mit Hilfe der Vergoldung und Polychromie eine vitale und attraktive dekorative Form erreicht worden war.

Der Umbau von Giebeln ist der einfachste und schnellste Weg für die Veränderung der Gestalt eines Baus, der zu überzeugenden Ergebnissen führt. Man kann sagen, dass mehrere Besitzer dieses architektonisch dekorative Mittel verwendet

---

[16] K. Löwis of Menar, Zur Baugeschichte der Komtureien des Deutschen Ordens in Kurland. Sitzungsberichte. 1895. Mitau 1896, S. 45.
[17] I. Lancmanis, (wie Anm. 146), S. 13.

haben, indem sie die alten Ordens- oder Bischofsbauten mit Voluten, Putz- oder Rollwerkdekor, Obelisken und Vasen ergänzten. Von einem solchen Volutengiebel mit Obelisken in der Schloßfassade von Groß-Roop/Lielstraupe stellt eine Zeichnung von J.C. Brotze dar. Der Illustrator J.R. Sturn, der die Reisebeschreibungen des sächsischen Prinzen und seiner Botschafter aufgeschrieben hat, hatte im sogenannten A. von Meierberg Album die von den Bastionen umgebene und architektonisch umbaute Ordensburg in Schrunden/Skrunda fixiert, wo prächtige Volutengiebel an beiden Enden des Dachfrieses beider Bauten erscheinen.[18]

Das Schloss Schrunden ist in der Mitte des 14. Jahrhunderts als eine Befestigung gemauerten Kastelltypus gebaut worden, doch im Zeitalter von Herzog Jakob Kettler war das Gut ein fester Wohnsitz seiner Familie. Der Aufschwung des Gutes fällt mit der wirtschaftlichen Aktivität der Siedlung in den 40er und 50er Jahren des 17. Jahrhunderts zusammen, deshalb kann angenommen werden, dass 1661 durchreisende Abgesandte des sächsischen Kurfürsten das Ergebnis eines ganz neuen Umbaues feststellten.[19] Es kann auch angenommen werden, dass diese Zeichnung die Übernahme der Renaissancekultur in baltischen Ländern in durchschnittlicher Qualität widerspiegelt.

Diese erwähnten Analogien können bei der Erklärung des Residenzschlosses, das den Charakter einer Residenz in den 60-80er Jahren des 16. Jahrhunderts gewann, hilfreich sein. Gotthard Kettler ergänzte dieses reichhaltige Schlossensemble mit der 1583 gebauten Kirche und Kirchturm und Kellerge-

---

[18] S. Cimmermanis, Celtnes. (wie Anm. 9), L. Juškēvičs, Hercoga Jēkaba laikmets. Rīga 1931, S. 167.

[19] Um 1676 war in Schrunden eine Werkstätte für Waffen, Holzbearbeitung, Böttcher ..., Glasbrennen, ... Weberei und Brennereien für ..., Ziegel, Kalk u.a. Manufakturen. Ebenda, S. 165.

wölben zur Einrichtung seiner Familiengruft. Auch für diese sakrale Funktion waren der runde Turm und die Endfassaden mit „fremdländischen Giebeln" eine ausdrucksvolle dekorative Ergänzung im zeitgemäßen Stil. G. Kettlers ältester Sohn, Herzog Friedrich, setzte die von seinem Vater angefangene Arbeit am Ausbau der Residenz fort und baute um die Jahrhundertwende seine Kapelle gegenüber der Gruftkirche am Ende des Baus der schon vorhandenen Kirche an. Laut der Kopie einer Zeichnung J.C. Brotzes, die in der zweiten Hälfte des 17. Jahrhunderts entworfen worden ist, war dieser sakrale Anbau in seinen Ausmaßen ganz prätenziös - höher und bedeutend breiter als der von G. Kettler errichtete Bau, dazu war der Ostgiebel mit Voluten verziert (Abb. 5).[20]

Der Anfang des 17. Jahrhunderts brachte der Residenz Mitau die Zerstörungen durch die polnische und schwedische Armee, infolge dessen eine neue Verteidigungskonzeption für das Schloss in den letzten Jahrzehnten (bis 1642) der Herrschaft Herzog Friedrichs und seines Neffen Jakob (1642-1682) ausgearbeitet und durchgeführt wurde. Nachdem die Schweden Mitau verlassen hatten, wurde 1627 ein Prozess gegen den Schlosskommandanten von Sacken begonnen, der eines Verrates verdächtigt wurde. Während dieses Prozesses konnte unter anderem geklärt werden, dass schon 1621 ein 1200 Schritte langer Erdwall mit vier Rondellen der runden Konfiguration in den Ecken das Schloss umgab.[21] Im Gerichtsprotokoll steht geschrieben, dass die von Wälle schlechter Qualität waren, deren Ursache sowohl die Nachlässigkeit des Festungskommandanten, als auch die lange Gebrauchszeit sein konnte. Diese Fest-

---

[20] I. Lancmanis, (wie Anm. 146), S. 13-19.
[21] F. Klopmann, Nähere Nachrichten über die zweimalige Ergebung des Schlosses und der Stadt Mitau an die schwedische Heeresmacht in den Jahren 1621-1625. in: Arbeiten der kurländischen Gesellschaft für Literatur und Kunst. Mitau 1850, S. 37.

stellungen lassen den Anfang des Wallbaues vorsichtig auf die Wende des 16. zum 17. Jahrhundert verschieben.

Im Plan von T. Krauss ist nicht deutlich zu erkennen, ob das Schloss 1652 von einer Mauer oder Wällen umgeben wurde. In der Zeichnung kann aber der poligonal angelegte Charakter der Schlossinsel geahnt werden. Es lässt sich ein ausgebautes imposantes Tor mit dem Volutengiebel gegenüber der Stadt deutlich erkennen. Wie weit diese Herausbildung des gemeinsamen Verteidigungssystems für die Stadt und das Schloss vorwärts gebracht worden war, zeigt der Plan nicht. Aufgrund der in den Forschungen von I. Lancmanis verwendeten Informationen wurden die Schlosswälle in dieser Zeit, in den 40-50er Jahren des 17. Jahrhunderts, wesentlich erhöht und anstatt von vier Rondellen wurden fünf Bastionen ausgebaut (Oberbastion, „die Scharfe Kante", die Dänische, die Bastionen von Tscharnetski und von Paul). Die neuen Befestigungen entsprachen dem in den baltischen Ländern häufig angewandten und vom französischen Architekten S. Vouban ausgearbeiteten Befestigungssystem, dessen Vermittler holländische Ingenieure für Fortifikation gewesen waren. Zwischen den Bastionen von Tscharnetski und Paul, wie es in der Gemäldereproduktion von 1673 im kurländischen Provinzmuseum zu sehen ist, waren das Schlosstor und die Brücke angelegt, die über einem in der Mitte des Grabens aufgeschütteten Ravelin in die Stadt führte, wo am Ufer der Drikse/Driksa die Hauptstraße von Mitau, die Große Straße, ihren Anfang nahm.[22] Das Wallsystem wurde von einem vertieften Kanal umgeben, der mit der Kurischen Aa verbunden war. In der nördlichen Seite befand sich schon hinter dem Kanal ein zusätzlich aufgeschütteter zweiteilige Ravelin mit hervorgehobenen scharfen Kanten.[23] Vor Erdstürzen

---

[22] E. Dunsdorfs, Lielvidzemes. (wie Anm. 138), S. 7.
[23] Ebenda, S. 26.

und Unterspülungen wurden alte Bastionen mit Palisadenzäunen geschützt, die genau der Befestigungsgeometrie entsprachen. Das ist auf einem Kupferstich vom Anfang des 18. Jahrhunderts mit der Darstellung des Schlosses und des Stadtpanoramas zu erkennen.[24] Das allgemeine moderne und feste Befestigungssystem konnte aber den sächsischen und russischen Armeen keinen Widerstand entgegensetzen, 1705 wurden sowohl die Stadt als auch das Schloss erobert. Als die Frontlinie der schwedischen Armee und der Armee von Peter I. sich näherte, befahl das russische Garnisonskommando, die Wälle der Stadt Mitau und des Schlosses zu sprengen, infolge dessen das Schutzsystem ruiniert wurde. Nach 1737 wurde es völlig abgetragen, als das Fundament für das neue Residenzschloss von E.J. Biron gemauert wurde. Diesem progressiven Schritt wurden das mittelalterliche Schloss, die ganze Residenz mit ihren Sakralbauten, die von der Kettlerdynastie gebaut waren, als auch im Renaissanceausklang vervollkommnete Elemente der Festungsfortifikation geopfert.

Bauske/Bauska

Um 1443 legt der Ordensmeister Heydenreich Fink von Owerberg während seiner Herrschaft auf der Landzunge, wo Muß und Memel zusammenfließen, eine Festung an. Gedanken über ihren Umbau konnten sich erst nach 1562 entwickeln, als der polnische König sie dem kurländischen Herzog gegen die Burg Kokenhusen/Koknese eintauschte, die sich im von Polen verwaltenden Teil Livlands befand. Den zweiten kurländischen Landtag rief der Herzog 1568 noch in der alten Burg von Bauske zusammen. Es war beschlossen, im Winter den Landtag in Mitau und im Sommer in Bauske abzuhalten. Die Kette

---

[24] I. Lancmanis, Jelgavas. (wie Anm. 146), S. 24-25.

der Kriegszüge des Livländischen Krieges war mit dem Friedensvertrag am 15. Januar 1582 in Sapolje abgeschlossen und damit eröffneten sich neue Möglichkeiten für G. Kettler zum weiteren Ausbau seiner Residenz.

Im Osten der alten Burg von Bauske wurde der Ausbau im ehemaligen Vorburgterritorium mit offizieller Versetzung der Schildsiedlung/Vairogmiests auf den heutigen Ort und mit dem Ausbau eines gewaltigen Zubaus begonnen, der aus drei Bauten bestand. Als 1586 Herzog Gotthard Kettler starb, zog sein Sohn Herzog Friedrich ein Jahr später mit seinem ganzen Hof nach Bauske, wo er bis zur Aufteilung des Herzogtums zwischen beiden Brüdern und noch zwei Jahre länger bis 1598 residierte. Diese etwa 15 Jahre lange Zeitperiode kann als aktive Bauzeit der Residenz vom Palaistyp eingeschätzt werden. In einem der Burggeschichte gewidmeten Artikel hat I. Lancmanis sie im Zeitraum von 1584 bis 1596 datiert und als eine prächtige Herrscherresidenz entsprechend, „den in Nordeuropa herrschenden Stilprinzipien des Manierismus" charakterisiert.[25] In Bezug auf den Zubau der Herzogtumszeit stellt A. Tuulse fest, dass „ hier schon aus dem Süden übernommenes neues Kunstgefühl der Renaissance spürbar ist." [26]

Im 17. Jahrhundert spielte das Schloss Bauske keine bedeutende Rolle und nach dem 1605 zum letzten Mal abgehaltenen Landtag wurde es nur vom Burgverwalter und von Beamten genutzt. Nach der schwedischen Eroberung und der angerichteten Verheerung hielt sich der Hof von Herzog Friedrich von 1621 bis 1624 im Schloss Bauske auf. Doch während des zweiten Angriffs der Schweden von 1658 bis 1660 wurde das Schloss von beiden kriegführenden Seiten sowohl von Polen, als auch von Schweden gewaltsam beschädigt. Nur das Fortifi-

---

[25] I. Lancmanis, Bauskas pils. „Kommunisma Ceļš" 5. August 1982, S. 5.
[26] A. Tuulse, Burgen. (wie Anm. 132), S. 301.

kationssystem erlebte unter der Führung des schwedischen Generals Magnus Stjuart weiterhin von 1701 bis 1705 technische Verbesserungen und Neuerungen (Abb. 6). Am 10. April 1706 wurden auf Befehl Peters I. die südöstliche Ecke des Schlosses und ein Teil der Wälle gesprengt, worauf es als Festung und Residenz unbenutzbar wurde. Es begannen das Mauernabreißen und das Verschleppen der Baumaterialien zum Zivilbau in die Stadt.

Nützte diese bedeutende mehr als 100 Jahre lange Periode dem Schlossbau und dem Staatswohlstand? Der Andrang vieler Handwerker förderte die Verwirklichung von Ideen der räumlichen Planung der Stadt und auch den Aufbau der wichtigsten öffentlichen Bauten - des Rathauses und der Kirche. Vor allem ergab sie erstens, den einzigen Palasttypusbau von weitem Ausmaß, der in Lettland erhalten ist, und ermöglichte, dass an diesem attraktiven Ort die Pracht der Hofhaltung ablief. Zweitens, vertritt der Palastbau nach den gefundenen Materialien die vollständigste Renaissancearchitektur und die Qualität der Interieurgestaltung.

Die drei angebauten Gebäude bildeten zusammen mit dem Ostteil der alten Ordensburg einen auf dem ehemaligen Vorburgterritorium liegenden Wohnblock mit dem Grundriss der abgeschlossenen regelmäßigen Viereckplanung und weitem Innenhof. Dass diese Annahme der Wirklichkeit entspricht, bestätigt eine 2,5 Meter dicke Wand, die am Anfang des 16. Jahrhunderts in zwei Halbbögen gebaut wurde und die Kanonentürme verband, sowie das alte Pflaster unter dem südwestlichen Eckturm.[27] Der älteste Schlossteil wurde in Ordnung gehalten und wirtschaftlich genutzt, die neue Residenz diente nur zu Wohn- und Arbeitszwecken des Herzogs, als Wohnung für

---

[27] A. Caune/J. Grube, Die Ergebnisse der Ausgrabungen im Schloss Bauske. in: Zinātniskas atskaites sesijas materiali par arheologu un etnografu 1984. un 1985. gada pētijumu rezultatiem. Rīga 1986, S. 13.

für den Verwalter und als Repräsentation des Hofes. Typologisch kann daher eine befestigte Residenz, die für friedliches Leben vorgesehen und doch von den Befestigungsanlagen umgeben ist, als „Palazzo in fortezza" oder „Burg in der Festung" bezeichnet werden.

Auf der Landzunge, die der Zusammenfluss zweier Flüsse gebildet hatte, gelegen und hinter den Bausteinen und Wällen versteckt, gab es keine bessere Möglichkeit, als nur aus der Weite ihre mächtigen und edlen Bauformen zu erkennen. Doch hier gewann das Schloss im Sinne der Ausmaße und des Maßstabes, weil die sehr langen und mit der alten Burg gemeinsamen Fassaden sowohl aus der Stadt, als auch von dem rechten Ufer der Memel und dem linken Ufer der Muß einen majestätischen Rundblick erlaubten. Aus der Stadt konnte man über die Wälle und Kanäle nur die schmalste und vertikal akzentuierte östliche Burgecke erkennen, die von zwei Kanonentürmen begrenzt war. Im Ganzen hinterläßt das Schloss von Bauske einen genauso widerspruchsvollen Eindruck wie seine unruhige Bauzeit, weil es einen für friedliches Leben vorgesehenen Bau mit eindrucksvollen Befestigungselementen vereinigt, der dem Burgverteidiger half den Angriff erfolgreich abzuwehren.

In jeden der drei Bauten konnte man über eine separat ausgebaute und enge Treppe hineinkommen. Der Eingang ins Hauptgebäude war mit einem in Relief gehauenen Portal (Abb. 7) verziert und eine aus Stein gehauene Treppe mit Balustrade führte direkt zum großen Saal im Obergeschoss. Drei Stützpfeiler hielten die obere Treppenplattform, deren Spuren während der Ausgrabungen gefunden wurden.[28] Die Räume waren in jedem Bau nach dem Enfiladeprinzip verbunden.

Dieses System der Säle und Zimmer mit einem Durchgang war die wesentlichste Neuerung, die den neuen Residenztypus

---

[28] I. Lancmanis, Bauske, (wie Anm. 156), S. 5. VIII.

im Gegensatz zu den Ordensburgen, Bischofsschlössern und Vasallenburgen mit ihren getrennten nur von den Hofgalerien zugänglichen Räumen unterschied. Im Erdgeschoss befanden sich die Kanzlei und die Amtsräume, im Obergeschoss die herzoglichen Appartements mit einer nach Süden gekehrten Fassade und den Repräsentationssälen. Der kurze Ostbau war den Wohnungen der Burgeinwohner vorbehalten. Am südöstlichen Eckturm entlang führte eine Torduchfahrt von der Seite der Muß in den Innenhof; so konnte man direkt zu den Wachräumen und zur Remise kommen, die im Schatten des südlichen Baus angelegt waren. Im Obergeschoss dieses Baus befanden sich die Küche und die Wohnung des Schlossverwalters.

In langjährigen archäologischen Forschungen (seit 1976) wurde eine reiche Innenausstattung entdeckt: Fußböden aus Keramikfliesen, Backstein oder Steinplatten und Holzdielen im Obergeschoss, stellenweise auf Putz ausgeführte Wandmalereien,[29] fragmentarische gehauene Steine, die sowohl Zierart der Innenportale als auch der Kamine gewesen sein können. Während der Ausgrabungen sind auch Bruchstücke von Fensterscheiben und dafür verwendete festigende Bleibänder entdeckt worden. Zur Beheizung des Schlosses wurden Kamine und zahlreiche prächtige Kachelöfen eingebaut. Für ihre Anfertigung wurden Ofenkacheln aus Deutschland und Danzig, für die örtliche Herstellung die Matrizen aus dem Westen übernommen. Nach den Vorlagen der Kupferstiche sind die Matrizen auch hier in Kurland hergestellt worden, und es wurden in breitem chronologischem und stilistischem Raum große Mengen der Kacheln in den örtlichen Kachelbrennöfen gebrannt. Das bedeutet, dass die Öfen im neuen Schlossteil unaufhörlich erneuert und für ihre Wände Keramikkacheln mit modernen alle-

---

[29] Während der Ausgrabungen von A. Caune und J. Grube wurden eine Menge roter und schwarzer Fragmente des Fassadenverputzes und vielfarbige Fragmente des Innenraumverputzes entdeckt.

gorisch thematischen und dekorativ ornamentalen Motiven verwendet wurden.[30]

Die Fassade des neuen Schlossteils ist mit dem in der italienischen Architektur beliebten, große Steinquader nachahmenden Sgraffittoverputz bedeckt, die schrägen Dächer waren seinerzeit mit roten zungenartigen Dachziegeln gedeckt. Die Fenster waren in Holz gerahmt und mit Läden ergänzt, dabei hatten die Fensterscheiben geometrische Muster mit Bleifassungen. Nach den Ergebnissen der Ausgrabungen kann man auch feststellen, dass die Fensterränder im Erdgeschoss des nördlichen Baus, die zum Innenhof ausgebaut waren, mit plastischen Elementen verziert waren. Während des schwedischen Angriffs 1625 litt das Schloss und wurde gleich wieder erneuert, wobei die Verluste mit gewisser Reduktion der Qualität aufgebessert wurden: die Treppen wurden zugemauert, die Türen verengt, die Keller zugeschüttet und die Holzdielen an manchen Stellen durch Kalkboden ersetzt. Nach den Zerstörungen durch die schwedische Armee wurde die prächtige Haupttreppe ins Obergeschoss nicht mehr erneuert. Während dieses Umbaus wurden auch die am Ende des 16. Jahrhunderts gehauenen Steine in ihrer ursprünglichen Qualität nicht mehr erneuert, sondern noch einmal als Material für die Bodenfüllung verwendet. Nach dem wiederholten Angriff der Schweden auf Kurland verlor das Schloss während der Erneuerungsarbeiten in Bauske in der zweiten Hälfte des 17. Jahrhunderts seine Renaissanceverzierung und auch unnötige Räume. Obwohl 1662 Herzog Jakob selbst die Verordnung erließ, ein paar Partien Kacheln von Mitau nach Bauske zu schicken, gewann das

---

[30] I. Ose, Dažas raksturīgākas iezīmes Latvijas 16.-17. gs. Krāsns podiņu rotājuma attīstība (pēc Bauskas pils arheoloģisko izrakumu materiāliem). in: Materiāli feodālisma posma Latvijas mākslas vēsturei. Teil 1. 1986, S. 149.

Schloss seine ehemalige Pracht und die Funktion einer glänzenden Residenz nicht wieder.

Doblen/Dobele

Etwas neuer als Bauske und unterschiedlich in seiner Qualität ist der Komtursitz des Deutschen Ordens, das Schloss Doblen, wo im Endergebnis des Umbaues ein herzoglicher Palastbau entstand. Da die letzten Ausgrabungen vor 100 Jahren von A. Bielenstein und J. Döring gemacht wurden und es zur Zeit an genaueren und neueren Ausgrabungsinformationen fehlt, kann die neueste Phase des Schlossbaues nur aufgrund der Beobachtungen rekonstruiert werden.[31] Das Schloss von Doblen spielte in der militärischen und wirtschaftlichen Struktur des Deutschen Ordens eine ebenso große Rolle wie das Schloss Bauske. Diese Bedeutung der strategischen Umstände hatte auch G. Kettler zu schätzen gewusst. Bis 1576 kämpfte er mit Matthias (Thiess) von der Recke für das Verwendungsrecht und die Wiedergewinnung des Schlosses von Doblen. Obwohl zwischen den in der Verwaltung des Herzogtums verwickelten Gutsherren Absprachen darüber bestanden, dass die Schlösser in Mitau und Bauske für die Landtage geeignet sind, wurden doch auch in Doblen mehrmals (1579, 1613, 1628) Versammlungen dieser Verwaltungsinstitution abgehalten. Das gibt Anlass zur Annahme, dass es im äußerlich kleinen Konventbau

---

[31] Die lettischen Archäologen haben für bisherige Forschungen kein Ziel gesetzt, die Chronologie des Schlosses und seiner Zubauten festzustellen, deshalb ergänzt die in den von 1958-1959 gemachten Ausgrabungen im Territorium der Schlosssiedlung und von 1977 in der semgallischen Altstadt gewonnene Information die bisher vorhandene Information nicht wesentlich. Siehe E. Mugurēvičs, Pilten, (wie Anm. 142), S. 104.

des Ordens bequem genug und das Schloss auch für die Unterkunft einer größerer Anzahl von Festgästen geeignet war.

Schloss und Gut Doblen waren von 1576 bis 1795 die Domäne des kurländischen Herzogs. Es fehlt an ausführlicher Information darüber, in welchem Moment Umbau und Erweiterung begonnen wurden. Wenn man Kausalzusammenhänge der Schlossevolution vereinfacht, ist die Erweiterung des alten Schlosses und der Bau des neuen Zubaues von der Aufenthaltszeit der Witwe von Friedrich, Elisabeth Magdalene, in Doblen datiert, rückblickend, von 1642 bis 1649.[32] Dieser Datierung, die eine Fortsetzung der von J. Döring ausgedrückten Behauptungen ist, erlaube ich mir, nicht zuzustimmen, und suche Argumente, um meine Einstellung zu begründen.

Im Zusammenhang mit schon 1883 gemachten Ausgrabungen hat J. Döring seine Schlussfolgerungen gewonnen und behauptet, dass die im Südflügel eingerichtete Kirche des alten Konventbaues „während der Bautätigkeit der ersten Festung an der Stelle nicht vorgesehen war. Sie konnte aber später am Ende des 16. Jahrhunderts gebaut werden". [33] Wenn seine geschriebenen Anmerkungen und Beobachtungen bezüglich der Ausgrabungen in diesem Schlossteil verfolgt werden, der, wie in der Literatur besonders betont wird[34], der Herzogin in ihren Witwenstandsjahren als Kirche diente, stellen wir wesentlich ältere Spuren als aus den 40er Jahren des 17. Jahrhunderts fest.

Erstens: um eine Kirche zu werden, musste dieser sogenannte Kirchenflügel von seiner vorigen Funktion im Konventbau des Ordens befreit werden, da dieser große Raum oder

---

[32] T. Vītola, Dobeles pilsdrupas – Vēsturiska celtnieciba Latvijā. Rīga 1991, S. 70-71.
[33] J. Döring, Die Ausgrabungen der Schlossruine zu Doblen im Sommer 1883. in: Sitzungsberichte 1883. Mitau 1883, S. 24.
[34] Ebenda, S. 14.; J. Juškēvičs, Hercoga Jēkaba Laikmets. Rīgā, S. 22-23.; T. Vītola, Dobeles (wie Anm. 163), S. 70.

die Raumkette keine sakrale Funktion hatte. Zweitens waren die Indikatoren des Umbauens und die Elemente für das hinzu gefügte Rippengewölbe gotische Profilziegel. Auf den Maßen des alten Konventschlosses, wo nur der Kappraum erweitert wurde, sollte zweifellos die frühere Überdeckung der Gewölbe abgerissen und eine neue gemauert werden. Zu ihrer Entlastung sind in den Seitenwänden neue Renaissancekonsolen eingemauert. Sie sind auch heutzutage gut zu erkennen und können nach ihrer Form ins letzte Drittel des 16. Jahrhunderts datiert werden. Auch J. Döring hat die Konsolen ähnlich datiert. Er charakterisierte sie als aus „grauem Stein im Renaissancestil" angefertigt.[35] Drittens war es nicht notwendig gewesen, die Konsolen, die die Gewölbe der ersten Bauperiode stützten, in den Ecken des breiten Raumes zu wechseln, deshalb sind sie an ihrer vorigen Stelle geblieben. Sie sind keilförmig und entsprechen dem Stil der Anfangsperiode des Ausbaus im Schloss Doblen in der ersten Hälfte des 14. Jahrhunderts. Diese aufgezählten Merkmale und auch die Reste der Rauchzüge und der Kaminlöcher in den Ecken des Raumes lassen keinesfalls den Kapellausbau erst in den 40er Jahren des 17. Jahrhunderts vermuten.

Wann konnte dieser Raum seine sakrale Funktion gewinnen und welcher Gemeinde dienen, wenn er von solchem Ausmaß gebaut war, dass er proportional fast 40% der Größe des ganzen alten Konventbaus einnahm? Hat die Familie des Herzoges es für notwendig gehalten, eine 158 m^2 (22 x 7,2 m) große Familienkapelle auszubauen, aber die Wohnräume daneben im Ausmaß der früheren Festungsdimensionen zu belassen? Man kann annehmen, dass die Konzeption für die Erweiterung von Schloss Doblen von Gotthard Kettler und später

---

[35] J. Döring, Die Schlossruine Doblen. Sitzungsberichte 1883. Mitau 1884, S. 22.

von seinem Sohn, Herzog Friedrich, eine Ähnlichkeit in Qualität und Größe mit Schloss Bauske anstrebte, um so einer Residenz zu entsprechen. Auf diese politische Bedeutung des Schlosses in der administrativen Struktur des Herzogtums weisen mittelbar um die Jahrhundertwende vom 16. zum 17. Jahrhundert mehrmals abgehaltene Landtage in Doblen hin.

Einen Hinweis zu diesem Schlossteil als einer Kapelle des Adels geben die Beobachtungen von U. von Schlippenbach um 1808, dass im genannten Raum „noch Reste der Kanzel klar erkennbar sind,"[36] aber J. Döring hat theoretisch die innere Planung rekonstruiert. Aufgrund der Interpretation der Kanzelstützträgerspuren in der Nordwand und einer kleinen Türöffnung auf der Ebene des Obergeschosses als Zutritt zur Familienloge des Herzogs hat er eine schwer zu bestreitende Version vertreten. Der Altar war zweifellos an der Wand am Ende der östlichen Seite, damit war die Kapelle mit der Mindestausstattung gestaltet, die für einen protestantischen Gottesdienst notwendig war. Diese theoretische Rekonstruktion scheint auch dann logisch, wenn wir uns die anwesenden Landtagsteilnehmer in den weiten Dimensionen der Kapelle an einem Gottesdienst und vielleicht sogar an Sitzungen vorstellen, wenigstens während des ersten Landtags 1579.

In den improvisierten Ausgrabungen 1883 hat J. Döring seine Aufmerksamkeit genau auf die Aufdeckung der herzoglichen Kapelle gerichtet. Er hat „ein Stück des Kirchenornaments, die Reste einer Gipsvolute, ein Stückchen glasierten Lehms und dazu noch Reste einer Kirchenverzierung"[37] gefunden, die leider im kurländischen Provinzialmuseum in Mitau verlorengegangen sind: deshalb können aus den angenommenen Nuancen und mittelbaren Hinweisen in dieser Beschrei-

---

[36] U. v. Schlippenbach, Malerische Wanderungen durch Kurland. Riga/Leipzig 1809, S. 378.
[37] J. Döring, Ausgrabungen. (wie Anm. 164), S. 59.

bung keine Schlüsse gezogen werden. Ein in eine Predigt eingefügtes Lob bestätigt aber diese Bestände als Ergebnis der Tätigkeit der Herzogin Elisabeth Magdalene, „weil sie in ihrem Haus des herzöglichen Witwenstandes in Doblen die Kirche schön verzieren ließ" [38]. Die Kapellenausstattung sollte die am Ende des 16. Jahrhunderts angefertigte Einrichtung mit den hinzugefügten Ergänzungen der 40er Jahre des 17. Jahrhunderts vervollständigen.

Die größten Unklarheiten verursacht aber die verschwommene Datierung des Palais oder des neuen Schlossbaues. Im heutigen Forschungsstand ist nur ungefähr eine formale stilistische und künstlerische Datierung dieses Baues möglich. Den weiten Hof der Vorburg füllten am Ende des 16. Jahrhunderts und im 17. Jahrhundert mehrere Bauten: in der Westseite ein auf einem viereckigen Fundament aufgebauter runder Eingangstorturm, links davon an der Mauer der Arsenalbau; in der Südwestecke stand am kleinen Tor die Wohnung des Schlossverwalters mit einem Turm. Sowohl aufgrund der Zeichnung von J.R. Sturn von 1661 als auch aufgrund ihrer Motive lässt die Zeichnung vom Schloss Doblen, die 1827 der deutschbaltische Künstler A. Pezold lithographiert hat, den langgestreckten Bau des neuen Palais einschätzen. Auf seinem schrägen Dach sind ein paar Dachfenster und ein kleiner Turm erkennbar. J.R. Sturn hat das Schloss mit seinen eigenen Augen in der Natur gesehen und 1661 seine südliche Endfassade mit einem volutenverzierten Giebel skizziert, aber die zum Innenhof gerichtete lange und gut beleuchtete Fassade hat er mit einer offenen Galerie oder einer dekorativ angebrachten Arkade ergänzt. (Abb. 8)

Es ist unmöglich, nach ungefähren Grundrissen des 17. Jahrhunderts und einer Zeichnung einer Galerie, die gegenüber

---

[38] Ebenda, S. 14.

dargestellt ist, Urteile zu fällen. Doch visuell erinnert die Galerie des neuen Schlossbaus Doblen an einen gut gelungenen Versuch, den vorhandenen Ansätzen der zentraleuropäischen Länder zu folgen, in der Schlossarchitektur offene Freitreppen, Hofarkaden oder offene Galerien der Renaissance einzuführen. Es gab in Europa reichliche Vorbilder für die Nachahmung, und die Beziehungen des deutschbaltischen Adels machten es möglich, die Formelemente der italienischen Kultur anzustreben oder zu entlehnen und etwas Ähnliches auch ins Herzogtum einzuführen. Auch das Bemühen des herzoglichen Hauses, die für Vorbilder gehaltenen europäische Herrscher nachzuahmen, lässt sich aus den finanziellen Möglichkeiten der Familie Kettler (Einkommen aus 26 Domänengütern) erklären.

Seit der Mitte des 16. Jahrhunderts wurde durch die Erweiterung und das Errichten neuer Bauten mit Arkadengalerien die „Loggia" eingeführt. Wenn nur Arkaden um die geschlossenen rechteckigen Innenhöfe möglich waren, wie z.B. im „alten Schloss" von Stuttgart, (1553-1578) oder wenn das Ausmaß vollständige Arkaden nicht zuließ oder die Konstruktion dafür nicht geeignet war, bemühte sich der Besitzer, die Arkaden wenigstens an einer oder zwei Wänden entlang zu verteilen. Um dieser Mode überall und im ganzen dem Vorbild der Renaissanceheimat zu folgen, wurde jede Möglichkeit für die Einrichtung von „Loggien" genutzt. Die Sonnenintensität, die Wändeorientierung hinsichtlich der Himmelsrichtungen und die Eignung der Galerien wurden nicht berücksichtigt. Bisweilen versuchte man auch, die Galerien in den alten Schlössern höher zu setzen, auf die Ebene des ersten oder zweiten Obergeschosses; (1560-1562 auf der Plassenburg in Kulmbach; 1576 an der Burg Trausnitz in Landshut; nach 1550 im Heidelberger Schloss u.a.). Im Schloss Leitzkau bei Magdeburg wurden 1564-1566 Arkaden mit vier Geschossen ausgebaut, 1566-1594 ist im Schloss Güstrow in Mecklenburg eine „Loggia" mit drei Geschossen ausgebaut, in deren Konstruktion das oberste Geschoss unter dem Gesims stark an die Form der Galerie in Doblen erinnert. Sie können aber weder nach ihrer Qualität noch nach dem Ausmaß verglichen werden.

Man kann nur vermuten, wie sich dieses in dem baltischen Klima realisiert hat und in welchem Maße dieses Nachahmen der ausländischen Beispiele gerechtfertigt war. Die weite Bautätigkeit der Besitzer, der Herrscher und Adligen, die ihr Eigentum durch Jahrhunderte vermehrt hatten, kann nicht mit den Möglichkeiten des kurländischen Herzoghauses in den ersten Jahrzehnten nach der Gründung des Herzogtums verglichen werden.

Der Mangel an Spuren erkennbarer Konstruktionen in der Fassadenwand lässt vermuten, dass die offene Arkade in Doblen nur ein Zusatz ziemlich improvisierten Charakters zur langen Hoffassade gewesen ist. Außerdem ist in den Planvarianten von 1659 deutlich eine über die Fassadengrenzen ausgesetzte Galerie vermerkt. In Doblen ist natürlich für die Arkadenkonstruktion anstatt Stein Holz verwendet worden. An Stelle von drei bis vier Geschossen konnten der Hof und die Fassade mit einer einstöckigen oder nur im Obergeschoss ausgebauten Galerie, aber mit einer langen offenen Arkade, an Italien erinnern.[39] Es ist aber unmöglich, eine tektonisch sichere und bleibende Konstruktion zu bauen, die mit dem Fundament des Baues nicht stabil verbunden ist. Es fehlen die Informationen, ob die Galerie auf diese Weise nur für Bestattungen, für Spaziergänge oder Erholung oder auch für das Genießen der Sonne und frischen Luft genutzt wurde.

Da Kurland an der Grenze zur polnisch-litauischen Union lag, konnte seine Baukunst von dem nahe liegenden katholischen Land beeinflusst werden. Als einen konstruktiven Doppelgänger oder sogar einen Prototyp der offenen Galerie von

---

[39] E. Ullmann, Renaissance. (wie Anm. 133), S. 58-70.

Doblen kann man sich den „lamus" Bau, einen Bautypus mit gemeinsamer Wirtschafts- und Wohnfunktion vorstellen, der Ende des 16. Jahrhunderts bis zum 18. Jahrhundert hinein in Polen sehr verbreitet war. Diese Bauten sind gewöhnlich zweistöckige Holz- oder Mauerbauten gewesen, deren Erdgeschoss überwiegend nur zu wirtschaftlichen Zwecken genutzt wurde. Das Obergeschoss war für das Wohnen vorgesehen und wurde von einer offenen Galerie, entweder ganz oder nur um die Hauptfassade umgeben. Im Erdgeschoss wurde die Galerie auf eine Reihe auf dem Sockel befestigter Stützpfeiler gestützt. Die Galerie des Obergeschosses konnte mit einer Balustrade eingefasst sein. Das Stützgebilde war unter dem Gesims mit Hilfe der Arkaden in gebogener Form gelöst, wobei die Handwerker sich bemüht hatten, die Renaissancehalbbogenform mit verzweigten Seitenstützen am oberen Teil jedes Pfeilers oder auch mit aus einem Stück gesägten Sturz zu bilden. Im Brigittenklosterterritorium in Grodno (Weißrussland) kann ein im 8. Jahrhundert gebauter „lamus" Bau als klassisch nach der beschriebenen Art, der Funktion und dem Konstruktionsmuster gelten,[40] zudem man auch unschwer in der kurländischen Architektur Doppelgänger finden kann.

Keiner der vorhandenen Grundrisse präzisiert den Eingang ins Schloss und seinen Ausbau, genauso wird keine Aufmerksamkeit der Raumausstattung gewidmet. Es werden nur einzelne Fragmente der erhaltenen Querwändefundamente dargestellt. Die Mitte der glatten Fassade des neuen Schlosses Doblen verziert ein Eingangsportal mit plumpen toskanischen Säulen und schwerfälligem Entablement. Was die Eigenart der Ausgestaltung der Palaisfassade angeht, drücke ich meine Überlegungen zum erstenmal aus: Die im Putz ausgeführte Illusionsverzierung ist sowohl in der Sgrafittotechnik als auch im

---

[40] AWA 1988, 34-35.

glatten Kratzputz einem in Böhmen, Mähren und Polen weit angewandten Dekorationsverfahren ähnlich. Mit diesem Verfahren sind in Kurland zum erstenmal die Wände des Schlosses von Bauske verziert worden. Auch den neuen Bau des Residenzschlosses von Doblen deckt eine nach einem bestimmten System ausgeführte eingekratzte Verzierung, deren Stil mit der Renaissance verbunden ist. Sie könnte ungefähr ab Anfang des 17. Jahrhunderts datiert werden, weil dieses Bearbeitungsverfahren im genannten Zeitraum mehrmals sowohl in der Zivil- als auch in der Sakralarchitektur angewandt wurde.

Wie verband sich die Galerie mit der prächtigen und auf der Ebene verzierten Fassade? Sie ergänzte die Fassade sowohl als Konstruktion, als auch als Ornament. Auf diese Weise entstand ein eindrucksvolles Bild. Der lang gestreckte Bau, der vertikale Turmakzent, die komplizierte Spitzsilhouette, die Fassadenaufteilung mit der Arkade leichter Konstruktion, dazu waren alle Elemente und das Ausmaß des neuen Schlossbaus mit dem alten Konventbau vereinigt, umfassende Mauern und Wachtürme drückten das enge Verhältnis der kurländischen Herzogdynastie zum Bau einer Residenz aus, der weniger bedeutend war als die Schlösser von Mitau und Bauske. Mit möglichst wenigen Mitteln war hier die militärische Sicherheit erreicht, wobei ein großer Teil der alten Festung aus der Zeit des Deutschen Ordens unberührt erhalten wurde. Es war nur der neue Zubau als ein der Epoche entsprechender Bau- und Bearbeitungswert hinzugefügt, der den funktionalen Ansprüchen des Zeitalters entsprach. Deshalb sind in der Gestaltung des Gesamtbildes Bautentypen zweier historischer Epochen mit unterschiedlichem Verhältnis von Sicherheits- und Repräsentationsfunktion ineinander vereinigt. Ihre Formgestaltung und ihre stilistischen Elemente ergeben sich aus den politischen, wirtschaftlichen und geistigen Konsequenzen der Renaissancezeit in den baltischen Ländern. Das Schloss Doblen ist als Residenz für Lettland typisch regional in eigenartiger Anpassung an die

Welt und zugleich Einbettung in örtliche architektonische Qualität.

Architekturrevolution der Privatgüter

Im folgenden Abschnitt wird inmitten der typologischen Entwicklung der Gutshäuser des baltischen Adels das Haus einer Familie und ihre Entwicklung beschrieben. Die Familien der Gutsbesitzer waren die Einheit, die das wirtschaftliche Leben im Baltikum organisierten. In ihren Händen lag die administrative und wirtschaftliche Macht im Zusammenhang mit westeuropäischen Kulturtendenzen. Seit dem Anfang der zweiten Hälfte des 16. Jahrhunderts gestalteten sie intensiv ihre individuelle und alltägliche Umgebung, in weiteren Ausmaßen bestimmten sie die soziale Umgebung durch das Gut als Mittelpunkt einer progressiven guten wirtschaftlichen Einheit. Sie füllten mit ihrer Produktion die Märkte der näher und weiter liegenden Städte. Da sie sich ständig in der Situation des Waren- und Wertwechsels befanden, hatten die Güter großes Interesse an eigener wirtschaftlicher Entwicklung. Um ihre Vorhaben zu verwirklichen, suchten sie ständig neue Ideen und Arbeitskräfte in der Stadt oder in den weiter liegenden Kontaktregionen. So wurde die Herausbildung der Großgüter ein fruchtbarer Boden für die Entwicklung der Gutshofarchitektur.

Wohntürme

Mit den sogenannten Wohntürmen als frühem und älterem Typ „Steenhus" oder „Festes Haus" verbinden sich gewöhnlich Vorstellungen von der Gestaltung des Familienwohnsitzes eines Feudalherren im Mittelalter. Sie befanden sich in der Mitte des Gutsterritoriums und kennzeichneten mit ihrer gemauerten Architektur das visuelle, symbolische und auch künstlerische Zentrum der Gutsanlage.

Der Typus des Wohnturmbaues entwickelte sich mit wenigen konstruktiven Änderungen sowohl in den Städten als auch auf dem Lande. Im Zeitraum vom 12. bis zum 15. Jahrhundert konnte er in Süd-, Zentral- und Nordeuropa einem Handwerker oder Kaufmann in der Stadt als auch einem Ritter oder Feudalherren auf dem Lande als Zuhause dienen.

In rechteckiger oder runder Anlage dienten wenigstens zwei- oder mehrstöckige Wohntürme mit einem massiven Pyramidal- oder Satteldach zunächst Sicherheitszwecken und erst dann sollten sich die Repräsentations-, Wohn- und Lagerungsfunktionen in die Enge des Turmes einfügen (siehe Beispiele von Bunderhee Ostfriesland, Rüssel Pye in Deutschland). Wo es die Sicherheit zuließ und wo Komfort schwer möglich war, wurden gewöhnlich im Obergeschoss Kamine, größere Fenster und Latrinen (Dansker) eingebaut. Diese bescheidenen Komfortelemente erhoben sich nicht über das zweite Obergeschoss.[41] Mauertürme waren mit ihrem für das Wohnen ursprünglich nicht geeigneten Raumprogramm seit dem 12. Jahrhundert im Rheinland und bald auch im nordwestlichen Territorium Deutschlands und in Dänemark bis zum 15. Jahrhundert ein weit verbreiteter Haustyp der Herrscher-, Großgrundbesitzer und auch des oberen Klerus. In den Einflussländern der deutschen Kultur kann er auch Motte genannt werden,[42] doch in der baltischen Kulturgeschichte ist diese typologische Bezeichnung nicht bekannt. Grundsätzlich von der Bautätigkeit des französischen Adels beeinflusst, haben sich Charakter und Qualität der Wohntürme im 16. Jahrhundert wesentlich verändert.

Diese Bedingungen können auch auf die baltischen Länder bezogen werden, wo die Wohntürme gewöhnlich an Hügel o-

---

[41] U. Albrecht, Der Adelssitz im Mittelalter. München/Berlin 1995, S. 34-36.
[42] Ebenda, S. 70.

der Wasserhindernisse angepasst wurden. Der Turm wurde gewöhnlich mit einem Palisadenzaun, Erdwall oder Graben umgeben. In der Vorburg oder im Residenzzugangsraum wurden Hindernisse für den eventuellen Angreifer angelegt. Allein im uns am nächsten liegenden Gebiet Estlands sind mehrere Wohntürme bekannt - Kiiü im 15.-16. Jahrhundert, Vao am Ende des 14. Jahrhunderts, Järve und Purtse im 15. Jahrhundert.[43] Ihre runde oder rechteckige Plankonstruktion war für die passive Verteidigung geeignet und konnte sogar eine bestimmte Belagerungszeit aushalten und vor den Plünderern schützen. Bei den Forschungen zur Wohnturmarchitektur des Renaissancezeitalters auf dem Boden des heutigen Lettlands soll sie in Kategorien eingeteilt werden.

In Lettland, dem Livland des Deutschen Ordens und im von den Bischöfen kolonisierten Territorium, hatte die Wohnturmarchitektur vom 13. bis zum 15. Jahrhundert keine großen Chancen für ein friedliches Wirtschaftsleben der Vasallen der feudalen Herrschaft. Auch der dauernde Widerstand der baltischen Einheimischen gegen die aufgezwungene Christianisierung und wirtschaftliche Abhängigkeit verzögerte die Entstehung der autonomen Sitze der Großgrundbesitzer mit Familie oder Stamm als zentrale wirtschaftliche und administrative „zementierende" Größe. Die livländische mittelalterliche Architektur kennt einen einzigen Wohnturm im Gutsensemble von Nabben/Nabbe. Er wurde am See Nabben im Gebiet Lemsal/Limbaži im 14. Jahrhundert angelegt, war Sitz des Rigaer Erzbischofs während der großen Fastenzeit und wurde später in den wirtschaftlichen Komplex des Gutes als ein Hilfsbau eingefügt. Ungenügende Forschung hat die Herausbildung neuer Feststellungen nicht gefördert. Daher ist bis jetzt die Wohn-

---

[43] A. Tuulse, Burgen. (wie Anm. 132), S. 114-119.; EKG 1979, 7.; E. Murbach, Die Burgen in Estland und Lettland. in: Beitrag zur Geschichte der Baltischen Kunst. Giessen 1988, S. 66-68.

turm-Architektur als Kulturausdruck des Renaissanceadels in den Skizzen der lettischen Architekturgeschichte[44] nicht genug betrachtet worden. Diese Phänomene der Zivilarchitektur sind daher außerhalb der Typologie der Gutshof- und Residenzbautätigkeit geblieben.

P. Kampe war der Erste, der seine Aufmerksamkeit auf die Turmarchitektur von Nabben richtete. Da er nur Sakralarchitekturspuren des schwedischen Zeitalters in Livland suchte, reichte seine Interpretation nur zur Behauptung, dass der 1702 von A. Mollerus gezeichnete Grundriss die gekennzeichnete Kirche von Nabben mit einem erhaltenen Turm zeigt und als ältester Bau am gegebenen Ort anzusehen sei.[45] Auch diese Beschreibung wird ein Irrtum sein, denn nach den Merkmalen der Konstruktion und Mauerung (nach den Rüstenkanten aus gehauenem Kalkstein der Wandmauern, dem sogenannten Wändeverband) kann dieser Bau für das 14. Jahrhundert, spätestens für Anfang des 15. Jahrhunderts datiert werden. Die Hilfsburg des Rigaer Erzbischofs in Nabben ist seit 1318 bekannt. Es ist weiter bekannt, dass 1466 das Gut in den Händen der Familie von der Borch war und 1624 nach dem Angriff der schwedischen Armee auf Livland an dieser Stelle nur eine Burgruine stand.[46]

Erst der Leiter des Restaurationsinstitutes (Restauracijas instituts Riga) P. Blums hat 1988 in seinem Bericht von dem

---

[44] Zum Beispiel, sind die einzigen attributierenden Aussagen vom Gut Nabben als Kulturdenkmal nur mit der Geschichte des Gutsparks verbunden, wo im Niveau falscher Gebietsforschungsinformation als Axiom die Erkenntnis bekannt gegeben ist, dass im Gutsensemble oder ehemaligen Schloss des Rigaer Erzbischofs „im 17. Jahrhundert ein Kloster war, wovon ein Turm erhalten ist." Siehe Inv. Nr. III, 14834/6.

[45] P. Kampe, Baznīcu celtniecība Vidzemē zviedru valdības pēdējos piecdesmit gados. (1660-1710). in: Latvijas Universitātes Raksti. Bd. II., Riga 1939, S. 28, 160.

[46] BHO, 104.

Wohnturm in Gemauerthof/Mūrmuiža auf den Bau des Turmes Nabben/Nabe aufmerksam gemacht und dabei den Anstoß zu weiteren Forschungen gegeben.[47] Der Grundriss ist ein regelmäßiges Viereck von 11,2 x 11,2 m hinter zwei Meter dicken Wänden, der Turm gab Zuflucht in einer dreistöckigen Wohnraumkette. Der gewölbte Halbkeller, der auch für ein Sockelgeschoss oder die erste verwendbare Ebene gehalten werden könnte, ist zur Zeit bis zur Hälfte zugeschüttet. Auch der frühere aus Sicherheitsgründen entfernte Haupteingang ist zur Zeit nur etwa zwei Meter hoch, ist also kein in Betracht zu ziehendes Hindernis gewesen und entsprach nicht der Sicherheitsfunktion des Wohnturmes. Die in der Mauer eingerichtete Treppe zum Obergeschoss diente der Sicherheit, sie sicherte den Verkehr im Inneren des Turmes vor „fremden Augen". Sowohl im ersten als auch im zweiten, also den Bewohnern angepassten Obergeschoss gibt es Spuren von Heizungsanlagen, von Kaminen, es fehlen aber Merkmale für ihre Charakterisierung. Bis zum heutigen Gesims ist die ursprüngliche Wandhöhe erhalten. Es gibt darin keine Spuren gemauerter Deckengewölbe, die eine senkrechte Tragbalkendecke über dem ersten Obergeschoss und eine dem Wohnen dienende Dachkonstruktion zur Folge haben könnte.

Auf dem Rittergut Stenden/Stende (Abb. 9), das seit 1528 bis zur Agrarreform 1920 der Familie von Brüggen gehörte, ist ein Wohnturm vermutlich am Anfang des 16. Jahrhunderts gebaut worden und bis heute gut erhalten.[48] H. Pirang hat festgestellt, dass der erste Besitzer der Familie von Brüggen, der Ordensrat Philipp von der Brüggen, das Gutswohnhaus respektive den Turm als „festes Haus" erbaut hat. Da H. Pirang wissenschaftliche Beziehungen zu den Nachfolgern der ehemaligen

---

[47] P. Blūms, Jāuni materiāli par Mūrmuižas torni. Materiali feodalisma posmā Latvijas mākslas vēsturei. Teil III., Rīga 1988, S. 99, 104.
[48] BHO, 615.

Besitzer hatte, durchforschte er das Familienarchiv, wo er aus den gefundenen Briefen feststellen konnte, dass es „da Platz genug für die große Familie und für die vielen Gäste gab." [49]

Für die Interpretation des Wohnturmes Stenden erwähne ich Zusammenhänge, die mit der Geschichte dieses Bautypus verbunden sind. Schon seit dem Anfang der Wohnturmentwicklung können in den baltischen Ländern die in der römischen Terminologie mit „speculae" bezeichneten Grenzverteidigungen und die nur für militärische Zwecke erbauten Türme „lime", (die auch im deutschen Sprachraum eine latinisierte Bezeichnung, den Terminus „burgi" haben), strikt von turmartigen Bauten des früheren Herrenhaustypus getrennt werden. Die Funktion der zuletzt erwähnten ist die Gewährung minimaler Sicherheit und alltäglicher Zuflucht in der Verwaltung eines Privatgrundstücks. Ähnlichen Türmen der ersten Hälfte des 16. Jahrhunderts begegnen wir, z.B. im Herzogtum Lippe, in der Umgebung von Münster Nottuln und Nordwalde und von Braunschweig. Hier werden sie mit einem Wort „Wehrspeicher" bezeichnet. Die Wohnfunktion ergänzt nur den in der Semantik dieses Wortes eingeschlossenen Grundgedanken der Besitzverteidigung und lässt auch architektonisch im Wohnturm diese Funktionen sowohl in der Stadt als auch auf dem Lande vereinigt erkennen. Im Zusammenhang mit der Konstruktion des neuen Schlossarkadenbaues Doblen zogen wir die Parallelen mit der im polnischen Raum bekannten Verbindung des Lagers oder des Speichers mit den Wohnräumen in der Struktur eines Baues und der beigemessenen Bezeichnung - „lamus". Der Wohnturm des Gutes Stenden ist auf einem vom Wasser umgebenen und unregelmäßig rechteckigen Grundstück aufgebaut, dessen beide im Rechteck anstoßenden längeren Ränder etwa 70 m lang sind. Der Turm steht etwa 35 m

---

[49] Pirang, Baltisches Herrenhaus. Riga 1926, S. 71.

vom Ufer eines aufgedämmten Mühlenteiches und vom umliegenden Gelände wird er durch zwei mit Wasser gefüllte tiefe Gräben getrennt. Nur der kürzeste Rand (etwa 40 m lang) lehnt sich heute an die Landstraße Windau-Talsen/Ventpils-Talsi. In solcher Anlage des Wohnraumes hätten sich auf dieser künstlichen Halbinsel anfangs auch Wirtschaftsbauten befinden können, von denen leider nichts erhalten ist und mit der Entwicklung des Gutes überschreitet seine Bautenverteilung viermal die territorielle Fläche des ersten befestigten Gutsensembles.

Das vom Wasser umgebene Gutsterritorium war natürlich am Anfang seiner Existenz eingezäunt. Ins Zentrum des wirtschaftlichen Teils oder in den Hof konnte man durch das Tor von der schmalen Landseite oder auch über die Brücke kommen. Konkretisierende Forschungen sind leider im Gut Stenden (Abb. 10) und in seinem ältesten Teil am Wohnturm noch nicht gemacht worden. Der Turm selbst ist ein nach viereckigem Plan länglicher (12,8 x 7,0 m) und zweistöckiger Bau mit 1925-1926 an der Westseite des Turmes angebauter einstöckiger 2,85 m breiter Ergänzung in der Länge der ganzen Fassade für die Einrichtung der Wohnungen. Unter dem Erdgeschoss ist an der Südseite des Wohnturmes ein mit einem Tonnengewölbe gedeckter und 1,8 m hoher aus Feldstein gemauerter Keller eingerichtet, dessen Ausmaße 5,05 x 3,95 m betragen. Die Decken des Erdgeschosses, wie auch des Obergeschosses stützten sich auf hölzerne Tragbalken, jedoch war die Decke im Obergeschoss wahrscheinlich niedriger heruntergezogen und bildete eine dicke Deckenschicht. Über den ursprünglich 7,8 m hohen Wänden erheben sich an beiden Turmecken, an der Nord- oder Südwand, am Anfang des 19. Jahrhunderts in Fachwerkkonstruktion angefertigte Gesimse, wo vermutlich das anfängliche Pyramidaldach durch das für Kurland traditionelle Krüppelwalmdach ersetzt ist. An der Nordseite des turmartigen Baues ist im Obergeschoss ein Dansker ausgebaut, der sich auf zwei Konsolen stützt und dessen Standort und Form ursprünglich ist.

Mehrere Türöffnungen geben keine Möglichkeit, den ursprünglichen Standort des Eingangs zu bestimmen. Es gibt auch keine Information über Schießscharten oder andere Elemente aktiver Verteidigung in der Wohnturmfassade. In den Wänden wurden auch unsachgemäße Vorarbeiten vorgenommen, um stattgefundene Veränderungen feststellen zu können. Es ist aber eindeutig, dass die heutigen Fensteröffnungen bei der Anpassung des Turmes an Bedürfnisse Mitarbeiterwohnungen der Staatlichen Selektionsstation (Valsts selekciju stacija) in der Mitte der 20er Jahre des 20. Jahrhunderts gebrochen worden sind. Ihr Rhythmus ist aber in Übereinstimmung mit der Planungsstruktur der Innenräume berechnet. So kann die Zahl der Fensterachsen in der Süd- und Ostfassade mit der Zahlenformel 2:3 ausgedrückt werden, doch in der längsten Ostfassade ist die Fensterverteilung asymmetrisch gelungen. Die Fenster gruppieren sich im Verhältnis der Fensterachsen 1+2. In den Unterlagen des Archivs des Dokumentationszentrums in SDKD kann man eine Anmerkung finden, dass die Treppe vom Erd- zum Obergeschoss etwa 1930 abgerissen wurde, was die frühere Kommunikationsstruktur zerstörte.

Der Kern des Wohnturmes (ohne Zubau) ist aus Feldstein und Ziegeln gemauert und mit Kalkmörtel verputzt. Die Dicke der Wände beträgt etwa 1,05 m. Zur Zeit befindet sich der Eingang in dem alten Turmteil in dem wesentlichen Fassadenteil des Erdgeschosses, das mit einem 1925-1926 gebauten Zubau zugedeckt ist. Es kann angenommen werden, dass auch hier ursprünglich ein Eingang gewesen ist, es darf aber auch das Vorhandensein eines anderen Eingangs im Obergeschoss nicht ausgeschlossen werden. (Abb. 11a). Das Erdgeschoss wird in drei Räume verschiedener Größe durch zwei, dünner als die Außenwände gemauerte Innenwände geteilt. Diese Wände sind sekundär, d.h. ursprünglich sind sie nicht dagewesen, und das Erdgeschoss ist in der Form einer länglichen einräumigen Halle konzipiert worden. Der nicht erhaltene Herdstandort und die

Einrichtungen für die Heizung verringern die Chancen historischer Forschung. Es sind bisher keine Forschungen unternommen worden, um die Interieurausstattung zu untersuchen.

In analoger Form widerspiegelt das Obergeschoss (Abb.11b) die Struktur eines Wohnturmes. Erst im 20. Jahrhundert wurde ein 10,7 m langer und 4,8 m breiter Innenraum durch zwei improvisierte Holzquerwände geteilt. Deshalb ist es schwierig, die Raumkonzeption des eigenartigen Baues eindeutig festzustellen, es wird jedoch keine Trennungsmöglichkeiten für die Beschäftigten und die Generationen in den großen Sälen im Erd- und Obergeschoss gegeben haben. Der niedere Adel musste sich in den anspruchslosen Lebensverhältnissen, die der Wohnturm auf dem Gut Stenden anbot, zugunsten der Sicherheit mit einem bescheidenen Komfortniveau unter Aufopferung der Intimität zufrieden geben.

Eine bekannte Autorität in der Forschung der europäischen Schlösser, Professor Uwe Albrecht von der Universität Kiel, drückt sich in Bezug auf die turmartigen Wohnbauten ohne anerkennende Einschätzung aus und weist darauf hin, dass die Wohnturmarchitektur vom Ende des 12. Jahrhunderts bis zum Anfang des 16. Jahrhunderts wenig Veränderungen erlebt habe. Als ein Typ des Baues, der für den Alltag des niederen Adels, der Ritter, der Ministerialen und der Freiherren verwendet wurde, erhielt der Wohnturm in ganzem Umfang robuste räumliche Verhältnisse und eingeschränkte Verwendungsmöglichkeiten.[50] In so einem, den Sicherheitszwecken angepassten, Bau von minimalem Ausmaß konnte dieses Leben sogar für Angehörigen des Adels nicht von hohem Komfortniveau sein. Die Angehörigen verschiedenen Alters und beiderlei Geschlechts, ihre Diener und Gäste, verkehrten ohne Alternativen in denselben engen Räumen. Die Räume konnten den Wunsch des A-

---

[50] U. Albrecht, Adelssitz, (wie Anm. 172), Abb. 12-13; 35-38.

dels nach besseren Bequemlichkeiten auf die Dauer nicht befriedigen.

Endlich gibt es eine Zuordnungsfrage, die mit der Chronologie der Gutsbesitzer von Stenden zusammenhängt. Das 1528 durch Wolter von Plettenberg an Phillip von der Brüggen verlehnte Gut wechselte später die ritterlichen Gutspächter. Die neue Ausgabe der kurländischen Gütergeschichte bestätigt, dass „schon 1536 Phillip von den Brüggen der Ordensrat war und in seinem gesicherten sozialen Stand versuchte, sein Gut zu bilden und genauso wie seine Nachfolger auszubauen." [51] Er könnte auch der echteste Erbauer des Wohnturmes von Stenden gewesen sein, weil auch die architektonische Formbildung und der Stil des Baues seinem Stand, seinen Möglichkeiten und seinen Initiativen entsprechen. Der genannte Gutsbesitzer starb 1556 und hinterließ das Gut zusammen mit den Beigütern seinem ältesten Sohn Ewest von der Brüggen. Auch dieser Nachfolger der Familie hatte in der neuen Administration des Herzogtums als Herzograt und Kirchenvisitator einen hohen Posten. In der weiteren Entwicklung wird Ewest von der Brüggen der Bau der Kapelle zugeschrieben.

Bei der Auswertung der Planung und der Proportionen des Wohnturmes Stenden, der rauhen Mauerungstechnik und der Architekturdetails, auch der strategisch überlegten Anpassung des Baues an die Landschaft kann festgestellt werden, dass der Kernteil des Baues zweifellos auf das 16. Jahrhundert zurückgeht. Es ist auch nicht auszuschließen, dass dieser Ort, ein vom Wasser eingeschränktes Festlandsviereck, schon für die mittelalterliche Gutslokation und Sicherheit verwendet werden konnte, weil die mit Wasser gefüllten Gräben als wesentliches Hindernis in dieser früheren Entwicklungsphase üblich waren. Genauso lassen die kompakten Formen und das geringe Angebot

---

[51] Schröder, 1983, S. 56.

an Bequemlichkeiten den Turm dieses Wohnbaues als bescheiden und für ein Adelswohnhaus als recht primitiv einstufen. So konnte nur die erste Hälfte des 16. Jahrhunderts mit den in diesem Zeitraum entwickelten historischen und wirtschaftlichen Umständen Voraussetzung für die Entstehung des Wohnturms im Gut Stenden sein. Diese Voraussetzungen standen nicht in Widerspruch zur Renaissancearchitektur in Livland.

Das zweite hervorragende Beispiel für einen Wohnturm befindet sich in Livland in der Gemeinde Kaugershof/Kauguri im Kreis Wolmar. Die Toponomastik - Mumois, Muremoise, Muhrmois (Abb. 12) - weist indirekt auf ein „festes Haus" oder auf das Vorhandensein eines aus festem Material gebauten Herrenhauses hin, was ein so ungewöhnliches Merkmal gewesen ist, dass es als in die Ortsbenennung eingefügte semantische Qualitätscharakteristik gelten konnte.

Die vom 18. bis zum 19. Jahrhundert gestaltete und heute existierende räumliche Struktur des Gutes Gemauerthof/Murmuiža spiegelt eine spätere Entwicklungsphase des wirtschaftlichen Komplexes als repräsentable, perimetrische Verteilung der Wohnhäuser und der Bauten mit wirtschaftlicher Funktion im Hof mit viereckiger Grundfläche wider. Die existierende Bautenverteilung und Hofplanung entspricht keinesfalls den Vorstellungen über die Einrichtung einer Gutswirtschaft im 16. Jahrhundert. In der südöstlichen Ecke des weiten Paradehofs steht ein zweistöckiger, turmartiger Bau, der aus Feldstein gemauert und mit roten Ziegelsteinen und dekorativen Details bearbeitet ist. Es ist angemessen, diesen turmartigen Bau, da in seinem wenig veränderten architektonischen Bild keine Elemente militärischen Charakters zu finden sind, als einen Wohnturm mit sakraler Funktion zu bezeichnen.

Nach der Unterwerfung von Riga und Livland unternahm Stefan Batory 1582 die Rekatholisierung Livlands und erneuerte in Livland ein katholisches Bistum mit seinen Residenzen in Wenden/Cesis und Wolmar/Valmiera. Zur Unterstützung dieser Maßnahmen der Gegenreformation rief 1583 der Bischof Patrizius Niedezky etwa 2.000 polnische Kolonisten nach Livland, unter denen Bauern, unternehmungslustige Freibürger und Handwerker waren. Dieser Umstand konnte den Einzug von Baumeistern polnischer Renaissancearchitektur auch in Livland fördern, das während der Reihe der Livländischen Kriege und des doppelten Angriffs der russischen Armee entvölkert war.

Durch die Vermittlung Deutschlands und Böhmens hatte Polen Erfahrungen im Festungsbau aus Frankreich und den Niederlanden gesammelt. Auf dieselbe Art und Weise wurden auch typische Beispiele für die Zivilarchitektur und traditionell alltägliche Formen übernommen. Es wird angenommen, dass auch der Wohnturmbau, der gleichzeitig mit der raschen Festigung des polnischen Adels um Ende des 15. Jahrhunderts und am Anfang des 16. Jahrhunderts den Aufschwung erlebte, zwei verbundene Erscheinungen gewesen sind. Dann erhielten befestigte Wohntürme weite Verbreitung und wurden mit einem polnisch angepassten Namen „lamus" bezeichnet. In Polen, z.B., in Branitz, Lopatki, Sansignov,[52] waren sie zwei bis drei Geschosse hoch, der Eingang war in der Wand des Sockelgeschosses oder auch in der Ebene des Obergeschosses, ein sicherer Keller und bescheidene Wohnräume mit minimalem Komfort waren charakteristisch. Es wurde gewöhnlich an einer Seite des Wohnturmes ein länglicher, einstöckiger Nebenbau aus Holz oder als Fachwerk erbaut, seltener auch gemauert. Er diente als Lager, Vorratskammer und Küche mit einem Herd. Dort konnte auch ein kleiner Raum für die Wache oder die Wohnung eines Dieners sein.

---

[52] T. Jakimowicz, Dwor murowany w Polsze w wieku XVI Warszawa. Posnan 1979, S. 114-119.

Wenn wir nach dem Beispiel von Gemauerthof, ohne große Zweifel zu haben, die Prototypen in Polen suchen können, dann ist der Anbau am Wohnturm ein Bestandteil des ganzen europäischen Kulturerbes. So wurden neben den Wohntürmen die Wirtschaftsbauten sekundärer Bedeutung sowohl in den Städten, als auch auf dem Lande angelegt. Sie blieben aber dem Risiko eines Krieges, der Plünderung oder anderer Gefahren unterworfen. Deshalb unterschieden sich ihre architektonischen Qualitäten wesentlich von der Sicherheitsreserve des Wohnturmes, der die Verteidigung des Lebens und des Eigentums der Bewohner sichern sollte. Sogar in Skandinavien, in der Umgebung von Kalundborg in Schweden, bezeugen der am Anfang des 16. Jahrhunderts gebaute Wohnturm von Prostegade und sein Nebenbau eine Analogie.[53]

Während der archäologischen Ausgrabungen von 1981 stellte sich heraus, dass ein Nebenbau des Wohnturms Gemauerthof an der Südfassade (aus Holz) einen Herd enthielt, nach dessen Brand ein gemauerter Nebenbau an derselben Stelle gebaut wurde. In der etwa zwei Meter dicken Kulturschicht wurden Münzen von 1576 und 1577, und ein Bruchstück einer Ofenkachel mit dem Wappen des katholischen Bischofs Otto Schenking gefunden, eines Nachfolgers des Bischofs P. Niedesky. Diese konkreten Hinweise bestätigen die katholisch erzbischöfliche Kurie als Besitzer und Erbauer des Wohnturmes und den Bischof Otto Schenking selbst als Bewohner des Wohnturmes. Seine Zeit währte im verantwortlichen Amt 15 Jahre von 1588 bis 1601. Das Ende des 16. Jahrhunderts nach dem Elend und den Wirren des Livländischen Krieges ermöglichte eine Zeit der Besinnung und der Wiederherstellung einer wirtschaftlichen Ordnung und neuer Bautätigkeit. Der Bau des

---

[53] U. Albrecht, Adelssitz, (wie Anm. 172), Abb. 31; S. 50-51.

Wohnturmes in Gemauerthof gehört als Landwohnsitz in diese Zeit.

Die Grundrissausmaße des Baues von 10,4 x 7,4 m sind für einen auf höherer Stufe der sozialen Hierarchie stehenden Vertreter ein kleiner Bau und zeugen vom Aufenthalt einer geringen Zahl von Menschen und auch von minimalen Komfortmöglichkeiten. Wir haben keine Informationen vom Ausmaß des Wirtschaftskomplexes in Gemauerthof und der Verteilung der Bauten im 16. Jahrhundert, um feststellen zu können, ob andere Bauten in der ganzen Anlage für das Bewohnen geeignet waren. Nach den Materialien der architektonischen Forschung war nur das Erdgeschoss im Turm bewohnbar. Der Eingang lag an der Südwestecke. Mit einer über den ganzen Bau reichenden zweckmäßig eingerichteten Fläche gab es einen mit Ofen und Kamin beheizbaren Raum. Das Erdgeschoss wurde durch drei kleine Fenster, jeweils nach Norden, Osten und Süden belichtet. Unter dem Wohnraum war auch ein kleiner Keller mit dem Eingang von außen eingerichtet.

Eine schräge Treppe, die von außen an der Nordwand befestigt war, führte ursprünglich ins Obergeschoss. Den einzigen Raum des Obergeschosses von der Fläche von 47 m^2 kann man als kleinen Saal bezeichnen, in den man von außen durch ein prächtiges Rundbogenportal kam. Zu seiner Ausgestaltung wurden profilierte Backsteine besonderer Art mit abgeschrägten Ecken verwendet, was die perspektivische Wirkung weicher, scheinbar ruhiger gestaltete und sie der traditionellen Formbildung der Renaissance anglich. Als eine eigenartige Ergänzung kann ein Fragment des Weihwasserbeckens betrachtet werden, das aus Kalkstein gehauen und in die linke Portalseite eingemauert ist. Sowohl das Becken als auch das prächtige Portal weisen auf die besondere Funktion des oberen Raumes hin.

Das Obergeschoss besteht analog zum Erdgeschoss aus einem Raum, mit je einem Fenster in der Nord- und Ostfassade und zwei Fenstern in der Südfassade. Die Innenwände sind konstruktiv mit darin eingemauerten weiten Rundbogennischen entlastet. In der länglichen Südwand gibt es zwei solche Nischen und im Zentrum jeder Nische fügt sich eine Fensteröffnung kompositionell richtig ein. Die Eingangstür in der Nordwand ließ für die architektonische Gestaltung nicht die ganze Wandlänge verwenden, aber auch da sind auf der Wandebene vertiefte Nischen engerer Proportionen gemauert worden. In der schmalsten Wand des Raumes, in der Ostwand, gibt es nur ein Fenster und auch dieses wird von einer Rundbogennische umfasst. Einer Erwähnung wert ist genau diese Fensterkonstruktion, die eine rechteckige Fensteröffnung im Interieur in eine runde rosettenartige Fensteröffnung in der Fassade umwandelt. An der Außenwand ist sie aus Formziegeln mit abgeschrägten Ecken gestaltet. 1986 entdeckten die Architekten der architektonischen Forschungsgruppe (AIG) bei den Forschungen nur im Putz dieser Fensteröffnung der Südwand gemalte Weinmotive. Das lässt den Gedanken aufkommen, dass ein dekoratives Malereimotiv in der Bedeutung eines religiösen Symbols angewandt wurde.[54] Aus allem bisher Gesagten stellt sich heraus, dass der Wohnraum des Wohnturmes im Obergeschoss von Gemauerthof eine sakrale Funktion hatte und als bischöflich private oder für eine eingeschränkte Zahl von Besuchern zugängliche katholische Kapelle bezeichnet werden kann.

Für den Bau des Wohnturmes sind Feldsteine, Ziegel und Steinschutt mit Kalkmörtel als Bindemittel verwendet worden. Für die Details des Erd- und auch des ersten Obergeschosses, für die Fenster- und Türöffnung, für die Portalbearbeitung, für genaue Herausbildung der Bauecken sind perfekt geformte und meisterhaft gebrannte rote Ziegel benutzt. Die hohe Qualität

---

[54] P. Blūms, Mūrmuižas. (wie Anm. 178), S. 95.

zeugt vom professionellen und zeitgemäßen Können der Handwerker. Ich lasse die Möglichkeit zu, dass die aus Polen eingewanderten Kolonisten an den Arbeiten teilgenommen haben könnten. Aufgrund während der Forschung gewonnener Beobachtungen kann vermutet werden, dass der Wohnturm von Gemauerthof ein Walmdach hatte und mit Dachziegeln gedeckt war. Das bedeutet, dass die heute waagerecht abschließenden Wände der Ost- und Westfassade mit dreieckigen Giebeln erhöht waren, mit einem Schornstein im Giebel der Ostfassade.

Die Aufmerksamkeit sollte auch auf präzis in der Natur festgesetzte Grenzen des ganzen Wohnturmfundamentes gerichtet werden. Seine Längsrichtung entspricht genau den Himmelsseiten der West-Ost-Orientierung, analog dem, wie die der Kirchengrundstücke festgesetzt wurde. Das lässt vermuten, dass diese Übereinstimmung nicht zufällig, sondern absichtlich ist. Diese Vermutungen werden auch mit unterschiedlicher Gestaltung der ausgemauerten Fensteröffnung in der Ostfassade ergänzt.

Bemerkenswert ist die dekorative Fassadenbearbeitung, wo außer dem prachtvollen aus Profilziegeln gestalteten Portal und der Bildung der Fensterrosette die Farbkomposition des Baues von besonderem Wert war. Er zeigt einen einfachen Wechsel in der Eigenart der Oberfläche von rauhem Mauermosaik des unbeworfenen Feldsteins, Steinschuttes, Kalkmörtels und Ziegelfragmenten. Die Fragmente heben sich lebhaft von der ununterbrochenen Mauerung des Portals und der Fenster ab.

In den Seitenfassaden werden eingemauerte Fenster von außen mit einem kleinen dekorativen aus Ziegeln gemauerten Sims im Zahnschnitt ergänzt. Um diese Fensteröffnung und dieses Gesims wurde als rechteckiger Rand eine glatte und weiß getünchte Kalkputzschicht aufgetragen. Über den Fensteröffnungen wurde sie mit einem Halbbogenmotiv abgerundet und so bildete sie in der Komposition der Turmfassaden eine rhythmische Wiederholung und Harmonie der Renaissanceformen. Das Thema der Wohntürme ist nicht mit der kurz aufgezählten und analysierten Erwähnung der Beispiele abgeschlossen. Z.B. in den sogenannten Reisenotizen von Meierberg sehen wir in den von Sturn gefertigten Abbildungen der baltischen Güter die Ansicht des befestigten Gutes Emburg/Emburga. Sie fixiert die Lage von 1661 und zeugt anschaulich vom perimetralen Umbau des am Ufer der Kurischen Aa angelegten Gutes als Eingliederung ins Ensemble mehrerer (wenigstens drei) zweistöckiger Bauten. Die Bauten werden alle durch einen schmalen und hohen Bau charakterisiert, der sich mit der äußeren Seitenfassade in die Wehrmauerlinie einfügt. Den nächsten Bau am Flussufer und am Tor ergänzt ein hoher Turm, aber der Bau rechts zeichnet sich durch prächtige Formen aus.[55] Die Zeichnung lässt verstehen, dass es ein besonders bemerkenswerter turmartiger Bau ist, dessen Charakteristik folgende Merkmale umfasst: In der Endfassade ist auf der Ebene des Untergeschosses der Eingang ausgebaut, den Durchbruch der Fensteröffnung gibt es nur im Obergeschoss, im Baugesims sind Giebel mehrstufiger Form und ein Walmdach gemauert. Das mögliche Wohngeschoss, das Obergeschoss, wurde von mehreren Fenstern beleuchtet, deren rhythmische Form sich traditionell bildet: zwei Endfenster, drei in der Seitenfassade. Natürlich kann die Funktion dieses Baus nicht endgültig geklärt werden, aber die Aufzählung der Merkmale lässt den Gedanken zu, dass der Turm mit bestimmten Sicherheitsgarantien und auch architektonischer Qualität bewohnt worden ist.

Der Weg zu solche einem Wohnturm, der in Europa als Ausgangspunkt der Güterentwicklung mit mehreren Räumen in vergrößerter Dimension gewesen ist, nahm im 13. Jahrhundert

---

[55] J. Juškēvičs, Herzoga. (wie Anm. 165), S. 188.; A. Tuulse, Burgen. (wie Anm. 132), S. 123.

seinen Anfang im Raum der Hanse, mit dem Ausbau des Saalgeschosses in den frühesten städtischen Wohnhäusern und analogen turmartigen Bauten auf dem Lande. Der Typus eines mehrstöckigen Mauerbaus entwickelte sich unterwegs zum „festen Haus" z.B. in Visby und in ganz Skandinavien zu den sogenannten Saalgeschosstürmen. Dieser Prozess verlief ähnlich in ganz Europa. Charakteristische Merkmale solcher Saalgeschosstürme sind separate Eingänge auf jeder Ebene getrennter Geschosse. Eine eigenartige Sicherheitskalkulation können wir beim um 1530 gebauten Wohnturm mit dem Saal über dem Erdgeschoss im Dorfterritorium von Tjele in Jütland (Dänemark) betrachten.[56] Die Idee der Wohnturmplanung in Gemauerthof und das Verteilungsprinzip der Saalgeschosse des turmartigen Baus in Tiele sind zwei lokale Varianten eines Abschnittes der Architekturentwicklung der Gutshofbauten. Man könnte noch hinzufügen, dass dieser erwähnte Turm von Tjele in Jütland schon in der zweiten Hälfte des 16. Jahrhunderts bei der Erweiterung der nutzbaren Fläche des Gutshauses dem Kernteil des Herrenhauses als Bestandteil des entstehenden Baus eingegliedert wurde.

Die Evolution der Bauten des Palasttypus

Nach der Anpassungsperiode der mittelalterlichen Festungen an die Aufbesserung der Lebensumstände und der Wohneinrichtung der Adligen folgte ein Abschnitt der Ausarbeitung neuer Planungsideen. Ihren Beginn bestimmten erstens die finanziellen Umstände des Besitzers und die Fähigkeiten der vorhandenen Handwerker, zweitens die Sicherheitsgründe und erst drittens die Vorstellung von seinem gewünschten Ergebnis als einem Bau für einen ruhigen und bequemen Alltag im Mit-

---

[56] U. Albrecht, Adelssitz. (wie Anm. 172), Abb. 18, 19; S. 41-42.

einander mehrerer Generationen einer Familie. Für die Forschung sind alle wichtigsten architektonischen Grundtypen dieser Gutsplanung zugänglich, das bedeutet aber nicht, dass die Forschung schon abgeschlossen werden sollte.

Historisch wurden das Livland des Deutschen Ordens und das bischöflich verteidigte Territorium an der Ostgrenze bis zur Gründung des kurländischen Herzogtums auch an der Südgrenze ständig bedroht. Deshalb sollten die ältesten befestigten Ensembles der Privatgüter und befestigten Herrenhäuser in der genannten Peripheriezone gesucht werden.

Genauere Information über die Anfangsphase der Herausbildung der Herrenhäuser finden wir im von Lövis of Menar gezeichneten Gutsgrundriss von Kalzenau/Kalsnava. Auf dem Grundriss ist die festgestellte Fundamentplanung eines als Rechteck zu bauenden Wohnhauses von beachtlicher Größe - 37,4 m x 20 m groß - zu erkennen.[57] Nach den entdeckten Profilziegeln der Gewölberippen ist sie etwa um 1400 datiert. Das Haus ist mit der Burg Bersohn/Berzaune als Ordenslehnsgut für seinen Vasallen - die Familie von Tiesenhausen - verbunden. Diese Struktur des Wirtschaftsgutes ist auch der Schlüssel zum Verstehen der früheren Vorstellungen von der Entstehung eines Gutes mit privater Bewirtschaftung und zugleich als Wohnsitz einer Familie. Der Grundriss von Lövis of Menar zeigt die Ordnung der Funktionsräume verschiedener Größe im Sockelgeschoss des Gutshauses.

Der Architektur- und Kunsthistoriker A. Tuulse bezeichnet dieses verschwundene Herrenhaus von Kalzenau/Kalsnava als eine „Hausburg" oder als Gut der Vasallenfamilie, das deutlich seine weltliche Natur in einer dem Zivlleben angepassten Architektur aufweist. In der heutigen Interpretation kann dieser Gutsbau als Anfang des „Herrenhauses" oder der Residenz gel-

---

[57] A. Tuulse, Burgen. (wie Anm. 132), Abb. 179, 260.

ten (Manoir), hat also für unsere Forschungen die Bedeutung eines archetypischen Beispiels.

Als eines der ältesten, nur noch archäologisch erforschbaren Gutszentren kann das Gutsensemble von Heinrichshof/ Indriķi angesehen werden, das als befestigtes Lehnsgut der Dünaburger/Daugavpils Komturei zur zweiten Hälfte des 15. Jahrhunderts gezählt werden kann. In den von der Archäologin A. Zariņa geleiteten Ausgrabungen von 1982 bis 1985 wurden auf einem Hügel an der Stelle Stützsäulen, Gewölbe und Heizungssysteme entdeckt. Die architektonische Forschung ließ für die erste Umbauzeit von 1492 bis 1499 ein aus Holz gebautes Gutswohnhaus mit gemauertem Keller, Fundament und den Resten eines Heißluftofens feststellen. Nach den in den Ausgrabungen ermittelten Plankonfigurationen des Mauerfundamentes kann festgestellt werden, dass den Kern des Gutshauses zwei verbundene Räume unterschiedliche Größe gebildet haben.[58] Es ist aber nicht möglich, die architektonischen Merkmale des Herrenhausgrundtypes oder andere charakterisierende Momente genauer zu untersuchen.

Im gepflasterten Hof sind die Fundamentreste mehrerer schwer zu identifizierender Gebäude festgestellt. Sie weisen auf einen runden Bau im Südteil des Hofes und auf noch manche Fragmente von Wirtschaftsbauten in der Ost- und Nordecke auf dem Ausgrabungsplatz hin.

Das etwa 0,4 ha große Hof- und Wirtschaftsgelände war von einem 1,5 m tiefen und 3 m breiten Graben umgeben, der seinerseits durch einen Holzpalisadenzaun ergänzt war. Diese „Anlagen" sind für die Gutssicherheit charakteristisch. Doch wie das Schema der genauen Bautenverteilung war, bleibt aus der gewonnenen Information vorläufig noch ungeklärt.

---

[58] A. Zariņa, Izrakumu rezultāti Indricas pilskalnā. in: Zinātniskās atskaites sesijas materiāli par arheologu un etnogrāfu 1984 un 1985. Riga 1986, S. 143-145.

Nurmhusen war seit 1533 Erbe und Eigentum von Heinrich Plahter. In der folgenden Zeit bis zum Ende des 18. Jahrhunderts gestaltete die Familie Plahter hier einen ihrer Wohnsitze. Die Gutsentwicklung in ihrer architektonischen Vervollkommnung begann mit der Bautätigkeit des erwähnten Adligen. 1542 erhielt Heinrich Plahter die Genehmigung zum Bau einer Unterkunft, die auch realisiert wurde.[59] Das von einem trockenen Graben umgebene Territorium des befestigten Gutsensembles umfasste bis 0,4 ha. Die Dimensionen des Grabens wurden bis zu einer Tiefe von 3 m und einer Breite von 8 m wesentlich erweitert. Das zeugt von der Gestaltung eines bedeutenden individuellen Verteidigungssystems im Privatgut. Die weitere Entwicklung zeigen ca. 60 entdeckte Bruchstücke von Ofenkacheln mit verschiedenen Mustern, darunter auch von 1630 datierte und mit dem Platherschen Wappen verzierte Beispiele, Lehmfußbodenfliesen und eine Reihe von Hausbedarfsgegenständen.[60]

Am Anfang des 16. Jahrhunderts verband der niederländische, westfälische und norddeutsche Adel seine Vorbilder zur Gestaltung des Herrenhauses mit dem italienischen „Palazzo" und dem französischen „*chateau*" anstatt mit der früheren stereotypen Raumkonzeption vom „festen Haus" und „Manoir". In Norddeutschland bedeutete das für die Herrenhäuser eine Erweiterung der privaten Räume und der Festsäle. In der zweiten Hälfte des 16. Jahrhunderts dehnte der Adel als Auftraggeber im Rheinland, der Oberpfalz und Schleswig-Holstein diese in der Renaissance veränderte Raumkonzeption auf größere Residenzschlösser und Gutshöfe aus. Ihre Ausstrahlung weltlichen Glanzes schuf regional angepasste Varianten auch in den baltischen Gebieten.

---

[59] H. Bruiningk, Livländische Güterurkunden aus den Jahren 1501-1545. Riga 1923, S. 339.
[60] Zariņa, (wie Anm. 189), S. 117-120.

Privat- und Repräsentationsräume konnten bei der Gestaltung des einen oder anderen Herrenhaustyps verschieden kombiniert werden. Im Sinne der Plankonfiguration konnten die Gutswohnhäuser, sowohl in der einfachsten Form als langgestreckte Einflügelbauten (z.b. Bixten) (Abb. 13) angelegt auch durch Treppen oder Wachtürme (Kerklingen) (Abb. 14) ergänzt sein, als auch die Rechtwinkelform des Buchstaben „L" mit verbundenen Flügeln erhalten. Im Gutshofbau der Renaissance waren auch Bauten mit drei oder vier Flügeln möglich, deren Teile ein Gutshaus des Palazzotyps der abgeschlossenen Plankonfiguration mit einem Innenhof darstellen konnten. Anstatt des Innenhofes konnte auch der dritte überdachte Flügel als Saal in der Mitte der Residenz eingerichtet werden.[61]

In der Gemeinde Schwarden/Zvārde bei Frauenburg/Saldus kann das Gutshaus von Kerklingen/Kerkliņi als ein besonderes Beispiel solcher Architektur angesehen werden. Es wurden verschiedene Meinungen über die Datierung des Baues geäußert, er könnte um 1575 entstanden sein, H. Pirang erwähnt die Zeit etwa um 1600.[62] Die neuesten Veröffentlichungen der Deutschbalten beziehen sich auf die Besitzerliste, die zeigt, dass Rotger Koskull 1575 das ehemalige Rittergut als Eigentum erhielt, 1582 verkaufte er es seinem Schwager Heinrich Sobbe, doch seit 1591 gehörte es dem Kanzler Michael Manteuffel. In den letzten Jahrzehnten des 16. Jahrhunderts, seit 1582, ist in Kerklingen ein neuer Komplex der Wirtschaftsbauten und um 1600 auch das Herrenhaus entstanden.[63]

Das aus Backstein gebaute und mit gewölbten Kellern geplante zweigeschossige Herrenhaus des Gutes bildet im Grundriss ein reguläres Rechteck mit einem ähnlichen massiven Aus-

---

[61] W. Meyer, Deutsche Schlösser ... 1969, S. 59-69.
[62] Pirang, Herrenhaus, (wie Anm. 180), S. 34.; ADZ; SKDKD Nr. 12029, 3039.
[63] BHO, 281.

Ausmaß des Baus. In zwei diagonal gegenüberliegenden Ecken waren zwei Treppentürme ausgebaut, von denen der eine sich nur bis zum gemeinsamen Dachgesims erhob, der andere aber mit seinem neogotisch umgebauten Teil sogar über den Mansardendachscheitel reichte. Sie gelten als Reste eines Wehrbaubildes in der Zivilarchitektur, sowohl in der Einrichtung des bewohnten Traktes als auch in der besseren Belichtung der Räume.

In der zweiten Hälfte des 16. Jahrhunderts durfte die Verteidigungsfunktion nicht vernachlässigt werden, die jeden Besitzer individuell für die eigene Sicherheit sorgen ließ. An der Südfassade waren in verschiedenen Zeitperioden zwei längliche Zubauten entstanden, die später für bestimmte wirtschaftliche Funktionen genutzt wurden.

Das Herrenhaus war verputzt und hat, wie früher erwähnt, auch schon den Umbau erlebt, der die ursprüngliche Dachform, den Fensterrhythmus und das Ausmaß der Fensteröffnungen veränderte. Zur Beleuchtung wurden in jede Wand je sechs Fenster eingebaut. In jedem Geschoss des Herrenhauses gab es ca. 7 bis 9 Räume, die sowohl um die Treppe als auch hintereinander gruppiert waren. Doch die unterschiedliche Raumgröße und ihre Verteilung ließen es in der Eigenart der Bauplanung während der Gutsbautätigkeit nicht bis zum Enfiladeprinzip kommen.

Die Decke des Erd- und Obergeschosses war mit schweren Trägern (30 x 30 cm) im Dreiling gedeckt. Die Fußbodenfüllung beweist die Verwendung früher im Dachbelag gebrauchter Dachziegel. Statt ihrer hatte das Haus in den 20er und 30er Jahren des 20. Jahrhunderts ein Schindeldach. Nach Zerstörungen des zweiten Weltkrieges und darauf folgender Verwendung als Übungsgebiet für Truppen hat das Herrenhaus in Schwarden viel gelitten, heute ist seine weitere Erforschung erschwert. Zur Zeit kann man die architektonischen Qualitäten nur aufgrund der 1949 gemachten Notizen, Planungsentwürfe und Fotos vom Architekturstudenten A. Saulitis ermitteln.

Welche Vorbilder kannten und verwandten die Erbauer des Herrenhauses von Kerkling? Ist es theoretisch möglich, dass das Gut von Spicker auf der Insel Rügen (aus der zweiten Hälfte des 16. Jahrhunderts) oder das Herrenhaus des Gutes Barntrup (1577-1588) in Westfalen für den baltischen Adel zum Nachahmungsbeispiel werden konnte? Es ist eher zu vermuten, dass der gemeinsame Informationsstand und die in der nächsten Umgebung zu gewinnenden Vorstellungen zur Anpassung an die eine oder andere Form anregte. Der enge Kontakt des baltischen Adels mit den im preußischen Raum herrschenden Nachkommen der Ritter und auch das Nachahmen von in Ostpreußen zugänglichen Beispielen hat nicht nur einmal den traditionellen Weg der Entlehnungen in den baltischen Ländern bewiesen. So konnte das Beispiel des Gutes Mohrungen (um 1595) und die Bauausmaßidee des alten Herrenhauses auch in Ostpreußen den Balten die Anregung zum Bau zweistöckiger Mauerbauten mit tief im Sockel eingefügtem Keller, schrägem Dach und in den Ecken verteilten Türmen geben.[64]

Das Gut von Nerft/Nereta (Abb. 15) war seit 1561 im Besitz des Ordenskomturs Wilhelm von Effern, das ihm vom Ordensmeister selbst verlehnt worden war. Auch während des Herzogtums bis 1618 waren W. von Effern und seine Angehörigen die Initiatoren des Guts- und Kirchenbaus und auch die Förderer der Ausbildung der Siedlungsstruktur.[65] Die Baugeschichte von Gut Nerft ist ziemlich unklar, doch mehrere Merkmale lassen es als ein befestigtes Baudenkmal beurteilen, das auf den Planungstypus eines Dreiflügelgutes zu beziehen ist.

---

[64] C.E.L. von Lorck, Landschlösser und Gutshäuser in Ost- und Westpreussen. Frankfurt a. M. 1972, S. 223-224; 276-277.
[65] BHO, S. 411.412.

Drei in verschiedenen Zeitperioden errichtete Bauten schließen sich im rechten Winkel aneinander, bilden den Umbau um einen begrenzten länglichen Hofraum, der sich in die umgebende Landschaft als ein befestigtes Gut rechteckiger Konfiguration einfügt. Gerade auf das letzte Merkmal beziehen sich die Reste der Ringmauer mit Schießscharten im Erd- und Obergeschoss und erhaltenem Wehrganggesims im Obergeschoss dieser Mauer. Im Inneren der Wehrmauer sind daran in verschiedenen Zeitperioden Häuser und auch ein Wirtschaftsbau angebaut worden, aber erst das Endergebnis der Entwicklung war ein Dreiflügelgut. Man kann behaupten, dass die in der Natur aufgebaute umfassende Wehrmauer in ihrer Rechteckplanung keine Verteilung der Gutsbauten im befestigten Territoriumsinneren vorgesehen hatte.

Gemeinsam mit der Architekturforschungsgruppe des Restaurationsinstitutes[66] konnten wir bei den Erforschungen des Gutsensembles von Nerft erhaltene Bautenformen und Interieurfragmente datieren. Das älteste Architekturgebilde des Gutes scheint die aus gebrannten Ziegeln gemauerte und mit Kalkmörtel verputzte Wehrmauer zu sein. Sie könnte sogar aus dem Ende des 16. Jahrhunderts stammen. Der zentrale Platz war direkt gegenüber dem Einfahrtstor einem im 19. Jahrhundert errichteten Wirtschaftsbau (C) zugeteilt, aber an seiner Stelle konnte im 16. Jahrhundert auch eine aus Holz gebaute Herberge gestanden haben. Das an der linken Hofseite erbaute Gutshaus (A) weist alte Architekturformen und Bauelemente des 17. Jahrhunderts auf - die Wände, rustikaler Verputz, hohe und schmale Endfassadenproportionen. Die Fassade ist aber am Anfang des 19. Jahrhunderts wesentlich umgebaut worden, ohne etwas von ihrem ursprünglichen Bild im Interieur erhalten zu haben. Ihr gegenüber ist der von dem Einfahrtstor rechts

---

[66] AIG.

angelegte neue Wohnflügel (B) vermutlich in der zweiten Hälfte des 18. Jahrhunderts erbaut und nach 1824 während der Eigentumszeit des Grafen Schuwalow umgebaut worden. Dieser Flügel überschreitet die Grenzen der alten Ringmauer und ragt wesentlich hinter diesem befestigten Hindernis hervor. Das lässt annehmen, dass die Verteidigungsfunktion dieser Mauer während der Bauzeit nicht mehr wie früher von Bedeutung war. Ob es in diesem Flügel von der bis heute erhaltenen Ruine noch eine frühere Bebauung gab und wie die Formen dieses Flügels aussahen, ist nicht bekannt.

Eine eigenartige Nuance bringt die Ausnutzung eines natürlichen Wasserhindernisses in das Verteidigungssystem des dicht bebauten Gutes, des Flusses Nerft/Nereta, ein. Der Platz der Hofanlage ist absichtlich in der Schleife des kleinen Flusses gewählt worden. Andererseits wurde es durch den Wasserstau und das Ausheben des Grundes entlang des Einfahrtstores möglich, das Wasser kreisförmig um das ganze Gut zu führen. Heute scheint so ein künstlich angelegtes Hindernis unbedeutend, aber die beschriebene Selbstverteidigungskomponente des 16. und 17. Jahrhunderts hatte entscheidende Bedeutung für die zusätzliche Sicherheit der Bauten und des Gutes. Wir stellen fest, dass das Wasserhindernis vom 18. bis zum 19. Jahrhundert nicht mehr gebraucht und gepflegt wurde, sondern allmählich zuwuchs und zu einem eigenartigen Reliefelement im Bestand des neuen Gutswirtschaftskomplexes und Landschaftsparks wurde.[67]

Mit der Festigung der wirtschaftlichen und politischen Situation des kurländischen Herzogtums war das Leben der adligen Oberschicht mehr auf weltlichen Komfort und äußerlichen Prunk orientiert. Unter den Umständen verhältnismäßiger Ruhe und Stabilität „starb" die Verteidigungsfunktion der Güter und

---

[67] LSAG, Fonds 1679.

deren Veranschaulichung in den architektonisch wahrzunehmenden Konstruktionen. In der ersten Hälfte und in der Mitte des 17. Jahrhunderts wurden Merkmale der Barockästhetik im baltischen Kulturraum spürbar und diese Ästhetik bestimmte neue Formen auch für die Güterarchitektur.

Ihre Palette an Typen wurde reicher in gemütlichen und bequemen Herrenhäusern mit immer wachsender Tendenz, ihre weltliche Macht, Pracht und den Wohlstand zu demonstrieren.

Als ein veranschaulichendes Beispiel kann für ein eigenartiges und offenes Herrenhaus der alte Bau des Gutes Bixten/Biksti, heute der Hof „Livi" in der Gemeinde von Bixten gelten. Der Architekt H. Pirang möchte dieses sehr alte Herrenhaus mit der Burg des Deutschen Ordens in Verbindung bringen. Historisch war das Gut seit 1576 Eigentum der Besitzer von Neuenburg/Jaunpils, der Familie von der Recke. Die Gestaltung des Gutshauses ist mit der Witwe Matthias Dietrichs von der Recke - Christin Susanne, geborene von Dönhoff verbunden, deren Erbteil es von 1653 bis 1658 war und später ihr Wohnsitz wurde. Seit dieser Zeit wurde das Gut Bixten zum Wohnsitz der älteren Generation und der Witwen der Familie von der Recke (BKG, 13), weshalb auch im Ausbau des Herrenhauses ein bestimmter Komfort und gewisse Raumbedürfnisse festzustellen sind.

Bis heute sind im stark umgebauten Gutswohnhaus die Planungsreste aus dem 17. Jahrhundert erhalten. Sie zeugen von einem massiven Bau mit in der Wanddicke eingebauten Treppen zum Dachboden und zum gewölbten Keller, bequemem Vorraum mit ziemlich archaischem Planungs- und Kommunikationsprinzip. Auch dieses Planungsverfahren erschwert das sofortige Hineinkommen in alle Wohnräume und kann als ein gewisses Relikt für die Sicherheitsgarantie des Baues gelten. Vom Vorraum konnte man in die rechts und links verteilten Wohnräume, geradeaus in die mit einem Mantelschornstein gedeckte Küche gelangen. Die Wohnräume sind kreisförmig an beiden Enden des Wohnbaus verbunden und in zwei Einheiten, eine Sechszimmer- und eine Fünfzimmerwohnung eingeteilt. Der in der Gutshausmitte eingebaute Schornstein ermöglichte die Zuleitung der Rauchabzüge aus den nächsten Zimmern und bot damit eine neue technische Lösung an, die zu einer Norm im 18. Jahrhundert wurde. Die Ofenrauchabzüge in den beiden Enden des Gutshauses sind direkt durch das Dach geleitet.

Die Ansichtsseite des Herrenhauses wird bestimmt durch eine asymmetrische Verteilung der Fensteröffnungen in der Fassade beiderseits des im Verputz gestalteten Eingangsportals. Entsprechend der Raumgröße und der Raumverteilung des Gutes gab es in der Endfassade zwei länglich ausgedehnte Fensteröffnungen, in der Vorfassade sieben Fensteröffnungen. Über dem Boden erhob sich ein kleiner Teil des Untergeschosses und bildete eine Sockellinie. Zu seiner Überwindung wurde an der Eingangstür ein Steinaufgang gepflastert. Dem langen und niedrigen Bau entsprach ein schräges und mit Dachziegeln gedecktes Krüppelwalmdach. Seine Silhouette wurde durch einen Dachfirst mit drei Schornsteinen ergänzt. Es fehlen überzeugende Informationen über die Verteilung anderer Wirtschaftsbauten und die Architektur- und Landschaftsgestaltung des Gutes von Bixten im 17. Jahrhundert.

Repräsentationsmerkmale in der Architektur des früheren Gutsensembles

Die Jagd als ein Bestandteil der Lebensführung des Adels ließ hier eine angemessene Lösung für dieses Vergnügen unweit von den ständigen Wohnsitzen zu. Jagdgüter dienten sowohl dem eigenen Vergnügen als auch dem der Gäste. In den dazu eingerichteten Lustschlössern, Jagdhäusern oder Herrenhäusern konnte man, ohne die feine Hofetikette einzuhalten, die Zeit angenehm und ungebunden verbringen. Für das Vergnügen des kurländischen Herzogs war das Gut von Brandenburg/Bramberge unweit von Mitau angelegt. In seiner Bauplanung und Errichtung ist deutlich erkennbar, dass die Residenzgüter Anregung für die Gestaltung kleiner Lustgüter gegeben haben. In der ersten Hälfte des 17. Jahrhunderts hat das Gut Brandenburg sein heutiges äußeres Bild gewonnen und sein Ensemble enthielt fast zehn Bauten verschiedener Bedeutung. Heute sind davon die drei wichtigsten erhalten: das Herrenhaus, das Wohnhaus des Gutsverwalters und der Turm der Tordurchfahrt.

Sie bilden hinter dem kleinen Fluss und im früher von der Mauer umgebenen Gebäude eine asymmetrische Bautengruppe mit einem Hof im Zentrum. Während der archäologischen Ausgrabungen am Ende der 80er Jahre wurden vor dem Wohnhaus des Gutsverwalters die Untergeschossfundamente eines älteren, im 16. Jahrhundert gebauten Hauses mit den Resten eines Heißluftofens entdeckt. Aufgrund der letzten Forschungen wird die Erbauung des herzoglichen Gutes auf vor 1600 geschätzt, weil schon im Inventarverzeichnis von 1695 das Schloss als alt bezeichnet wird.[68] Es ist nicht erkennbar, welche Bauten aus der erwähnten Zeit ganz erhalten sind. Auch die gleichzeitige Existenz des ausgegrabenen Baues und des Wohnhauses vom Gutsverwalter ist ausgeschlossen, weil das im 17. Jahrhundert gebaute Wohnhaus schon auf den Fundamenten des älteren Baues errichtet wurde und damit die älteren Fundamente überdeckte.

Das derzeitige Gutshaus war ein massiver zweistöckiger Bau mit einem Walmdach, höher als der heutige Giebel, mit halb abgeschrägten Gesimsen. Das Dach war besonders schräg, und laut einer am Ende des 18. Jahrhunderts ausgeführten Zeichnung im Kupferstich von H.F. Weber hatte es damals einen von einem kleinen Zwischengesims gebildeten Bruch auf

---

[68] Avots, 1989, S. 28,1.

der Dachebene. Der Dachfirst wurde von vier Schornsteinen überragt. Sie sind auch eine Bestätigung für die Heizung und das Bewohnen während der kalten Jagdmonate. Es gibt nur nicht mehr das in der Dachmitte eingebaute Fenster in der Miniaturgiebelmitte. Das älteste Dach war mit Dachziegeln gedeckt, aber der glatten und weißgetünchten Fassade verlieh die Sgrafittoimitation um die Fenster, Türen und auf den Bautenecken ein illusionistisches Relief. Die Fenster des Erd- und auch des Obergeschosses waren mit Läden versehen.

Es ist möglich, dass das Herrenhaus Brandenburg um die Wende vom 16. zum 17. Jahrhundert zu datieren ist, doch solche Schlussfolgerungen sind aus der Verbindung kontextuell gewonnener Tatsachen und Beobachtungen gezogen.

Der Hauseingang war asymmetrisch mit einer Abweichung nach rechts von der Symmetrieachse. Von der Eingangshalle konnte man ins Obergeschoss kommen. Wenn man nach rechts ging, konnte man in die Küche mit breitem Mantelschornstein (mit einer Fläche von 12 m^2) und offenem Herd darunter gelangen. Die nach dem Enfiladeprinzip angeordneten Zimmer dienten im Erdgeschoss als kleine Empfangsräume. Darüber lagen im Obergeschoss ein Saal bedeutender Dimension und über der Küche die Privatappartements des Herzogs. Darauf weisen die Ofenspuren in den Wänden, Gemälde und die in der Außenwand eingebaute Erkertoilette hin. Ein Umbau aus dem 18. Jahrhundert hat die Raumproportionen wesentlich verändert, die ehemals weiten Zimmer und Säle wurden verkleinert und den Wohnungen angepasst.[69] Für die Wärmeisolierung und für die intimere Gemütlichkeit wurde die Decke des Obergeschosses herabgezogen und es wurde ein Raum von einem Meter zwischen dem alten und dem neuen Dachbelag gelassen. Die hohe Decke des Erdgeschosses ist mit profilierten und ge-

---

[69] LSAG, Fonds 6828.

malten Trägern gedeckt, zwischen denen der Belag im Dreiling aus oben auf die Brettritze genagelten Brettern bestand.

Die architektonische Forschung hat ein auf den Zapfen befestigtes Holzpaneeldekor aus der ältesten Zeit des Gutes entdeckt. Die Treppe mit ausgesägten Balustern bezieht sich auf die Stilformen der Wende vom 17. zum 18. Jahrhundert. In der Eingangshalle haben die Restauratoren auf den Wänden und mehreren Innentüröffnungen den Mustern aus dem Ende des 16. Jahrhunderts entsprechend gemalte Portale mit Rollwerk- und Blumenmotiven entdeckt, die in Kalk-Leim-Technik ausgeführt waren.[70] Außerdem sind noch andere Motive gemalter Drapierungen gefunden worden.

Das Wohnhaus des Gutsverwalters ist ein einstöckiges stark umgebautes Haus mit einer dreiteiligen Innenraumplanung für den Bedarf einer Familie. Die Fassade ist mit Verputz und oberflächlich gekratztem Eckendekor einer Rustika-Imitation gestaltet, die nach seiner Qualität und Ausführungstechnik als Analogie zur Fassadenbearbeitung der Kirche von Berstel/Berstele (Mitte des 17. Jahrhunderts) eingeschätzt werden kann. Um dieselbe Zeit kann das entsprechende Wohnhaus des Gutsverwalters datiert werden. Seine Restaurierung wurde 1989-1990 begonnen, blieb aber unvollendet.[71]

Das Jagdschloss von Brandenburg wird von einem kleinen Landschaftspark umgeben, der sich im Dreieck zwischen zwei Landstraßen und einem Bach um die Repräsentationsbautengruppe herausgebildet hat. Er ist spät entstanden. Im dritten Viertel des 17. Jahrhunderts wurde er als Vergnügungsgarten mit gepflanzten dekorativen Bäumen angelegt und am Anfang des 18. Jahrhunderts mit einem für den Landschaftsgarten cha-

---

[70] P. Blūms, Brandenburgas vārtos. in: Monatsschrift „Liesma", 1985, Nr. 10, S. 27.
[71] R. Avots, Bramberģes senie vārti. in: „Darba Uzvara". 1989, S. 28,1.

rakteristischen Fußwegenetz und Pflanzungen versehen.[72] Parkgestaltung und Einbettung in die Landschaft sind eng mit der Verteilung der Objekte in Park- oder Kleinformarchitektur und mit attraktiven Bauten an der Anfahrt zu den Gutsbauten und dem Einfahrtstor in den Jagdschloßhof verbunden.

Gleichzeitig mit dem Ensemble des Jagdschlosses ist in der ersten Hälfte des 17. Jahrhunderts auch ein dekorativer Torturm an der Landstraße in Richtung Doblen/Dobele erbaut worden. Er ist das attraktivste bis heute erhaltene Architekturgebilde im ganzen Ensemble des Gutes Brandenburg. Aus dem Inventarverzeichnis von 1695 ergibt sich, dass es ein aus Holz angefertigtes Tor auch auf der Landstraße in Richtung Mitau gab. Deshalb kann die Verbindung des Jagdschlosses mit den für den Herzog wichtigen Residenzen nicht mehr nachvollzogen werden. Dieses, die Palette der Architektur bereichernde Repräsentationselement des Güterensembles, der Torturm, kann zu einem besonderen Forschungsobjekt der Baugeschichte in der Renaissanceepoche gezählt werden, worauf ich in dieser Arbeit mit Nachdruck hinweise. Die auf ihre Art sensationelle Entdeckung für die Architekturgeschichte Lettlands war die Feststellung der architektonischen Gestaltung des Torturmes von Gut Brandenburg und der dekorativen Bearbeitungsprinzipien und die Ausarbeitung der Restaurationsprojekte. Leider hat man sich bei den um die Wende von 1989 zu 1990 angewandten Restaurationsverfahren nur für die Aufdeckung der ursprünglichen architektonischen Formen interessiert. Als Ergebnis der stümperhaften Restaurierung der Fassade ist unwiederbringlich die ganze ursprüngliche Polychromie der Turmfassade zerstört.

Eine dreiteilige Planung charakterisiert den Torturm im Gut Brandenburg: die Durchfahrt wird an beiden Seiten um

---

[72] ADZ, SSDKD, Inv. Nr. 47925-6-II.

zwei symmetrische Wachtürme ergänzt. Über dem Tor ist in der Ebene des Obergeschosses ein erhöhter Überbau gebaut, der als Galerie mit einem auf drei Säulen gestützten überhängenden Dach dem Hof gegenüber gestaltet ist.[73] Die Freiräume zwischen den Säulen sind mit einer schwerfälligen gemauerten Balustrade gefüllt. Aber die Fassade ist mit einer komplizierten vierfarbigen (schwarz, weiß, gelb und rot) dekorativen Bemalung versehen. Sie betont die spielerische und festliche Stimmung der Turmarchitektur. Die wunde Stelle der Autoren dieser ganzen Denkmalrestauration und auch der Forschung ist der pyramidale Trakt der Hinterwandsilhouette des Torturmes. Er hat den Torbau in der Konstruktion und auch in der Silhouette plump werden lassen, sowohl vom Hof als auch von außen. Diese spielerische Variante des Triumphbogens ist mit bunter Bemalung, Formvielfältigkeit und Plastizität der attraktivste Bestandteil des Gutsensembles. Eigentlich führt der Torturm als Formel und Chiffreschlüssel den fremden Besucher ins Verstehen des ganzen Jagdschlossensembles ein und als prächtige Dekoration lässt er sich bewohnen. Dieser Bau ist nicht für ein komfortables Leben vorgesehen, weil er im Prinzip nicht als Wohnhaus oder Wohnung gebaut ist. Er dient für Diensträume der Torwache und bei festlichen Ereignissen als Bühne für die Musiker und Schauspieler der Theaterinszenierung.

In der Struktur der Gutshofarchitektur der Renaissance kann die eigenartige Torturmfunktion auch im turmartigen Bau des Gutes Preekuln/Priekule (Abb. 16), im Alltag das „Schwedentor" genannt, erkannt werden. Dieser ungewöhnliche Bau vereinigt in sich die Funktion eines prätentiösen Triumphbogens, eines effektiven Zollpostens im Erdgeschoss und mit ziemlich weiten Räumen im Obergeschoss.

---

[73] P. Blūms, Die Situation der Gutshöfe in Lettland. in: Gutsanlagen des 16. bis 19. Jahrhunderts im Ostseeraum. Geschichte und Gegenwart. ICOMOS München, 1989, Abb. 65-67.

Das von 1688 datierte Wappen der Allianz über der Tordurchfahrt wurde bisher für die Datierung des Turmes gehalten.[74] Schon der offensichtliche Widerspruch der Stilform kann ein Erstaunen über eine so späte Datierung hervorrufen, weil in Kurland dann schon die entwickelte Barockästhetik dominierte. Deshalb versuche ich aufgrund dieser scheinbar axiomatischen Tatsache, die architektonische Eigenart des sogenannten „Schwedentores" zu analysieren.

Seit 1483 waren der Grund und Boden von Preekuln im Besitz von Klaus Korff, der ihm vom Ordensmeister Bernt von Borch verlehnt worden waren (BHO: 483-484). Die nächsten Generationen der Familie von Korff gewannen das ganze Gut, erweiterten und verwalteten es bis zur Agrarreform von 1920. Das Allianzwappen der Fassade ist mit 1688 datiert, was mit der Heirat von Dorothea von Korff aus der Familie von Korff aus dem Gut Preekuln mit Nikolai von Korff aus Kreuzburg/Krustpils verbunden werden kann. Dieses Jahr ist auch die wesentliche Grenze für die Ausdehnung des Gutes, offensichtlich mit den im Vereinigungsprozess gewonnenen Möglichkeiten, des Kaufes des Grund und Bodens von Jaugeneeken/Jaunenieki und Kaupin/Kaupiņi.[75] Die Hauptfassade des Torturmes ist nach Osten gerichtet und dessen Mittelachse fällt genau mit der Richtung einer alten Landstraße zusammen. Der Bau wird von einem länglichen und hohen Walmdach aus Dachziegeln gedeckt. Dessen proportionelles Verhältnis zur Höhe des Fassadenmauerteils ist 1:2, so dass damit der Eindruck eines ziemlich monumentalen Baus erreicht wird. Hinter diesem Tor war der befestigte Gutshof Preekuln mit einer Gruppe der Wirtschaftsbauten angelegt, deren Planung und Ort heute nicht mehr identifizierbar sind. Doch nach seiner Kon-

---

[74] LPE 1976, 138.
[75] BGK, 177.

struktion und der Semantik der architektonischen Gestalt ist das kein Hochzeits- oder Triumphgedächtnis, sondern ein Bau mit einem in Konstruktion und Details betont ernsten Charakter. Der ausgebaute Torturm hatte im Trakt auf der Landstraße in Richtung Wainoden/Vainode eher die Rolle der Landstraßenkontrolle des Abgabenerhebers von den nach Litauen Reisenden, die das Gutsterritorium von Korff überquerten. Diese niederkurländische Siedlung hatte keine so wesentliche Bedeutung wie Bauske, doch jedenfalls eine größere, weil die Kaufleute über Pormsahten/Purmsāti, Kruhten/Krute und Bartau/Bārta auf die weiterführende Landstraße nach Preußen kamen. Von der bedeutenden Funktion des Torturmes zeugt eine sieben Meter lange tunnelartige Durchfahrt, die von beiden Seiten mit einer massiven Flügeltür geschlossen werden konnte. Sie war mit einem Kreuzgewölbe gedeckt, das später abgerissen und durch ein Tonnengewölbe ersetzt wurde. Beiderseits der Durchfahrt waren große vertiefte Rundnischen in der Wand mit darin kombinierten zwei kleineren Nischen und einem flachen, sie entlastenden Pilaster eingemauert. Ein ähnliches Entlastungsverfahren finden wir in der Architektur des befestigten Wohnturmes in Gemauerthof/Murmuiža, an der Wende vom 16. zum 17. Jahrhundert. Diese formellen Bestätigungen lassen die Datierung des Torturmes im Anfang des 17. Jahrhunderts suchen. Es ist möglich, dass die dekorativen Gestaltungen der Entlastungsbögen und Nischenformen während der Restauration dieses Denkmals nach dem zweiten Weltkrieg um 1950 entfernt wurden und nur Spuren ihrer ehemaligen Existenz hinterließen. Der Turm ist kein abseits angelegter Bau gewesen, daran schloss sich eine Mauer nach beiden Seiten, die einen geschlossenen, für kontrollierten Verkehr vorgesehenen Gutswirtschaftshof begrenzte.[76] Es ist nicht genau festzustellen, wo

---

[76] LSAG, Fonds 1679.

das Herrenhaus im 16. und 17. Jahrhundert angelegt war, aber die Fundamente des Gutshauses aus dem 18. und 19. Jahrhundert befinden sich zwischen dem neuen von M. Bertschy projektierten Schlossbau und dem Aussichtsturm, respektive an der Stelle des heutigen Sportplatzes.

Es gibt auch keine Information über den Aufenthalt der Familie von Korff im befestigten Torturm als Wohnhaus. Das ist auch insofern verständlich, weil es gerade aus Sicherheitsgründen nicht logisch wäre, im Torwachturm eine Residenz vorzusehen.

Die Kombination eines durchfahrbaren Wachturmes und eines Wohnturmes ist im Adelsalltag des 17. Jahrhunderts nicht vorstellbar. Ich will aber doch behaupten, dass die Gefahren der Kriegszeit die adlige Familie im sichersten Gutsbau Zuflucht suchen ließen, und das ist nur der genannte Tordurchfahrtsbau mit Wachräumen und treuer Wache im Erdgeschoss und den Wohnräumen im Obergeschoss. Im Belagerungszustand konnte eine solche Festung eine bestimmte Zeit Widerstand leisten und Angriffe abwehren. Die Hauptfassade des Torturmes ist reich plastisch verziert: die Bearbeitung der Toröffnung zeigt Relief-Rustikabewurf und über dem Torbogen ist eine groteske Maske befestigt. Darüber ist das Wappen der Allianz und eine an der Wand seinerzeit rot angestrichene Eichenholzkugel befestigt. An beiden Seiten der Torbogenstützen befanden sich plumpe Säulen toskanischer Proportionen, auf der Ebene des Obergeschosses ausgebaute zylindrische Erker mit Schießscharten. Der Charakter der Säulen selbst ähnelt Zubauportalformen der herzoglichen Epoche von Schloss Doblen und im Kircheninterieur von St. Katharinen in Goldingen/Kuldiga. Der über den Säulen angelegte Erker ist nicht dekorativ, sondern ein wichtiges Element bewaffneter Verteidigung. Die drohende Wachfunktion verstärkten zwei in Nischen gestellte aus Kalkbeton polychrom bemalte Figuren bewaffneter Soldaten.[77] Weil eine teilweise Analogie der Fassadengestaltung vorliegt, könnte der Eingangsausbau der Kirche St. Peter und St. Paul (1595-1625) in Schaulen/Sauli Inspirationsquelle gewesen sein. Ihr Portalteil kann auf den Anfang des 17. Jahrhunderts datiert werden. Er ist auch anscheinend für die Verteidigung passend geformt, doch schon mit manieristisch dekorierten und für militärische Aktivität ungeeigneten Erkertürmen an beiden Eingangsseiten.[78] Die Formenstilisierung mit militärischer Bedeutung ist hier wie auch in Preekuln zu prätentiöser Gestalt geworden. Doch hier gibt es einen Eingang in den Wachturmerker und genügend Raum für einen mit einer Muskete bewaffneten Schützen.

Der einzige Ausdrucksträger mit mythischen Motiven der West- oder Hoffassade ist die Gestaltung der Tür- und Fensteröffnungen zusammen mit dem Verputzplastikdekor des Torbogens in der glatten Fassade. Das profilierte und gerade Gesims, das das Erd- vom Obergeschoss trennt, umgibt den Torturm in allen seinen Fassaden. Die reliefen Fassadendetails sind mit Kontrastfarben bemalt worden. Die AIG-Forschung (die Architekten P. Blūms, U. Pastnieks) stellte 1985 die Polychromie auf dem Wappenrelief, den Fragmenten der Toröffnungsbearbeitung, auf dem Zwischengesims, der Säulenbasis und Säulenschaft, sowie auf den das Kapitellprofil markierenden Verputzstrichen fest. Dominierend ist der weißgetünchte Hintergrund,

---

[77] Wie die Einwohnerin von Preekuln Silvija Svanberga sich erinnert, waren die Formen der Figuren dunkelblau, die Knöpfe gelb und Gesichter weiß mit dunkel gemalten Augen und schwarzem Schnurrbart. Sie hatten schwarzes Haar und schwarze Helme mit Kokarden (von O. Spārītis notiert). Diese Information kann nur bedingte Glaubwürdigkeit beanspruchen. Es muß auch in Betracht gezogen werden, dass die Figuren später mehrmals gestrichen wurden.
[78] LAH 1987, 285.

auf dem leuchtend schwarze, ockerbräunliche, und scharlachrote Details - Holzkugeln, Wappen, Brilliantrustika und andere Akzente hervorgehoben werden konnten.[79]

Während der Forschung wurde ein gleichwertig lebhaftes und dekoratives Polychromsystem wie bei der Torbemalung im Gut Brandenburg (Abb.17a und 17b) erwartet, aber die gefundenen Beispiele ließen nur eine eingeschränkte Begeisterung für künstlerische Kontrastgestaltung im Detail und eine ausgeglichene Farbpalette erkennen.

Zum Abschluss ist beim Überblick des Torbaues des Gutes Preekuln mit größerer Überzeugung festzustellen, dass dieser prätentiöse Bau sich mindestens in der ersten Hälfte des 17. Jahrhunderts herausbildete, aber keinesfalls erst 1688. Die Bautätigkeit am Torturm konnte in zwei Bauperioden eingeteilt werden; zuerst wurde auf dem Territorium ein sicherer abschließender Torbau geschaffen, danach wurde er mit interessanten in die Fassade eingearbeiteten und bemalten Details ergänzt. Im Obergeschoss fehlen kapitale Wände, die auch ursprünglich da nicht vorgesehen werden konnten, weil in dieser Ebene ein Saalgeschoss für das Wohnen hinzu gebaut wurde.

Das Gesamtbild des Wohnturmes und die Gestaltung der in der Bearbeitung angewandten Details stimmten überein mit der architektonisch späten Renaissancestilistik der Polnisch-Litauischen Union, in der der Formenwiderspruch und die expressive Farbenzusammensetzung in der Fassade von Zuneigung zur Manierismusästhetik zeugt.

---

[79] U. Pastnieks/G. Sakne/G. Prikules, „Zviedru vārti" Forschungsmaterialien im ADZ; SSKDK, Inv. Nr. 334745-45-KM.

Abkürzungen

ADZ	Archiv des Dokumentationszentrums
BHO	Baltisches Historisches Ortslexikon
APAB	ATLAS pamkatnikov arhitekturi belorussii
LSAG	Lettisches Staatsarchiv für Geschichte
SSDKD	Staatlicher Schutzdienst für Kulturdenkmäler
ZSAA	Zentrales Staatsarchiv für Geschichte in Moskau
LAH	Lietuvos arhitektūros istorija
LPE	Latvijas padomju enciklopedija
BGZ	Beiträge zur Gütergeschichte Kurlands

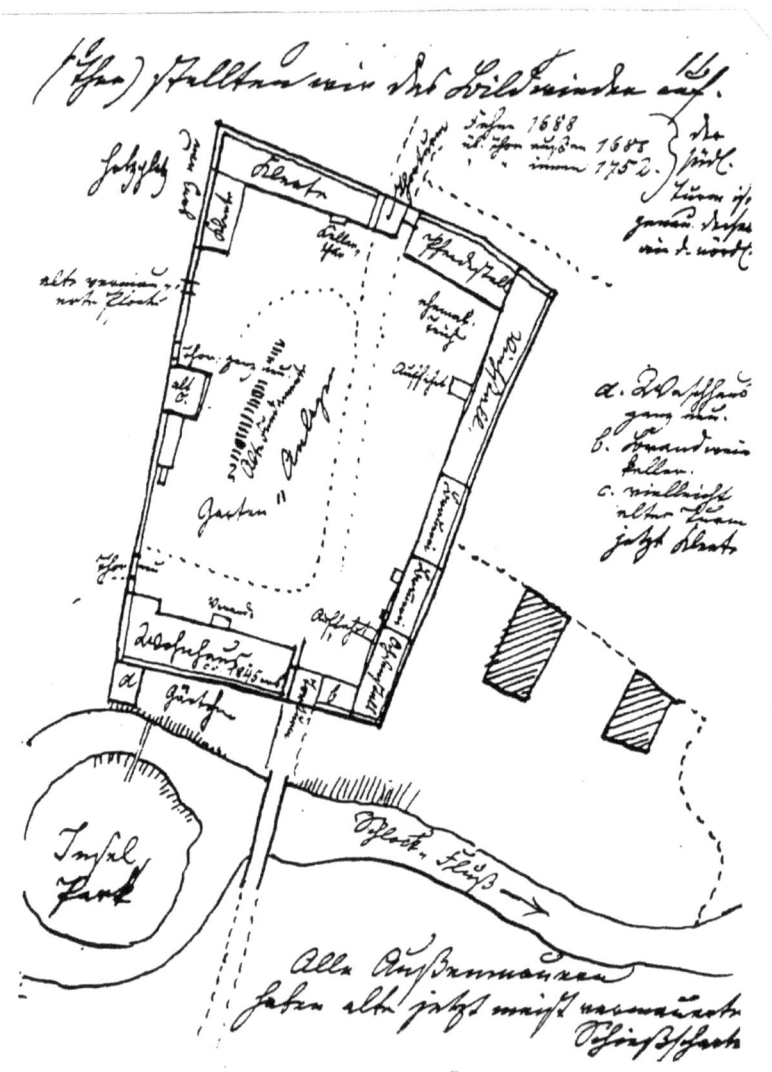

Abb. 1 Situationsplan des Gutes Schlokenbeck. Zeichnung von J. Döring aus dem Jahr 1878

Abb. 2 Alt-Sehren.
Zeichnung aus dem Jahr 1661

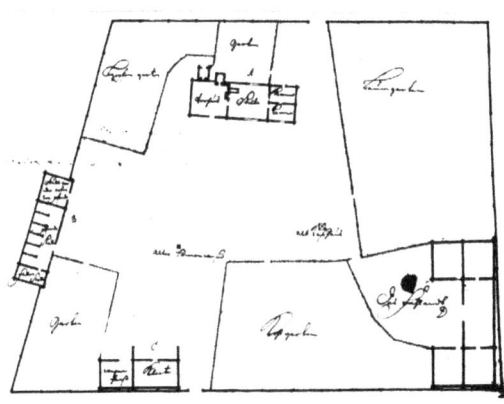

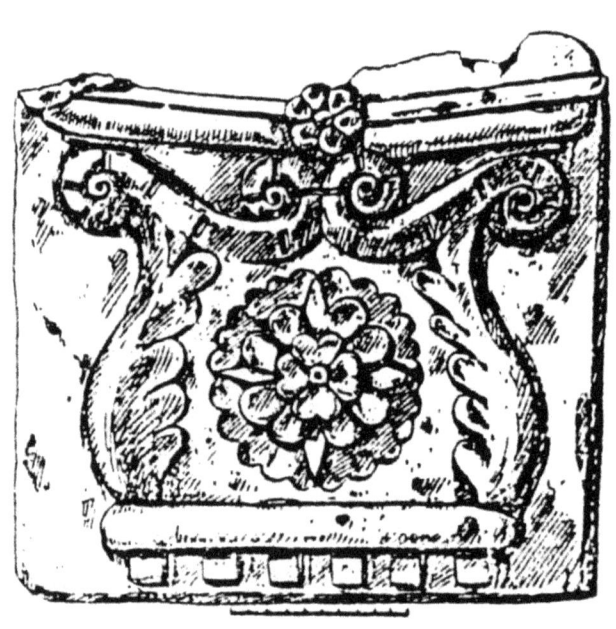

Abb. 3 Bei archäologischen Ausgrabungen im Schloss Pilten gefundenes Kapitel mit Renaissanceornament.

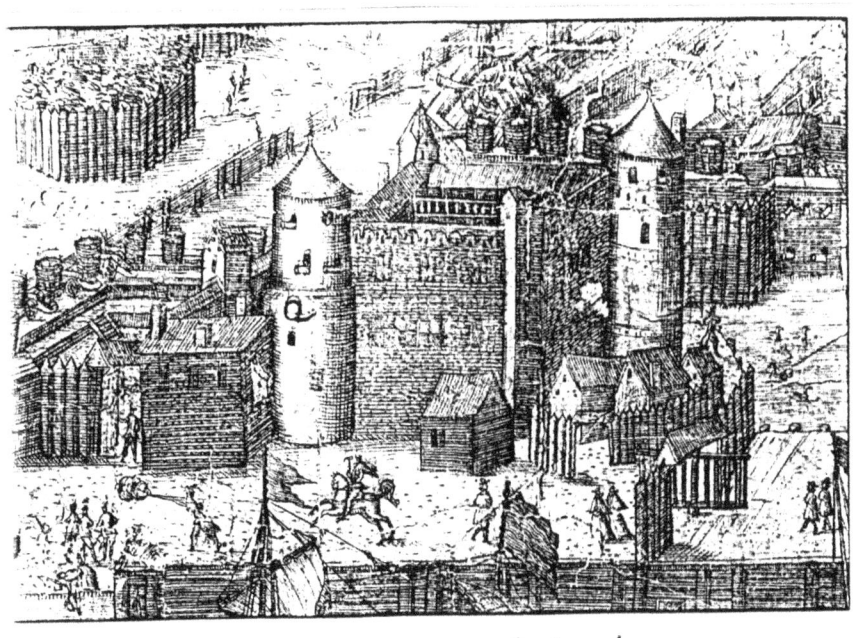

Abb. 4 Rigaer Schloss. Ausschnitt aus der Rigaer Stadtansicht von N. Mollyn 1612.

Abb. 5 Das Herzogliche Schloss zu Mitau. Blick von der Drikse auf die Schlosskapelle und St. Georgskirche

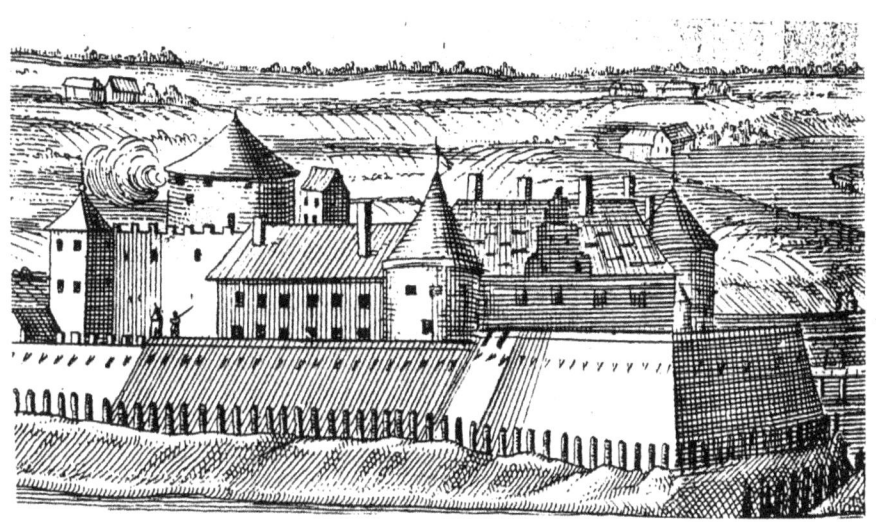

Abb. 6 Schloss Bauske.
Ausschnitt aus einem Kupferstich um 1701.

Abb. 7 Schloss Bauske. Rekonstruktion eines Portals.

Abb. 8 Schloss Doblen. Nach einer Zeichnung aus dem Jahr 1661.

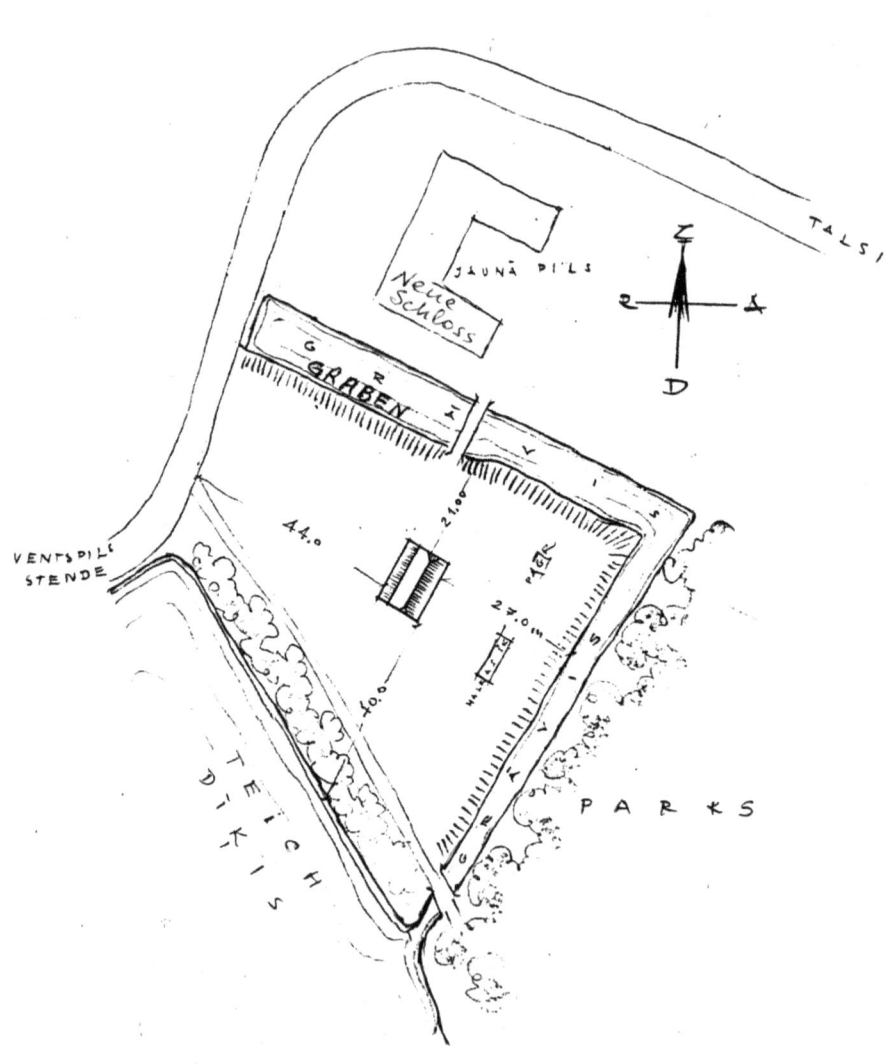

Abb. 9 Mit Festungsgraben umgebener Wohnturm zu Stenden.

Abb. 10 Wohnturm zu Stenden.
West- und Nordfassaden.

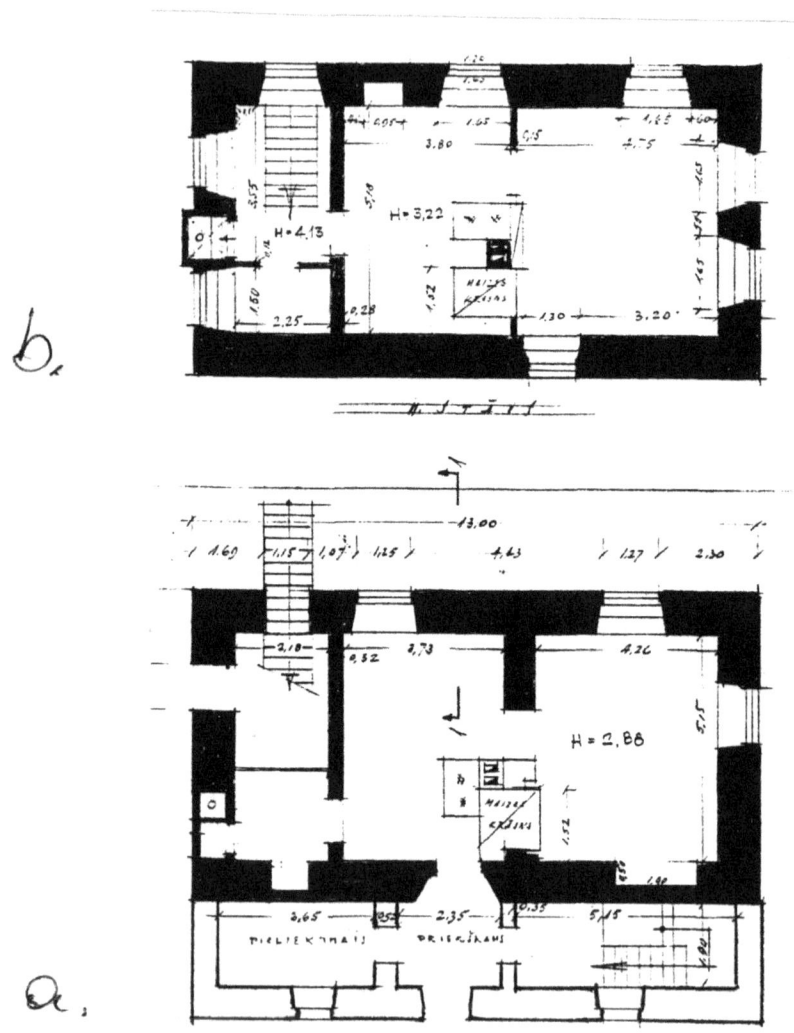

Abb. 11 Grundriss des Wohnturmes zu Stenden.
a. Erdgeschoss, b. Erstes Geschoss.

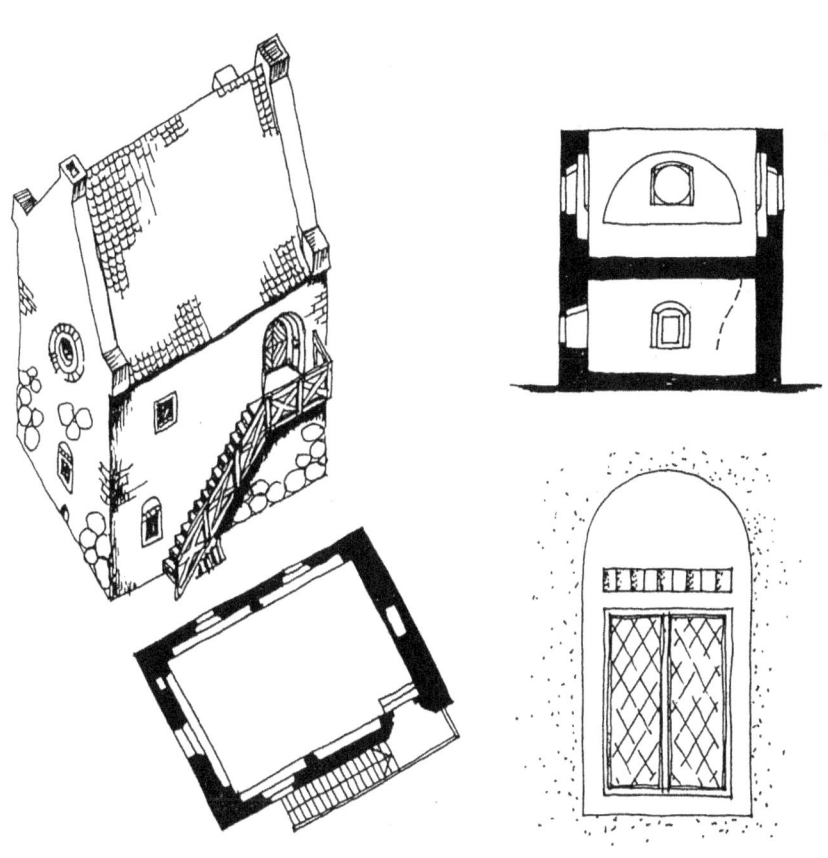

Abb. 12 Muremoise. Zeichnung des Wehrturmes
von Ende XVI. Jahrhundert.
(Perspektive, Grundriss, Querschnitt, Fensterdekoration.)

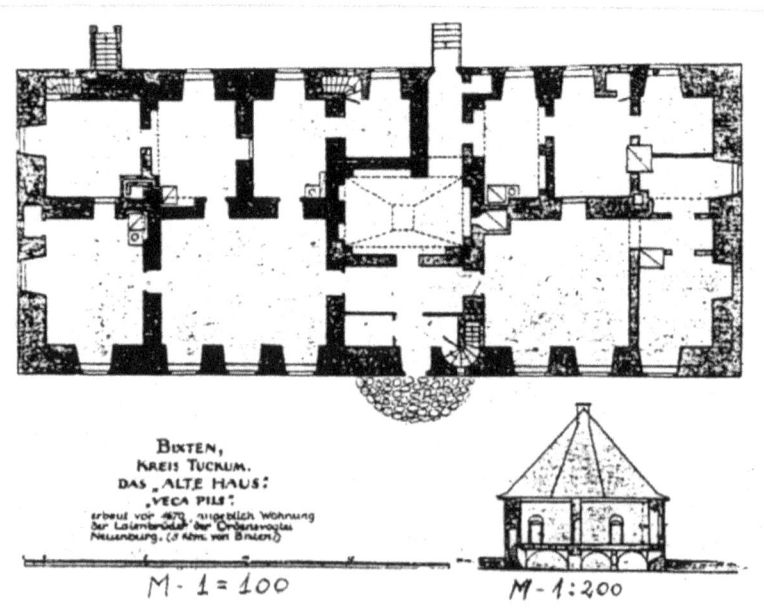

Abb. 13 Gut Bixten. Eingangsfassade und Grundriss.

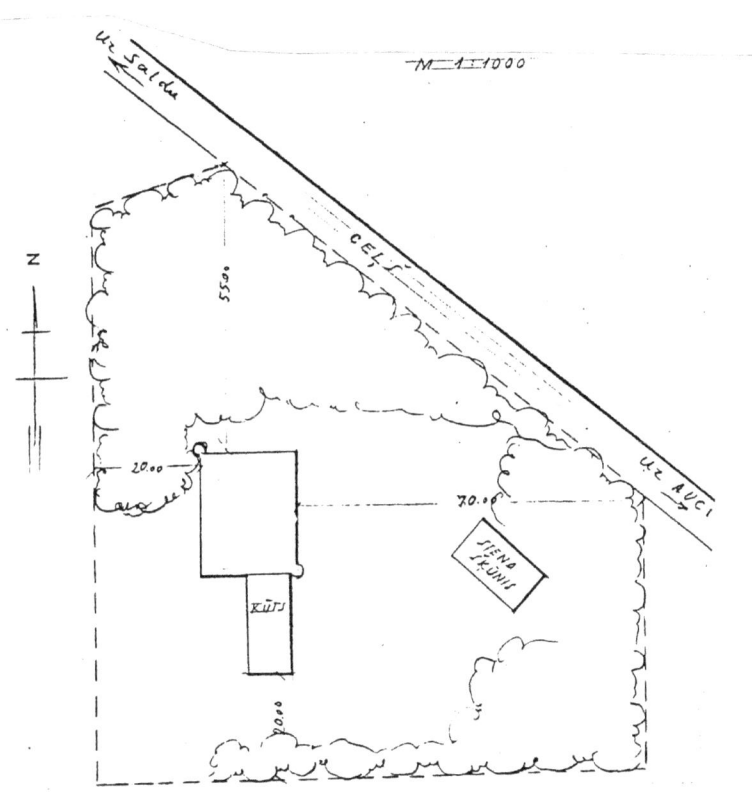

Abb. 14 Gut Kerklingen.(Situationsplan)
Zeichnung von 1949.
(Gut im Krieg zerstört).

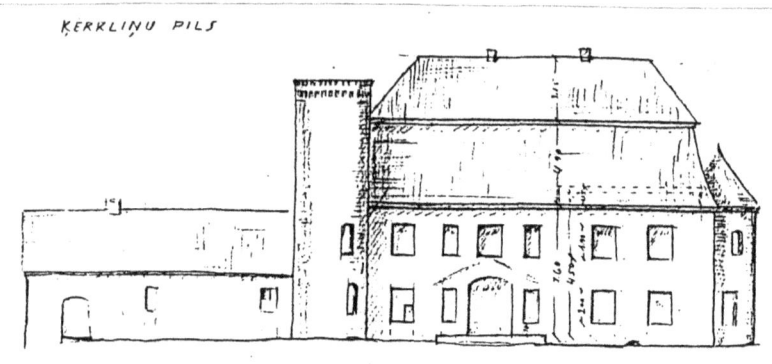

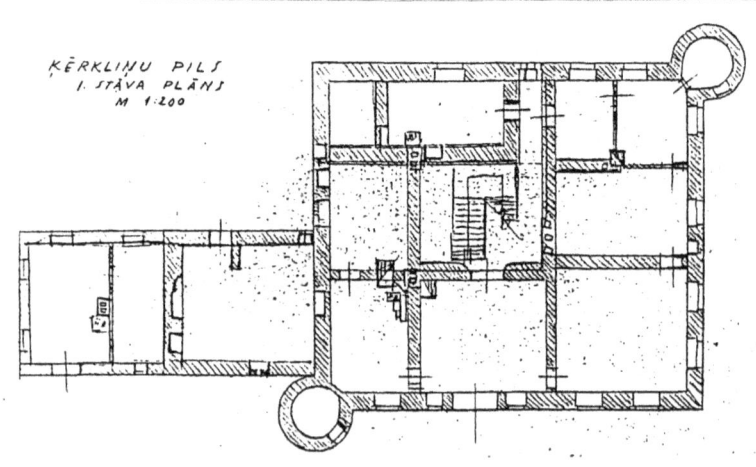

Abb. 14 a Gut Kerklingen.
(Seitenfasade, Grundriss des Erdgeschosses)
Zeichnung von 1949.
(Gut im Krieg zerstört).

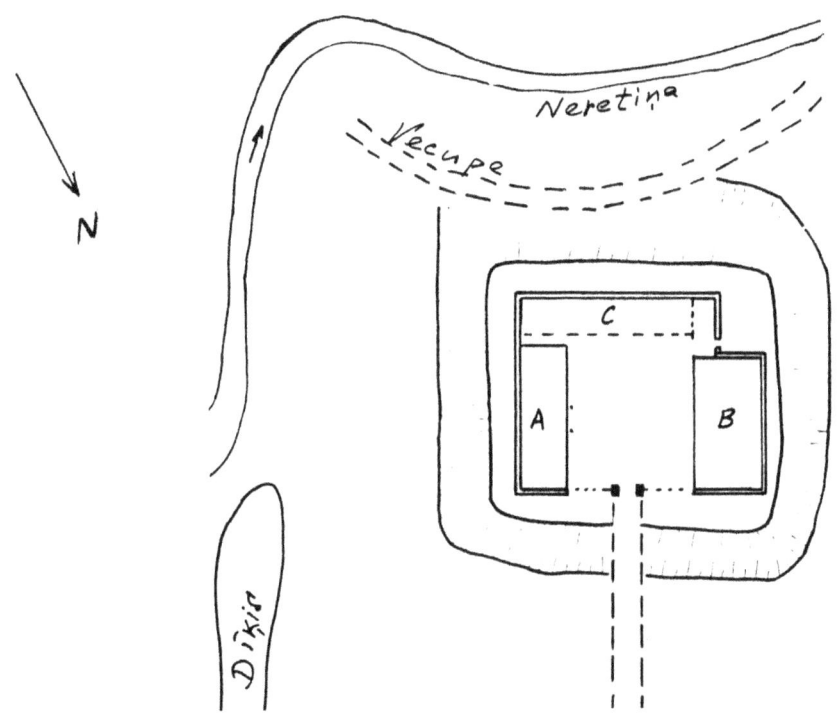

Abb. 15 Nerft. Situationsplan des Gutes.

Abb. 16 Preekuln. Torturm des Gutes.

 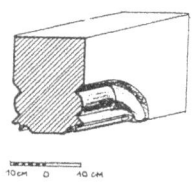

Abb. 17 Gut Brandenburg. Hauptfassade und Profilierung der Deckenbalken. Zweite Hälfte XVII. Jahrhundert.

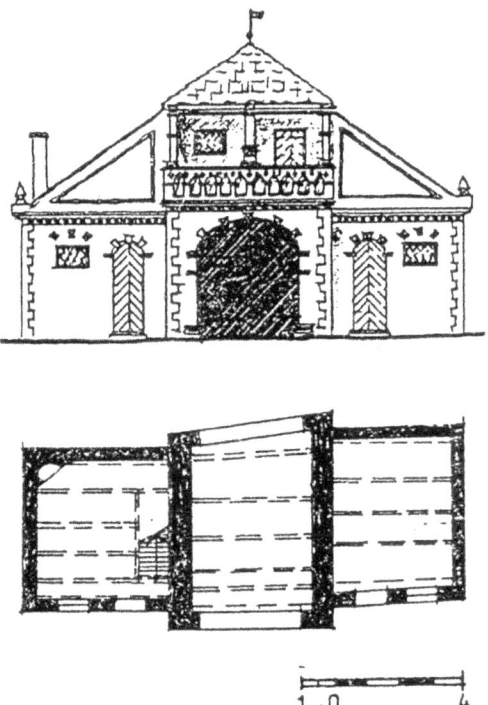

Abb. 17A Fassadenskizze des Einfahrtors.

229

DIE GENESE REGIONALER EIGENART UND EUROPÄISCHER EINFLÜSSE IN DER NEOGOTISCHEN FREIKUNST DER GUTSHÖFE LETTLANDS

Jānis Zilgalvis

Einer der ersten ernsthafteren Versuche, auf Gutshöfen Lettlands in gotischen Formen zu bauen, zeigt die Rekonstruktion des mittelalterlichen Schlosses von Edwahlen/Edole (1835 - 1841) (Abb. 1). Den Anstoß zur Rekonstruktion gab E.A. von Behr, der Besitzer des Schlosses und Bewunderer der englischen Kultur. Er besuchte häufig England und Schottland und wurde mit den neuesten Kunstrichtungen dieser Länder bekannt. Seine privaten Interessen, seine Gelehrsamkeit und seine finanziellen Möglichkeiten bestimmten offensichtlich die Stilform des zu rekonstruierenden Gebäudes.

In der Literatur des frühen 20. Jahrhunderts hieß es, dass das Schloss nach einem Berliner Architekten rekonstruiert worden ist[1]. Demnach nahm das mittelalterliche Schloss das neogotische Aussehen der Tudorzeit an. Entsprechend dem Stahlstich nach einer Handzeichnung von W. S. Stavenhagen aus dem Jahre 1866 wurde als Ergebnis der Rekonstruktion der Mittelturm erhöht[2] und nahe dem vorhandenen runden Turm wurde ein Wintergarten angefügt. Der Turm und die kleinen Türmchen sind mit Zinnen, Giebeln und Giebelstufen gekrönt.[3]

---

[1] O.E. Schmidt, Album Balticum. Riga 1907, S. 20.
[2] W.S. Stavenhagen, Album Kurländischer Ansichten. Mitau 1866.
3   Das Schloss von Edwahlen im Zustand von vor 1802 wird auf einigen Zeichnungen dargestellt, die im Museum für Kunst und Geschichte in Goldingen/Kuldiga (Inv.-Nr. 492) aufbewahrt werden. Wenn man dieses Gebäude mit der Rekonstruktion von 1841 vergleicht, könnte man
-- Fußnote wird auf der nächsten Seite fortgesetzt

Das Portal des Haupteinganges wurde dem angepasst. Das Innere und die nächste Umgebung wurden ebenfalls umgestaltet. Das Gebäude verlor teilweise seinen geschlossenen Charakter, ein Teil wurde unabhängiger, mehr durchbrochen, die Erhöhung des Hauptturmes bewirkte, dass es mit der vertikalen Gebäudekomposition in Einklang kam. Das Schloss wurde majestätischer, attraktiver und großartiger.

Das Schloss von Edwahlen wurde 1905 niedergebrannt. Es wurde danach restauriert, wobei die gotischen Fassaden erhalten blieben. 1916-1917 änderte das Schloss abermals sein Aussehen und verlor seinen gotischen Charakter.

Bei der Rekonstruktion des schon bestehenden Schlosses von Edwahlen zeigte sich nur teilweise das Wesen der Neogotik. Viel besser kam es zum Ausdruck bei einem der ersten Neubauten, beim Gutshaus von Alt-Autz/Vecauce (Abb. 2) (1838-1843, Architekt F.A. Stüler). Die Tätigkeiten des Entwerfenden - Friedrich August Stüler, Hofarchitekt von Friedrich Wilhelm IV. -, sind recht vielseitig. Er war einer der bekanntesten Vertreter des Eklektizismus, Schüler und Nachfolger von K.F. Schinkel. Er hatte Villen, Wohnhäuser, Schlösser, Kirchen, Museen usw. entworfen.[4] Im Jahre 1831 besuchte F.A. Stüler St. Petersburg und Moskau, 1842 England. Die von Stüler in den 1840ern entworfenen Gebäude sind stilistisch ganz unterschiedlich. Er fühlte sich sowohl zur Renaissance als

---

schließen, dass das Aussehen des Schlosses entscheidend verändert wurde.

[4] Z.B. die Rekonstruktion des Schlosses von Schwerin (1843-1857), gemeinsam mit Arch. G.A. Demler), das Neue Museum in Berlin (1843-1855), die Nationalgalerie in Berlin (1866-1876), gemeinsam mit Arch. J.H. Strack), die Ungarische Akademie der Wissenschaften in Budapest (1862-1865), die Rekonstruktion des Schlosses von Basedow (Mitte des 19. Jahrhundert), Neustrelitz (1862), Leizlingen (1843), das Gewächshaus von Sanssouci in Potsdam (1851-1860), gemeinsam mit Arch. L. Persius und L. Hesse) usw.

auch zu klassizistischen Formen hingezogen, doch er versuchte auch einen „Rundbogen-Stil". Dem neogotischen Stil folgte er besonders beim Entwurf von Schlössern in Polen: Jaročin (1847-1855), Zučev (1840-1845), Jablonowo (1854-1858) usw. Alt-Autz ist eine relativ neue Schöpfung des Architekten. Die Bauarbeiten wurden von A. Grano beaufsichtigt, einem preußischen Pionieroffizier und Organisator von Regierungsbauten.[5] Der Bau dieses Gebäudes führte neue Richtungen in die Güterarchitektur Kurlands ein, vor allem im Hinblick auf das verschiedenartige architektonische Äußere der klassizistischen Schlösser.[6] In der räumlichen Gestaltung klassizistischer Schlösser und Herrenhäuser dominierte die horizontale Ausrichtung, welche das Gebäude niedrig erscheinen ließ.

Dagegen ist die räumliche Komposition von Alt-Autz anders. Das Gebäude besteht aus mehreren verbundenen Teilen unterschiedlicher Größe. Ein flaches Dach bedeckt sie, das seinerseits hinter Zinnen und Scharten verborgen ist. Das horizontale zweigeschossige Gebäude wird durch einen dreigeschossigen Mittelbau geteilt, der Risalit vereinigt sich mit einem Portikus nach Art klassizistischer Schlösser und betont das Zentrum der Hauptfassade. Der abschließenden nördlichen Fassade ist ein fünfstöckiger Turm beigegeben, der südlichen eine Veranda. An der Rückseite des Hauptbaues ragt ein Teil als Flügel heraus. Auf diese Art und Weise ist die Masse des Gebäu-

---

[5] Rigasche Stadtblätter. Riga 1839, Nr. 35, S. 308.
[6] Alt-Autz hat sein ursprüngliches Äußeres nicht bewahrt. Zu Beginn des 20. Jahrhunderts wurde das Gebäude nach Plänen des Arch. H. Seuberlich (1904-1905) erweitert. Die Änderungen beziehen sich auf das dritte Geschoss des zentralen Risalites: er ist vorgerückt worden an die Außenwand der rückwärtigen Fassade. In der Nähe des Einganges wurde eine Vorhalle mit einer Terrasse im zweiten Stock erbaut. H. Seuberlich ist mit dem Werk seiner Kollegen sorgfältig umgegangen. Die Änderungen wurden der bestehenden Konstruktion und ihrem architektonischen Schmuck angepasst.

des zu einem miteinander verbundenen System von Räumen geworden, welches einen malerischen, dynamischen und fröhlichen Charakter besitzt.

Die Komposition von Alt-Autz ist eng mit der Planung und Lösung von Fassaden verbunden. Die Konfiguration des Planes ist kompliziert, weil sie die scheinbare Unabhängigkeit jedes Einzelteiles zeigt. Die asymmetrische Lösung des Planes resultiert aus den Besonderheiten des funktionalen Arrangements. Im Gegensatz zu klassizistischen Schlössern, bei denen das räumliche Arrangement dadurch entsteht, dass das Gebäude von außen nach innen geplant wird, basieren das Schloss von Alt-Autz und andere ähnliche Gebäude auf einem entgegengesetzten Prinzip nämlich der Planung von innen nach außen. Deshalb drückt das Äußere eher die innere Konstruktion und die funktionale Organisation aus, die sich von denen klassizistischer Schlösser substantielle unterscheiden. Wenn man das Gebäude betrat, befand man sich in einem Foyer, dem nicht eine große Halle, sondern eine Treppe mit einem weiträumigen Absatz folgte. Im oberen Stock gab es eine große Halle und ähnliche Räume. Beide Stockwerke waren gleich wichtig. Das bedeutet, dass eine Person beim Betreten des Gebäudes analog zur Raumkomposition eine Aufwärtsbewegung spürte. Diese Lösung basierte auf Ideen der Romantik, welche die Welt als sich ständig verändernd sahen und nach denen der Geist sich über die Realität zu erheben hatte.

In den Jahren zwischen 1830-1850 bildete sich im räumlichen Arrangement neogotischer Gebäude nicht immer ein Gegensatz zum Klassizismus heraus. Häufig wurden Besonderheiten beibehalten, die für diesen Stil charakteristisch sind. Man kann sie nicht nur bei der Rekonstruktion von Wohnhäusern beobachten, sondern auch bei Neubauten. So ist der Entwurf von Schloss Illien/Ilgi (Abb. 3) aus dem Besitz von Baron Offenberg sehr interessant[7], geschaffen 1842 von dem italienischen Architekten E. Marconi (1792-1863). Marconi begann seine Tätigkeit 1822 in Polen, als er von dem Hauseigentümer L. Patz zur Beendigung des Baues von Schloss Dowspuda herangezogen wurde. Dem folgten viele andere Bauentwürfe für Schlösser in Warschau und in den Provinzen. E. Marconi war ein sehr produktiver Architekt, ein Kenner architektonischer und künstlerischer Stile und seit 1848 Professor für Architektur.[8] Bevor er die Planung von Schloss Illien ausführte, hatte sich Marconi schon mehrfach gotischen Formen zugewandt. Das zeigt sich in dem schon erwähnten Schloss Dowspuda (1831), inspiriert von dem symmetrisch geplanten Eatonhall in England (1803-1812, 1820-1825), sowie im Schloss von Zbuina (1833) in spätgotischem Stil. Die Architektur des Schlosses von Illien war nicht von der neogotischen Architektur Großbritanniens beeinflusst, sondern basierte auf der Bauidee des Hochmeisterschlosses in Marienburg/Malbork, (Polen). Auf diese Weise kam der Architekt der deutschen Nachbarschaft lettischer Grundbesitzer und dem Wunsch des Eigentümers entgegen, ihre ethnische Verbindung mit dem Mutterland zu bewahren.

Der Entwurf des Schlosses von Illien sah ein symmetrisches, regelmäßiges Gebäude vor, dessen Komposition den Regelmäßigkeiten des Klassizismus folgte. Im Zentrum und an den Seiten des Schlosses waren Risalite vorgesehen. Der zentrale Risalit erhob sich gegenüber den äußeren. Das Gebäude wurde mit einem zweifach geneigten Dach abgeschlossen, der

---

[7] Der Plan wurde veröffentlicht im Katalog Rysunkow architektonicznych Henryka I Leandra Marchonich w archiwum Glownym akt dawnych w Warszawe. Warszawa 1977, S. 179.
[8] S. Loza, Architekci i Budowniczowie w Polsce. Warszawa 1954, S. 109.

zentrale Risalit wurde von einem leicht konkaven zeltförmigen Dach in Verbindung mit einem Turm bedeckt.

Beim Blick auf die Architekturskizze des Schlosses sieht man, dass der Architekt ein schon bestehendes Gebäude mit einer neuen architektonischen und dekorativen Hülle bedeckt hat. Dadurch beeinflussten die wesentlichsten Änderungen die Fassaden aus dem 18. Jahrhundert. An die Stelle eines Gesimses wurden schwere Zinnen gesetzt, und die Ecken sind mit blumenähnlichen Elementen dekoriert. Die Fenster sind in Nischen mit dazwischenstehenden Kapitellen gesetzt. Die Fassade des zentralen Risalites wurde geändert, indem eine kleine Veranda mit Ecktürmen und eine Arkade, getragen von einem Säulenpaar in der Mitte, hinzugefügt wurden.

Als Resultat der genannten Veränderungen hätte das Schloss ein gotisches Aussehen mit reichen dekorativen und prachtvollen Fassaden erhalten. Nach Meinung des Architekten wurde die wünschenswerte künstlerische Gestaltung des Schlosses durch seinen Besitzer bestimmt.[2] Aber der Entwurf von E. Marconi wurde nicht ausgeführt. Es ist nicht leicht zu entscheiden, was den Besitzer, Baron Offenberg, dazu bewegte, die interessante Konzeption von E. Marconi aufzugeben. Man kann bezweifeln, ob der Anfang der 1840er Jahre ein zu früher Zeitpunkt für gotische Formen war, wenn man sich ins Gedächtnis ruft, dass der Besitzer selbst sie gewählt und bevorzugt hatte. Wahrscheinlich war es die symmetrische Anlage des Gebäudes, die an den klassizistischen Stil erinnerte und in der mittelalterlichen Strenge keine Bewegung sichtbar wurde, wie sie die Architektur des zeitgleichen Schlosses von Alt-Autz zeigte.

---

[2] T. Jaroszewski, O siedzibach neogotyckich w Polsce. Warszawa 1981, S. 72.

Trotzdem spielt Schloss Illien in der Architektur der Schlösser in Lettland eine große Rolle, vor allem weil es nicht eine Interpretation des populären englischen neogotischen Beispiels darstellte, sondern weil es die mittelalterliche Architektur einer Lettland nähergelegenen Region widerspiegelte. Nach dem polnischen Architekturhistoriker T.S. Jaroszewski ist der Plan des Wiederaufbaues von Schloss Illien einer der ersten in der Architektur eklektizistischer Schlösser, bei dem so deutlich ein westeuropäisches Beispiel Pate gestanden hat.

Das Schloss von Lixna/Liksna, erbaut 1770 auf die Initiative von J. Graf Sievers hin, wurde in der zweiten Hälfte des 19. Jahrhunderts in gotischem Stil wiedererrichtet. Man kann sich über das gotische Aussehen nach einer Zeichnung ein Urteil bilden, die 1875-1876 von dem polnischen Künstler und Altertumsforscher N. Orda angefertigt wurde. Dort ist das Schloss nach dem Brand dargestellt. Das Gebäude hat zwei Stockwerke, vorspringende seitliche Risalite und darauf als Mittelteil ein weiteres Stockwerk. Es besitzt nicht den für neogotische Schlösser charakteristischen großen Turm. Als Ergebnis der neogotischen Rekonstruktion entstand ein Gesims mit Zinnen, die Ecken des Mittelteils sind mit Fialen geschmückt, und nahe dem Eingang wurde ein Vorbau mit halbrunden Bögen angelegt. Das Schloss geriet 1861 in Brand und wurde im alten Sinne restauriert (1878-1880, Architekt W. Neumann).

Der Künstler der gotischen Rekonstruktion von Schloss Lixna bleibt bisher unbekannt. Der Kunsthistoriker D. Bruģis schlug hypothetisch F.A. Stüler vor.[10] Er stützt sich dabei auf den Vergleich von Schloss Lixna mit zwei polnischen Schlössern, Jaročin (1847-1855) und Ksiaz Wielki (ca. 1840), die beide von Stüler entworfen wurden. Die Komposition der Gebäude ist in der Tat ähnlich, so dass es nicht ausgeschlossen ist,

---

[10] D. Bruģis, Historisma pilis Latvijā. Riga 1996, S. 31f.

dass F.A. Stüler der Plangeber für Schloss Lixna sein könnte. Dennoch gibt es mehrere andere Schlösser mit einer ähnlichen architektonischen und räumlichen Lösung, zum Beispiel in Großbritannien Mellerstain House (1770, 19. Jahrhundert; Schottland).[11] Das schließt natürlich nicht aus, dass der Architekt F.A. Stüler populären europäischen Beispielen gefolgt war.

Wenn man von frühen symmetrischen neogotischen Gutshöfen in Lettland spricht, muss die Brauerei von Mesothen/Mezotne erwähnt werden, die schon 1864 von dem Künstler und Sammler historischer Altertümer J. Döring (1818-1898) beschrieben wurde. Das geometrisch einfache Bauwerk aus Dolomit lag genau am Ufer der Livländischen Aa/Lielupe und wurde von anderen Gebäuden des Gehöftes umschlossen. Nach Fotos aus den dreißiger Jahren handelte es sich um eine innovative und eindrucksvolle Konstruktion. Das drückt sich vor allem in architektonischen und künstlerischen Lösungen aus. Eine wichtige Rolle dabei spielte, dass das ursprüngliche Baumaterial und Fassadendetails gezeigt wurden, Fenster, Frontons, deren künstlerische Ausführung fast den einzigen Schmuck darstellen. So wurde mit einfachen Mitteln ein effektives häusliches Gebäude geschaffen, dessen gotische Formen keine romantischen Züge oder Beispiele direkter Nachahmung enthielten - sie waren eine moderne Stilgebung. Mit Formen der Vergangenheit ist es dem Architekten gelungen, in die Zukunft zu blicken, und das mit Stilmitteln, die für das späte 19. Jahrhundert charakteristisch waren.[12]

---

[11] C. Connachan-Holmes, Country Houses of Scotland. Frome 1995, S. 76.

[12] Die Brauerei wurde 1944 zerstört. Davor hatte dort ein Hotel gestanden. Heute ist das Gebäude auf wenig eindrucksvolle und unschöne Art als Teil industrieller Anlagen renoviert worden. Diesem einzigen neogotischen Gebäude auf dem Gutshof von Mesothen/Mežotne wurden stilis-
-- Fußnote wird auf der nächsten Seite fortgesetzt

Das Schloss von Assern/Asare sollte ebenfalls Erwähnung finden als ein Beispiel für frühe Tudor-Neogotik. Das Gebäude entstand etwa 1749 und erfuhr nach 1840 zwei Erweiterungen. Von einer haben sich bis heute Ruinen erhalten. In der Fassade sieht man sieben Spitzbögen, die entsprechend der früheren Planung (es gab eine Festhalle in der Höhe zweier Stockwerke) vorstehen. Der Giebel des Risalites war treppenförmig mit einem sechsblättrigen Fenster in der Mitte. Auch das Erdgeschoss hatte Spitzbögen. Interessanterweise wurde in der Mitte des Anwesens mit einer Scheune ein stilistisch ähnliches Gebäude erbaut (1843). An seiner Längsfassade gibt es ein asymmetrisches Zwischengeschoss mit einem treppenähnlichen Giebel. Die geringe Höhe der Stufen oder die häufige Unterteilung stellen ein seltenes Phänomen in der Landhausarchitektur Lettlands dar; gewöhnlich gibt es wenige große Stufen. Im Giebel der Scheune von Assern mag man nach dem Einfluss einer Stilrichtung schottischer Baronate suchen, die in der schottischen Architektur populär war. Sie ist gekennzeichnet durch charakteristische Treppengiebel mit kleinen Unterteilungen, die eine große Rolle dafür spielen, das architektonische Erscheinungsbild und die malerische Wirkung zu schaffen (z.B. House of Falkland, Fife [1839], Seacliff House, East Lothian [1841], Overtoun House, Dumbartonshire [1858], Tollcross House, Stratchlyde [1848] usw.).

---

tisch zwei Pavillons im Park hinzugefügt, erbaut im zweiten Viertel des 19. Jahrhundert. Einer davon wird durch ein schweres rechtwinkliges Dach bedeckt, das eine kleine Kuppel trägt. Das Dach wird von einer Gruppe von Pfeilern getragen, die im oberen Teil durch metallene Stützbalken in gotischen Formen verbunden sind. - Der zweite Pavillon, der nicht erhalten ist, hatte Spitzbögen und gotische Fialen. - Die Brauerei ist abgebildet in I. Lancmanis, Mežotnes muiža. Rīga 1993, S. 3 und bei D. Bruģis, Historisma pilis Latvijā. Rīga 1996, S.25.

Im Verlaufe der weiteren Entwicklung nahm die Nachahmung gotischer Formen und ihre Angleichung an neue ästhetische Ansprüche zu. Das Interesse am Mittelalter, an der Geschichte selbst blieb erhalten und wurde durch die Kunst der Romantik beflügelt. Ein charakteristisches Bauwerk jener Zeit ist das Schloss von Odensee/Odziena (Abb. 4) (Mitte des 19. Jahrhunderts) auf dem Gut von Brummer.[13] Das Gebäude ist dynamisch und malerisch. Die Basis wird von einem zweistöckigen Block gebildet, dem unterschiedlich große Anbauten beigegeben sind. Der Mittelteil dem Hof gegenüber wird durch einen Risaliten mit Fialen betont. An einer der Schlossecken ist ein sechsstöckiger Turm angebaut, an der anderen ein Erker und andere Konstruktionen. Auf der Hofseite werden alle Wände oberhalb des Gesimses durch Zinnen abgeschlossen. Auf diese Weise wird die horizontale Ausrichtung betont, aber durch vertikale Akzente wieder ausgewogen, durch den aufragenden Giebel des Risalites, den großen Turm, die Fialen.

Vom Garten her eröffnet sich ein ganz anderer Blick. Hier besitzt das Gebäude ein Stockwerk, und man sieht ein steiles Dach mit einer Schräge. Im Zentrum des Schlosses befindet sich ein zweistöckiger Risalit mit einem doppelt geneigten Dach samt Stufengiebel. Rechts sind ein Gewächshaus und ein niedriger runder Turm angefügt, zur linken andere Gebäude. Nahe des Risalites befinden sich ein Erker und eine Terrasse mit großzügiger Treppe. Von dieser Seite wird die ungestüme Bewegung, charakteristisch für die Neogotik und Romantik des Gebäudes, durch unterschiedliche Volumen geschaffen.

Die seitlichen Fassaden des Schlosses waren von untergeordneter Bedeutung. Durch die unterschiedlich wahrnehmbaren Längsfassaden entsteht der Eindruck von zwei Gebäuden. Das eine an der Hofseite orientiert sich an deutscher neogotischer

---

[13] Lettisches Staatsarchiv für Geschichte, 1679f, 194 Apr. 386.

Architektur, die oftmals auf neogotischen Formen der Tudor-Zeit basiert; das andere an der Parkseite strebt innovativ nach gotischen Formen, was der regionalen Vorstellung von dieser Stilrichtung besser entspricht. Solche Fassaden verschiedener, aber stilistisch einheitlicher Formen sind auch durch die Planung des Mittelpunktes des Gutshofes zu erklären. Vom Hof aus musste das Schloss eindrucksvoller und repräsentativer aussehen. Die horizontalen Abschlüsse der Außenwände nehmen die ebene Fläche des geräumigen Hofes wieder auf. Dies war die Hauptfassade des Schlosses. Von der Parkseite her war das Schloss intimer, es war mit der natürlichen Umgebung enger verbunden. Die Dachschräge nimmt das leicht abfallende Gelände wieder auf. Die architektonische und dekorative Vollendung der Fassaden wird in enger Verbindung mit dem räumlichen Arrangement des Gebäudes gelöst. Es ordnet sich den Proportionen von Raum und Form und dem Arrangement von Öffnungen, Dekoren und anderen Faktoren unter. Die Fassade des Schlosses von Odensee ist ausgeschmückt mit außerordentlich schönen dekorativen Bogengängen des Gesimses, einem arabeskenähnlichen Dekor der Terrassengeländer und Archivolten der Fenster. Der Schmuck des zentralen Risalites macht in seinem Rhythmus, dem Arrangement der Elemente und Charakter einen orientalischen Eindruck.

Die Bauplanung des Schlosses von Odensee ist nicht sehr originell. Es wurden altbekannte und traditionelle Methoden angewandt, z.B. die zentrale Anordnung einer Halle und eines Foyers, das System der Antilade und der Gänge usw. Es ist durchaus möglich, dass beim Bau des Schlosses ein schon vorhandener Plan benutzt wurde. In dem Landplan des Gutes von 1849-1853 wurde nur eines, nämlich das neue Schloss erwähnt.[14] Seine Position in Verbindung mit den anderen zentralen Gebäuden, entstanden vor allem im frühen 19. Jahrhundert, ist traditionell, das heißt an jener Stelle, wo sich das alte Schloss befunden haben könnte.

Wir sollten weiterhin das Schloss von Odensee im europäischen Kontext sehen. Ähnliche Beispiele der neogotischen Tudorarchitektur kann man in mehreren Nachbarländern finden, vor allem in Deutschland. Eines dieser Beispiele ist Kittendorf, Malchin/Mecklenburg (um 1869, Arch. F. Hitzig). Sein Raumarrangement ist, ähnlich wie in Odensee, traditionell. An der linken Ecke der Hauptfassade befindet sich ein großer Turm, höher als das Hauptgebäude in seinem Mittelteil, an den sich eine Veranda anschließt. Die rechte Seite wird durch ein niedriges turmförmiges Gebäude abgeschlossen. Die Fassaden sind verputzt, die Außenwände werden von Zinnen gekrönt.

Das andere Schloss, das nach gleichen Prinzipien erbaut worden ist, ist Wardow, Güstrow/Mecklenburg (1840).[15] Der kosmopolitische Charakter der neogotischen Tudorarchitektur zeigt sich in ähnlichen Gebäuden in Polen, z.B. in Bedlewo (Ende des 19. Jahrhunderts). Wenn man das Schloss von Odensee mit entfernteren Ländern, z.B. mit Schottland, vergleicht,

---

[14] Das Schloss von Odziena wurde 1905 niedergebrannt. Damals gehörte es M. von Brummer. Die Rekonstruktion begann nach dem Ersten Weltkrieg, ging aber nur langsam vorwärts, da das große Gebäude beträchtliche Geldmittel nötig hatte. Etwa 1935 gehörte das Schloss der Milchfarm von Odziena. In einem Teil des Gebäudes befanden sich Arbeiterwohnungen, im anderen gab es Gesellschaftsräume; einige Räume waren nicht wieder hergerichtet. Nach dem zweiten Weltkrieg war das Gebäude nur teilweise in Benutzung. Reparaturen wurden nicht durchgeführt, und heute ist das Gebäude nur mehr eine Bruchbude. Das Schloss von Odziena wurde eingerahmt von einem Komplex von insgesamt 30 verschiedenen Wirtschaftsgebäuden

[15] J. Adamiak, Schlösser und Gärten in Mecklenburg. Leipzig 1980, S. 169, 171.

findet man ebenfalls verschiedene Gemeinsamkeiten. Im 19. Jahrhundert setzte sich in Schottland die Entwicklung des romantischen Mittelalters und des Neoklassizismus fort, die im 18. Jahrhundert aufgekommen war. Im frühen 19. Jahrhundert erhielt die gotische Renaissance neue Impulse durch die Literatur und durch historische Studien (W.N. Pugin u.a.). Neue neogotische Gebäude wurden errichtet und die schon bestehenden rekonstruiert. Wenn man auf Schlösser wie Abercairney, Pertshire (1804-1842, Arch. R. Chrichton, R. u. R. Dickson), Millearne, Pertshire (1821-1828, Arch. R. u. R. Dickson), Dunninald, Anus (1832, Arch. J.G. Graham) blickt, wird ersichtlich, woher das beschriebene räumliche Arrangement stammt[16]. In der Architektur dieser Gebäude herrschen, wie in Lettland, Asymmetrie, Bewegung, mittelalterlicher Geist vor, aber keine Askese.

Bei den oben erwähnten Beispielen aus Schottland handelt es sich um große Gebäude mit einem zum Teil abgeschlossenen geräumigen Innenhof, der von Gebäuden unterschiedlicher Zweckbestimmung umschlossen wird. In Odensee wie auch in Alt-Autz sieht der Plan ein vorspringendes rechtwinkliges Gebäude vor. Vom Malerischen her wird von Schlössern mit Gruppen von Gebäuden verschiedenartiger Größe in Schottland, England und in Deutschland (z.B. Babelsberg nahe Potsdam; 1834, Arch. K.F. Schinkel) in der Tat je ein Teil übernommen. Dabei sind das ökonomische Potential und die Spannweite in Großbritannien, Deutschland und anderen ähnlichen Ländern im Vergleich zu Lettland zu berücksichtigen. Eine bescheidenere räumliche Ausdehnung sowie die Anwendung nur eines definitiven Planes sollten nicht interpretiert werden als Lustlosigkeit oder Verständnislosigkeit. Die gleiche

---

[16] Binney, M., Harris, J., Winnington, E., Lost Houses of Scotland. London 1980; Walker B., Gauldie W. Sinclaire.: Architects and Architecture on Tayside. Dundee 1984, S. 72.

regionale Haltung gegenüber außerordentlichen ausländischen Beispielen kann man in vielen anderen Ländern feststellen, z.B. bei kleineren Schlössern auf Gütern in Deutschland, Polen, Litauen und Estland. Die Vereinfachung der räumlichen Gestaltung reduzierte den architektonischen Ausdruck der Gebäude nicht. Sie besitzen ebenfalls wohl abgestufte Details, Ausdrucksfähigkeit der Silhouette, Erhabenheit.

Dennoch muss man zugeben, dass die wohlbekannten europäischen Tudorschlösser nicht so starke Unterschiede bei der Betrachtung der Hauptfassade und anderer Gebäudefassaden besitzen. Das ist auf die zuvor erwähnte Lage des Gebäudes oder die Besonderheiten der Raumgestaltung zurückzuführen.

Einige andere unserer Schlösser besitzen Gemeinsamkeiten mit den erwähnten Beispielen in Deutschland, Polen und Schottland. Eines der hervorragendsten Monumente jener Zeit ist das Schloss von Marienburg/Aluksne (Abb. 5) (1859-1863) im Besitz der Familie von Vietinghoff. Hier werden die gotischen Formen höchst professionell und geschickt interpretiert. Nach P. Kampe könnte der Bau von P.B. Polnau aus Preußen stammen, aber es ist nicht bekannt, ob der Entwurf tatsächlich von ihm ist[17]. Wenn man die neogotischen Schlösser im baltischen Raum betrachtet, könnte man daraus schließen, dass das Schloss von Marienburg dem Schloss von Alu/Uhla in der Nähe von Pernau ähnelt, das von dem rigaschen Architekten J.D. Felsko stammt. Das Schloss wurde von 1859 bis 1860 erbaut. Beide genannten Bauwerke haben verschiedene Gemeinsamkeiten mit der Kleinen Gilde in Riga (1864-1866, Arch. J.D. Felsko). Danach könnte dieser Architekt auch der Urheber des Schlosses von Marienburg sein. Diese Annahme könnte allerdings nur durch Archivstudien erhärtet werden.

---

[17] Rigascher Almanach. Riga 1879, S. 45-48

Die räumliche Gestaltung des Schlosses von Marienburg ist insgesamt ähnlich den schon beschriebenen wie Odensee, Alt-Autz und anderen Schlössern. Dennoch kann man mehrere neue Charakteristika der Raumkomposition feststellen wie ähnlich asymmetrisch arrangierte malerische Säulen und der große Turm, der nicht an die Fassade angesetzt, sondern in das Gebäude einbezogen ist. In der Mitte der Fassade findet sich ein polygonaler Strebepfeiler. Er ist Teil der großen Halle im Zentrum mit dem Eingang zur Linken. Im Schloss von Marienburg gibt es keinen Vorbau für den Eingang, der für gotische Schlösser der Tudorzeit charakteristisch ist. Der Eingang ist versenkt und trägt eine Loggia. Bei der Planung des Schlosses, dessen Formen die äußere Konfiguration erschweren, werden alle Gebäudeteile an beiden Seiten der großen Haupthalle arrangiert. Dieses Arrangement der Gebäude wird durch die äußere Erscheinung des Gesamtgebäudes ausgedrückt. Auf diese Weise bezeugt die organische Verbindung der Planung mit der äußeren Erscheinungsform den progressiven Ansatz in Bezug auf die Raumgestaltung und umreißt die Tendenzen, die später im Jugendstil entwickelt wurden, darunter die Tendenz, die Innengestaltung im äußeren Erscheinungsbild abzubilden.

Im Erdgeschoss lagen neben der Haupthalle die Räume des Schlossherren, Speiseraum, Studierzimmer, Bibliothek, Empfangsraum usw. An der nordwestlichen Seite dieser Räume befanden sich eine Gruppe von zusätzlichen Räumen sowie eine breite Treppe. An der nordöstlichen Seite lagen Haushaltsräume und eine Küche wie auch ein Lagerraum. Die zentrale Anordnung des Schlosses zeigt in kleinerem Maße dennoch die Gruppierung separater Räume um das Foyer als Verbindungsglied.

Jenseits des Sees von Marienburg haben sich gegenüber dem Schloss die Ruinen des Schlosses von Finden/Lazbergi erhalten.[18] Baubeginn war 1821, aber es wurde erst 1860 vollendet. Es ist anzunehmen, dass 1821 ein einfacheres, stilistisch anderes Gebäude begonnen wurde, und dass das Schloss erst in den Jahren um 1860 sein gotisches Aussehen erhielt. Am besten kann man dieses neogotische Bauwerk nach einer Zeichnung von W. S. Stavenhagen beurteilen.[19] Dort sieht man die Residenz der Familie von Wolf (Besitzer seit 1798) als ein kompaktes Gebäude. Fast alle Teile sind mit Türmchen und Fialen geschmückt. Man sieht sie an den Gebäudeecken, aus Risaliten und sogar Kronenpilastern bestehend. Über diesem Wald von Türmchen erhebt sich der große Turm. Dieses Übermaß an Türmchen zeigt den Wunsch, das Gebäude leichter, spielerischer, feenhafter erscheinen zu lassen, bei dessen Anblick wir uns in die Feenwelt zurückversetzen. Aber das ist trotzdem nicht ganz geglückt. Man kann H. Pirang nur zustimmen, dass es dem unorganisch arrangierten Gebäude an Balance mangelt, die für die tektonische Struktur charakteristisch ist.[20] Weiter führt der Autor aus, dass das Schloss ein charakterloses Gebilde von oberflächlich erdachtem Stil sei. Dieser Feststellung ist nur teilweise zuzustimmen. Das Gebäude ist stilistisch überzeugend und ausdrucksstark, was aber den Rest angeht, haben wohl finanzielle Rücksichten dazu geführt, das bestehende Gebäude zu erhalten, wodurch es manchmal zu Unstimmigkeiten mit der neuen architektonischen Lösung und ihren Schmuckelementen kam.

---

[18] Das Schloss von Fianden hat Kriege und Revolutionen überlebt. In den Jahren um 1950 befand sich dort ein Kulturhaus. Später wurden Wohnungen eingerichtet, an einem Ende des Gebäudes ein Kuhstall. Heute ist der Bau verlassen.
[19] W.S. Stavenhagen, Album Livländischer Ansichten. Mitau 1866.
[20] In Buchform veröffentlicht bei v. Reisch/S. Wagner, Baltisch-Ostpreußische Erinnerungen. Baden-Baden 1979, S. 22.; D. Bruģis, Historisma pilis Latvijā. Riga 1996, S. 38.

Ganz ähnliche Raumarrangements mit einem asymmetrisch plazierten Turm kann man in Lettland auch in anderen neogotischen Schlössern der Tudorepoche finden, zum Beispiel im Schloss von Ilsensee/Ilze. Von dem Schloss aus der Mitte des 19. Jahrhunderts [21] hat sich bis heute die Seitenveranda mit drei Spitzbögen, Zinnen und Fialen erhalten. Nach der Zeichnung eines Künstlers aus dem späten 19. Jahrhundert besaß es im Vergleich mit Alt-Autz, Odensee und Marienburg eine ruhigere Dynamik des Raumes. Die großen Fenster im Obergeschoss, die beweisen, dass sich die Haupthalle oben befand, verleiten uns zu der Ansicht, dass die räumliche Einteilung verschattet wurde. Eine etwas gelöstere Seitenfassade, deren Bedeutung für das Entstehen eines malerischen Eindrucks gestiegen ist, zeigt die Unterschiede in der Planung. Insgesamt mangelt es der Architektur des Schlosses an Reinheit und Proportionen, an Ausdruckskraft und Adel, was z.B. Alt-Autz auszeichnet.

Das kann man von einer anderen interessanten Arbeit nicht behaupten, der neogotischen Version der Diplomarbeit des Architekten M.P. Bertschy.[22] Der Gesamteindruck der Fassade des zweistöckigen Schlosses ist expressiv, dynamisch. Wenn der Plan ausgeführt worden wäre, wäre das Gebäude es wert gewesen, die alten Traditionen eines Adelsgeschlechts zu repräsentieren.

Das Schloss von Garssen/Garsene besitzt ebenfalls eine asymmetrische Anordnung des Baukomplexes. Das Gebäude besteht aus zwei - nicht sehr gelungen - verbundenen Teilen. Das Untergeschoss, der Hauptteil, entstand 1856, aber die Erweiterung (der niedrigste Teil) erst 1885. Höchstwahrscheinlich hat der Zeitabstand zu der Disharmonie zwischen dem Gesamteindruck des Gebäudes und der Armut an gotischen For-

---

[21] Der Plan wurde veröffentlicht bei D. Bruģis, (wie Anm. 221), S. 38.
[22] H. Pirang, Das Baltische Herrenhaus. Riga 1930, T. III, S. 12.

men geführt. Die Einbeziehung des Schlosses in die Landschaft und die stilistisch verschiedenen zentralen Gebäude sind gelungen.

Neu-Schwanenburg/Jaungulbene (Abb. 6) im Besitz der Familie von Transehe-Roseneck, ist ein hervorragendes neogotisches Baudenkmal. H. Pirang datierte das Gebäude auf 1878.[23] Die architektonisch-künstlerische Komposition des Gebäudes und formale Dinge geben Anlass dazu, an einen früheren Baubeginn zu denken; möglicherweise stellt das genannte Datum die Beendigung des Bauwerkes dar.[24] Der fundamentale Gebäudeteil des Schlosses ist symmetrisch, wenn man von der kleinen Verlängerung an der linken Hofseite absieht. Alle drei Risalite stehen extrem vor. Der zentrale Risalit, durch Zinnen abgeschlossen, erhebt sich über das Gesims des Hauptgebäudes und wirkt wie ein rechtwinkliger Turm. Er wird durch hohe Ecktürme geschmückt. In der Mitte der Fassade gibt es die charakteristische Eingangsvorhalle mit Auffahrten. Von der Hofseite her haben die Schlosstrakte nur einen horizontalen Abschluss, der das Dach verbirgt. Wenn man die Fassade von Neu-Schwanenburg betrachtet, sollte man sich ähnlicher Schlösser in anderen Ländern erinnern, z.B. in England an Mellerstain, Berwickshire (1725, 1770-1775), dessen Hauptfassade sehr ähnlich ist,[25] und in Polen Schloss Kurnik (1830)[26] aus dem Besitz der Herzöge Dzialinsky nach den Plänen von K.F. Schinkel. Vergleicht man dieses Gebäude mit dem von Neu-Schwanenburg, muss man feststellen, dass das Schloss der

---

[23] Diese Frage wird ausführlicher behandelt bei D. Bruģis, (wie Anm. 221), S. 46-47.
[24] N. Nicolson, Berühmte englische Landsitze. Frankfurt/Main 1965, S. 253.
[25] K.F. Schinkel, Collected Architectural Designs. London 1982.
[26] D. Bruģis, (wie Anm. 211), S. 47.

Familie von Transehe-Roseneck gleichermaßen eindrucksvoll ist wie die Schöpfung des großen deutschen Meisters.

Die andere Längsfassade des Schlosses Neu-Schwanenburg in Richtung auf den Park ist anders. Ähnlich wie in Odensee besitzt das Gebäude ein Stockwerk. Deshalb spielt das Dach eine aktive Rolle, das durch zwei asymmetrisch angeordnete Risalite unterbrochen wird. Daneben gibt es im Zentrum eine Terrasse und an der linken Seite eine halbkreisförmige Auskragung. Vom Park her ist das Gebäude malerischer und fügt sich besser in die Umgebung ein. Ähnlich wie in Odensee wirkte die Seite zum Hof zurückhaltend, majestätisch und repräsentativ im Gegensatz zur gemütlichen Parkseite. Unter diesem Blickwinkel sind die beiden Bauwerke in Neu-Schwanenburg und Odensee sehr ähnlich und die einzigen beiden in Lettland, die einen „doppelgesichtigen" Charakter besitzen.

Vergleicht man Neu-Schwanenburg mit den Schlössern von Alt-Autz, Odensee und Ilsensee, so kann man sehen, dass in dem Augenblick, da man einen der Risalite zum Turm machte, die gleiche Raumordnung und Silhouette der Hauptansicht entstehen würde. Das aufzugeben wurde höchstwahrscheinlich begünstigt durch die großen Ausmaße des Gebäudes. Der Bau eines Turmes würde es zu gewaltiger Größe verändern, die nicht in die Umgebung passt. Was die Ausnutzung des Raumes anbelangt, so scheinen die Ideen von D. Bruģis hinsichtlich der Entstehungszeit sehr interessant. Der Kunsthistoriker gesteht ein, dass ein derart schweres, statisches neogotisches Bauwerk mit zwei symmetrisch schließenden Risaliten für die Architektur der Jahre um 1870 nicht alleinstehend ist. Ähnlich sind Gebäude in Riga am Rainisboulevard 13 (1875, Arch. H. Scheel) im Besitz der Familie von Transehe-Roseneck, und am Kalpakaboulevard 5 (1873, Arch. J.F. Baumanis). Im Vergleich mit den schwerfälligen Fassaden der genannten Bauwerke, die zwischen benachbarten Gebäuden eingezwängt sind, scheint das Schloss von Neu-Schwanenburg erfolgreich und sogar ein sehr eindrucksvolles Werk zu sein.[27]

Heute ist das Schloss von Neu-Schwanenburg völlig neu aufgebaut worden. Sein ursprüngliches Äußeres ist in zahllosen Publikationen veröffentlicht worden.[28] Das neogotische Aussehen ist völlig zerstört. Schon auf Postkarten vom Beginn unseres Jahrhunderts kann man sehen, dass die Zinnen durch Geländer und Balustraden ersetzt worden sind. Auch das Dach ist einer Änderung unterzogen worden: ein Teil hat zwei Schrägen erhalten. Zwischen 1900 und 1903 bekam das Gebäude völlig anders gestaltete Fassaden. Vom Hof her kann man eine Loggia, verglaste Verandafenster, eine neue Vorhalle mit einem großen Bogen sowie Rustika-Mauerwerk aus Granit an den Gebäudeecken sehen. An der abschließenden Fassade erschienen auch Erweiterungen, sogar ein Turm mit einer pyramidenförmigen Spitze. Die Parkseite hat vergleichsweise am meisten von ihrem neogotischen Charakter verloren. Sie ist stark vereinfacht worden, die Proportionen sind unnatürlich. Zu Beginn des 20. Jahrhunderts hat man versucht, die verschiedenen und manchmal nicht zueinander passenden Formen nur durch ein Material zusammenzubringen, durch Granit. Er wurde beim Bau der Wände verwandt und in die Ecken eingefügt.

Auch in Lettgallen kann man mehrere Schlösser als blühendes Beispiel des neogotischen Stiles sehen, z.B. Marienhausen/Vilaka, eine malerische, vielgliedrige Komposition mit mehreren Türmen, ausgedehnten und weithin gelagerten Blocks, Zinnen, Ecktürmen, Archivolten und der Vorhalle selbst. Unglücklicherweise ist das Gebäude nicht bis zum heutigen Tag erhalten. Nicht weniger interessant ist das Schloss von Prely/Preiļi (1860-1865), das, wie man annimmt, von den

---

[27] H. Pirang, (wie Anm. 234), T. III, Abb. 53.
[28] D. Bruģis, (wie Anm. 211), S. 47.

Architekten G. Schacht und A. Bieletzky stammt.[29] Die Kirche von Rokiski in Litauen zeugt von den Aktivitäten G. Schachts in Litauen. Nach Angaben des litauischen Kunsthistorikers J. Minkjavicius wurde die Kirche 1866-1883 unter Mitwirkung des Architekten G. Werner erbaut.[30] (Er war im Besitze von sorgfältig ausgeführten Plänen des Innenraums, des Turms, der einzeln stehenden Kapelle und des Zaunes). Trotzdem erwähnte W. Neumann, der bekannte Kunsthistoriker und Architekt, im Lexikon baltischer Künstler M.P. Bertschy, einen Architekten aus Libau/Liepaja, als den Künstler der Kirche von Rokiski, deren Entstehungszeit auf 1868-1970 festgelegt wird.[31] Genauere Angaben zum Architekten dieser Kirche bleibt Aufgabe zukünftiger Forschung.

Auch bei der Datierung des Schlosses von Prely gehen die Meinungen auseinander. Der polnische Wissenschaftler R. Aftanazy hat die Zeit um 1836 vorgeschlagen.[32] Der bekannte Historiker G. Manteuffel gibt in seinem Buch „Terra Mariana" ein späteres Datum an. Die Bildunterschriften unter zwei Gemälden in Wasserfarben im Schloss von Prely besagen, dass es 1860-1865 erbaut wurde.[33] Es ist durchaus möglich, dass das Schloss zu jener Zeit erweitert und ergänzt wurde und das heutige Aussehen erhielt. Mehrere Besonderheiten erlauben es, an zwei Baustadien zu denken. Die räumliche Organisation des Gebäudes basiert auf einer asymmetrischen, malerischen Komposition, einem Trakt mit zwei seitlichen Risaliten. Von der Hofseite her wird das Zentrum der Symmetrie betont durch ei-

---

[29] Бангурця, В. ц gр. БеяоруссцЯ Лцтба, Латьця, Эстонця. Москва, 1986 стр, 394.
[30] W. Neumann, Lexikon Baltischer Künstler. Riga 1908, S. 14.
[31] R. Aftanazy, (wie Anm. 241), S. 295.
[32] G. Manteuffel, Terra Mariana. 1188-1888. Riga 1903, T. III, Tf. LV.
[33] T.S. Jaroszewski, O siedzibach neogotychih w Polsce. Warszawa 1981, S. 83.

nen Risalit, vom Park her durch eine Veranda. Ecktürme schmücken die Seiten der Risaliten und der Zwischengeschosse. Dieser Schlossteil bildet von der Komposition her in der Tat einen unabhängigen Trakt und konnte ursprünglich ohne irgendwelche Zusätze auskommen, z.b. den großen Turm oder den Übergang usw. Der Vergleich des Schlosses mit einigen anderen ähnlich angelegten neogotischen Schlössern im Ausland, zum Beispiel das Schloss Jablonowo, ist überzeugend. Dieses Bauwerk ist ein wenig größer, es besitzt drei Stockwerke und zwei Türme und wurde 1854-1858 (Arch. F.A. Stüler) erbaut. Diese Unterschiede können dennoch nicht die Überzeugung von einer „Kongenialität" zwischen den beiden Schlössern in Prely und Jablonowo mindern. Wenn man das Schloss von Jablonowo betrachtet, kann man annehmen, dass der Grundgedanke des Schlosses von Prely in genau der gleichen symmetrischer Lösung besteht.

Während des Baues wurde der symmetrische Teil mit einem niedrigeren Übergang hinzugefügt, gefolgt von einem schweren vierstöckigen turmähnlichen Teil mit einem Erker. In den Ecken des Turmes finden sich Fialen, ganz im Gegensatz zu anderen Teilen, in denen die Türmchen an den Ecken aus dem Boden erwachsen. Die künstlerische Ausführung einiger anderer Schlossteile unterscheidet sich vom Hauptgebäude. Dennoch ist die stilistische Wirkung des Schlosses im allgemeinen einheitlich, da sie von den Ideen der Romantik beeinflusst ist. Das ist an der Dynamik der Konstruktion zu sehen, welche die vertikalen Akzente betont.

Ein Kuhstall und ein Schuppen im Park beziehen sich in ihren monumentalen Formen auf die Architektur des Schlosses. In der Fassade sind drei Risalite mit gotischen Ziergiebeln. Dabei wurde mit Feldsteinen mit in Mörtel eingelassenen Steinsplittern ein traditioneller Baustoff benutzt.

Die Beschäftigung mit den berühmtesten und hervorragendsten neogotischen Schlössern der Tudorzeit in Lettland erlaubt den Schluss, dass viele bemerkenswerte Kulturdenkmäler von der Kunst der Romantik beeinflusst worden sind. Die deutsche Ausprägung dieser Stilrichtung ist ihnen verwandt, obgleich der Einfluss anderer Staaten wie Polen und Großbritannien ebenfalls bekannt ist. Alle diese Gebäude vereint eine gemeinsame Idee, die sich am besten in ihrer räumlichen Gestaltung und Dynamik sowie der nach oben gerichteten Silhouette ausdrückt. Es ist der Wunsch, in die idealisierte Vergangenheit zurückzukehren und dabei die umgebende Wirklichkeit zu vergessen. Die Silhouette zieht den Geist empor. Während der Blick den zentralen Teil umfängt und sich zum höchsten Punkt, der Spitze des großen Turms, hinaufbewegt und trotzdem noch nicht den Himmel erreicht hat, vergisst man die Welt ringsum mit all ihren alltäglichen Sorgen und Geschäften.

Unter dem Einfluss dieser Stilrichtung fand in vielen anderen Gutshöfen eine Rekonstruktion der bestehenden Gebäude statt, was oft zu Erweiterungen und Änderungen der architektonischen Schmuckelemente der Fassaden führte. Der künstlerische Wert solcher Gebäude ist nicht sehr hoch. Es gibt mehr Provinzialismus, sogar Naivität. Aus diesem Grunde sollte man die Architektur dieser Gebäude gesondert betrachten.

Abb. 1 Edwahlen

Abb. 2 Alt-Autz.

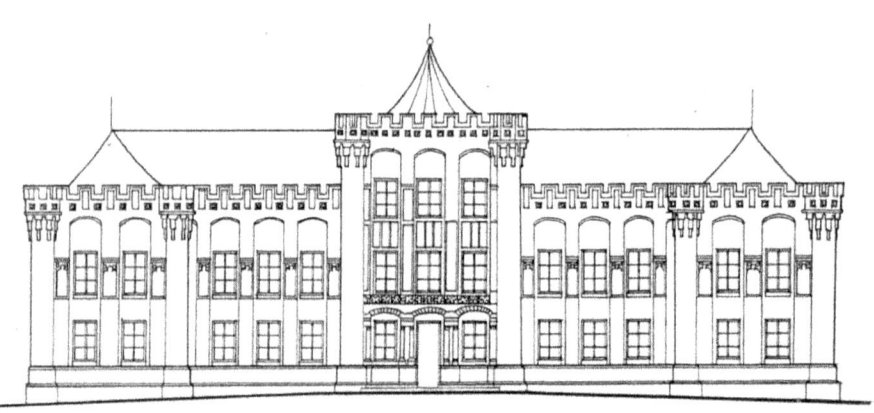

Abb. 3 Illien.

Abb. 4 Odensee.

Abb. 5 Marienburg.

Abb. 6 Neu-Schwanenburg

ZEIT UND RAUM.
INNENGESTALTUNG EST- UND LIVLÄNDISCHER HERRENHÄUSER WÄHREND DER ZWEITEN HÄLFTE DES 19. JAHRHUNDERTS

Ants Hein

Die allernächste Umgebung des Menschen – seine Wohnstätte, sein Zimmer – kann man bekanntermaßen als eine Art Spiegel seiner selbst betrachten. (Zeige mir dein Heim und ich sage dir wer du bist. Bei Sobakjewitsch, einer Person aus Gogols Erzählung „Die toten Seelen", raunt jeder Lehnstuhl: Ich bin Sobakjewitsch). Gleichzeitig ist dem Lebensraum der Menschenseele die Funktion eines Museums zuteil geworden, er ist neu wie ein Archiv. Ja manchmal klarer als ein Gemälde oder eine Skulptur, ist das Interieur dazu fähig, den Zeitgeist widerzuspiegeln, Auskunft zu geben über diejenigen Menschen, die dort einmal wandelten, über ihre Bestrebungen und ihr Selbstverständnis.

Es ist allgemein bekannt, dass die Innenausstattung in der Mitte und der zweiten Hälfte des 19. Jahrhunderts sich wesentlich von den früheren Stilepochen (beispielsweise dem Barock oder dem Klassizismus) unterscheidet. Wie oft schon darauf hingewiesen wurde, standen die genannten Epochen im Zeichen einer gewissen Theatralik, wobei das Hauptinteresse des Architekten gewöhnlich auf dem festlichen Teil des Hauses, den repräsentativen Salons lag, so dass alles Gewöhnliche und Alltägliche hinter den Kulissen blieb. Alle in einer Richtung sich befindenden Flügeltüren öffnend (Enfilade), sollte der Besucher den Innenraum als Ganzes wahrnehmen, wie ein Schauspiel, bei dem jedes Zimmer einem Bühnenbild vergleichbar ist. „Eine große Suite von Gesellschaftszimmern, von denen eines als Speisesaal dem Bacchus und der Ceres, das andere als Tanzsalon der Terpsichore, ein drittes als Bibliothekzimmer den Musen, ein viertes dem Billardspiel und anderen Amusements, ein fünftes, sechstes und siebentes der Conversation, den Tee-Soiréen u.s.w. gewidmet ist, durchzieht das Ganze", erinnert sich Georg Kohl[1], der in den 1830er Jahren die Gutshäuser der Ostseeprovinzen besichtigte. „Wie die Werkeltage aus dem Kalender, so sind die Wohn- und Arbeitszimmer aus der Architektur gestrichen. Man kennt keine solchen Säle wie bei uns, die verschlossen werden und in denen das Ameublement mit Ueberzügen bedeckt ist, bis dann an einem Gesellschaftstage alles in Glanz und Pracht strahlt. Alle Zimmer sind Gesellschafts-Säle, und durch alle Räume flutet der sich tummelnde, nie endende Drang der Gäste, und dem Nachdenken, dem Wohnen, der Einsamkeit bleiben nur kleine, unbedeutende Cabinette." [2]

Natürlich wirkte sich die Betonung von Ansehen und Renommee auf viele allgemeine Bequemlichkeiten des Hauses aus. „Vergleiche ich jenes Haus meiner Kinderjahre mit dem jetzigen, so kann ich mich des Staunens nicht erwehren, wie einfach und bedürfnislos die alte Generation war und wie zufrieden sie ohne den Komfort (man kannte damals das Wort und den Begriff kaum) lebte, den Komfort, an den unsere Zeit sich so schnell gewöhnt hat, ohne welchen die jüngere Generation gar nicht bestehen zu können meint,..." berichtet Johann

---

[1] J.G. Kohl, Die deutsch-russischen Ostseeprovinzen oder Natur- und Völkerleben in Kur-, Liv und Esthland. Zweiter Theil. Dresden und Leipzig 1841, S. 62.
[2] Ebenda, Erster Theil. S. 38.

Christoph Engelbrecht von Grünewaldt, früherer Zivil-Gouverneur Estlands (1796-1862).[3]

So beschreibt unter anderem Elisabeth Rigby, eine Engländerin, die sich in den Jahren 1838-1840 in Estland aufhielt, das Gut Waldau/Valtu, damals eines der stattlichsten Herrenhäuser in Estland: „Wenn das Äußere schon viel Schönes versprach, so übertraf das Innere alle Erwartungen weit, und ich brauche mein Auge bloß für eine gewisse Rohheit und Unfertigkeit zu verschließen, um mich in einem Königssitz zu wähnen. Der Reichthum der architektonischen Verzierungen, die Schönheit der Fresken und des gemalten Getäfels, der Glanz der verschiedenfarbenen, marmorgleichen Parquets, die Höhe, die Lage, die Verhältnisse der Gemächer geben ein Ensemble vom höchsten Glanze, ganz unabhängig von der Unterstützung des Mobiliars, das auch hier, wie jene Stühle in Narva, gefertigt zu sein scheint, bevor noch Bequemlichkeit sich als ein Ingrediens menschlichen Glückes geltend machen durfte." [4]

In der zweiten Hälfte des 19. Jahrhunderts hingegen entwickelten sich die Innenausstattungen mehr auf dem Gebiet der alltäglichen Gebrauchsgüter als im Bereich der festlichen Accessoires. Derartige, strengen architektonischen Vorschriften unterworfene repräsentative Salons wurden allmählich durch bedeutend zurückhaltendere, dafür aber bequemeren und intimere Lösungen zurückgedrängt. Gleichermaßen veränderte sich die Art der Innenraumplanung. Anstelle symmetrischer Enfiladen bildeten sich mehr und mehr freiere Anordnungen der Zimmer aus, es entstanden Zwischenflure und Korridorsysteme. Die dem Klassizismus eigene, vor allem architektonisch

---

[3] J. C. E. von Grünewaldt, Jugenderinnerungen. – Vier Söhne eines Hauses. Zeit- und Lebensbilder aus Estlands Vergangenheit. Hrsg. von O. von Grünewaldt. Erster Band. Leipzig 1900, S. 25.

[4] [E. Rigby-Eastlake]. Letters from the Shores of the Baltic. Second edition. Vol I. London 1842, S. 132.

geprägte Raumgestaltung wurde durch die Schaffung malerischer, mit reichen Drapierungen versehener historistischer Ausstattungen ersetzt. Betonte früher der „apollinische" Klassizismus vor allem Linearität und Architektonik, legte dann der „dionysische" Historismus sein Hauptaugenmerk auf Vielfältigkeit, Farben- und Kontrastreichtum.

Vorboten der später standfindenden Wende lassen sich aber schon unmittelbar in den 20er und 30er Jahren feststellen. Kann man die Entstehung und Blütezeit des sogenannten Biedermeierstils noch als eine Art Fortsetzung der vorhergehenden Epoche betrachten, so bedeuteten jedoch dann dessen Niedergang gleichsam den Verfall des klassizistischen Wertesystems. Der bisherige strenge Formkanon, die Hierarchie der antiken Ordnungen schienen vollkommen ungeeignet, um Gefühle oder Assoziationen auszudrücken, weshalb der Historismus auf gleichberechtigte Anwendung verschiedener Stile Wert legte, wohl auch, um sich von den noch herrschenden Konventionen abzusetzen. Alles verband ein bestimmtes Bedeutungsumfeld, es schien, als wenn durch das Sich-Umgeben mit Nachbildungen vergangener Zeiten auch längst vergangene Ideale wiedererweckt werden sollten. Natürlich müssen wir nicht mit all der dort enthaltenen sentimentalen Romantik einverstanden sein, besonders nicht, wenn uns mancherlei verfälschte Erscheinungen begegnen, die offenbar Produkt einer gewissen Hilflosigkeit gegenüber geschichtlicher Realität und Ungeschicklichkeit im Einhalten historischer Vorbilder sind. Jedoch lassen sich eine ganze Reihe von Ursachen nicht abstreiten, die jene Erscheinungsformen bedingten. Das, was den Menschen im Geiste vorschwebte, äußerte sich unvermeidlich auch in Kunst und Architektur.

Hier soll nun als früheres Beispiel das in der Nähe von Reval/Tallinn gelegene Schloss Fall/Keila-Joa (Abb.1) angeführt werden, welches von dem bekannten Petersburger Architekten Hans (russ.: Andrej Ivanovič) Stackenschneider entworfen wurde. Von außen erinnert das Gebäude an ein mittelalterliches Ritterschloss und auch bei der Planung des Interieurs war man bestrebt, vermittels vielfach historischer, in der Mehrzahl gotischer Motive das Innere mit dem Äußeren stilistisch zu vereinigen. All dies sollte dann, quasi als Rechtfertigung, den Verzicht auf klassische Normen betonen. So waren Zimmertüren, Leuchter und Wandpaneele nach gotischen Vorbildern ausgearbeitet, ein Salon hatte sogar jene Netzgewölbedecke, wie sie in der Kapelle des Cambridge Kings College zu finden ist. Besondere Aufmerksamkeit verdienen wohl die von dem Revaler Bildhauer Johann Gottlieb Exner aus Rosenthal-Dolomit Orgita geschaffenen sechs Säulenkapitäle, in deren Musterung die Wappen der Besitzer eingeflochten waren. Später bestellte der Zar etwas Ähnliches für das Alexander-Palais in St. Petersburg. Derartig eindrucksvolle Innenraumgestaltung kommt am besten durch die Schilderung eines Zeitgenosse zum Ausdruck, der zu Protokoll gibt, dass „... man dies einzig nur dann aufzählen kann, wenn man zur gründlicheren Beschreibung dieser Dinge Archäologe wäre".[5] „Jeder Lehnstuhl war dort wie die Mailänder Kathedrale en miniature," erinnert sich zudem Fürst Sergej Volkonskij.[6] Auf den von Stackenschneider für das Gut Fall angefertigten Zeichnungen sehen wir sogar ein Klavier im neugotischen Stil und eine mit entsprechenden Wimpergen versehene Wanduhr.[7] Der Besucher fand sogar ein Zimmer im „chinesischen Stil" vor, welches mit dazu passendem Mobiliar, stilgerecht bemalter Decke und ausgewählten Tapeten versehen war. Ebenfalls befand sich in diesem Gutshaus ein mit Pharaofiguren versehener „altägyptischer" Gewölbegang. Resultat dieses Projektes war letztendlich ein malerischer, manchmal

---

[5] S. Umanec, Zamok Fall'pod Revelem. (Očerk.) Revel 1894, S. 30.
[6] S. Volkonskij, Razgavory. Sankt Peterburg 1912, S. 148.
[7] Staatliches A.-W.-Stschussew-Architekturmuseum, Moskau, PI-10245/-24-27, 31, 36.

auch unruhiger aber vielschichtiger architektonischer Organismus.

Neugotik hielt man gerade in Verbindung mit wildromantisch ausgeprägter Natur für angebracht. Auf diese Weise versuchte man auch, sich auf geographisch-geschichtliche Traditionen des entsprechenden Ortes zu beziehen. Als Beispiel seien hier die Säle des Schlosses Lode/Koluvere (Abb. 2) angeführt, die nach dem Brand von 1840 wieder neu errichtet und umgestaltet wurden. Dort konnte man außer zahlreichen „mittelalterlichen" Exponaten auch mit Ritterrüstung, Schwertern und Hellebarden ausgestattete lebensgroße Puppen zu sehen bekommen.

Die Bauhandbücher und Möbelalben aus der Mitte des 19. Jahrhunderts zeigen verschiedenste Varianten der Ausgestaltung. Typisch war, dass jedes Zimmer in einem anderen „Stil" gehalten war: ein Kabinett beispielsweise im „altenglischen Stil" oder so etwas wie „Fausts Studierzimmer", ein Damen-Boudoire „á la Madame Pompadour", ein Bad im „venzianischen" oder „türkischen" Stil, ein Eßzimmer im „Renaissance-" oder „Zopfstil" usw. Ungefähr im Zeitraum zwischen 1840-1850 war Neorokkoko besonders beliebt, Möbel im Geiste der Zeit Ludwigs XV. in verspieltgrazilen Formen und mit dazugehörigen seidendamastenen Stoffbezügen fanden damals viele Liebhaber. Stilisiertes Neorokoko-Interieur richtete man z.B. im Schloss Ratshof/Raadi (Abb. 3 und 4) bei Dorpat/Tartu ein. Auch sensationelle Entdeckungen in griechischen bzw. römischen Ruinen haben die Entwicklung derartigen künstlerischen Geschmacks nicht unberührt gelassen, manchmal kopierte man die bei Ausgrabungen bekannt gewordenen Architekturdetails und Wandmalereien mit größtmöglicher Genauigkeit. Teils unter dem Einfluss der Entdeckung Pompejis verbreiteten sich beispielsweise gemusterte Steinfußböden und ornamentale Deckengemälde. Eine der eindrucksvollsten Malereien kann man im Haus von Girard de Soucanton sehen (Brockusberg/Olevimägi 12/14), und was derlei Ausstattungen in Herrenhäusern betrifft, könnte man die Güter Neuhof/Kose-Uuemõisa (Abb. 5, 6 und 7), Maart/Maardu, Innis/Inju, Mönnikorb/Imastu und Saggad/Sagadi anführen.

Waren die Räume des Klassizismus mehrheitlich mit hellen, pastellenen Farben gestaltet, so bevorzugte man nun kräftigere und saturiertere Töne. „Leuchtendes Roth bringt am meisten den Eindruck ernster Pracht hervor, roth sowohl als violet sind jedoch der Hautfarbe besonders ungünstig, daher in Damenzimmern zu vermeiden. Von angenehmer Wirkung sind: Gelb mit röthlich braunen Verzierungen, hellgrün und hellblau mit Gelb oder Gold, ersteres dem Teint besonders günstig. Weiß mit Bronze oder Gold, und alle unbestimmt gehaltenen Farben in grünlichen, bläulichen, gelblichen oder grauen Schattierungen." So jedenfalls beschrieben in einem Bauhandbuch aus dem Jahre 1851, das für Gutsherren in Est- und Livland bestimmt war. Des weiteren ist dort zu lesen: „Soll durch Zusammenstellung verschiedener Farben eine größere Wirkung bezweckt werden, so wähle man sich gegenseitig ergänzende Farben, wie roth zu grün, - violet zu gelb – orange zu blau – und Gold zu weiß, grün, dunkelroth und violet. Gemälde werden durch einfache Wandmalereien am vorteilhaftesten hervorgehoben und namentlich Oelbilder auf dunkelgrau grünem, farbige Landschaften auf gelblichem, Kupferstiche und Lithographien auf hellgrauem Grunde." [8]

Ob nun gotisch, chinesisch oder pompejanisch, in welchem Stil auch immer, bedeutete das jedoch nicht, dass man deswegen auf allen Komfort oder auch nur den geringsten Teil seines Luxuses verzichtet hätte – eher im Gegenteil. Wenn man bedenkt, dass man noch im 18. Jahrhundert im hochgelobten Ver-

---

[8] [C. von Rosen], Bau-Handbuch für Landwirthe in Ehst- und Liefland. Reval 1851, S. 96.

sailles nicht ein einziges Klosett, statt dessen aber zahlreiche Nachttöpfe hatte, zeigt dies, dass heutzutage selbstverständliche Dinge wie WC und Bad, Zentralheizung und fließend Wasser, ja sogar die einfache Wanduhr erst Erfindungen des hier betrachteten Jahrhunderts sind. Sorge um die Bequemlichkeit war also eines der Grundprinzipien der Architektur des 19. Jahrhunderts. Die Heimstatt musste warm, sauber und bequem sein. Es verkörperten sich also in den eigenen vier Wänden Träume von Sehnsucht und Geborgenheit, quasi als innerer Widerstand gegen einfallslose zaristische Reichsarchitektur, gegen einseitig normierte Steifheit im offiziell-repräsentativen Alltag. Mehr als früher war das Bestreben nach einer behaglicheren und individuelleren architektonischen Umgebung maßgebend. Dem mit Verpflichtungen erfüllten Staatsbürger stand der romantisierende Privatmensch gegenüber. Darüber vermag uns hier am besten die damalige Literatur Auskunft zu geben, wie Arthur Behrsing sie, speziell auf das zweite Viertel des 19. Jahrhunderts bezogen, gerade unter diesem Aspekt charakterisiert hat: „Sie lebte ohne Horizont, ganz dem Interieur zugewandt".[2]

Die Zimmer wurden stiller und dämmriger, auch die Farbtöne trübten sich. Statt geschliffenem Mahagoni benutzte man mehr und mehr Nussbaum und Eiche, neben glänzend polierten Möbeln erschienen immer mehr weiche Divane, Couchs, Lehnstühle und Tabourets. Es fanden schließlich die unterschiedlichsten Dinge Verbreitung. Die Menschen erfasste ein eigenartiges Bedürfnis der Verhüllung von rein architektonisch Vorgegebenem, was sich unter anderem in der Verwendung von Samttüchern, Schirmen und schweren, in Falten hängenden Vorhängen vor Türen und Fenstern äußerte. (Interessanterwei-

---

[2] A. Behrsing. Grundriß einer Geschichte der baltischen Dichtung. Leipzig 1928, S. 72.

se begrünte man bis dahin freistehende Häuser mit Hilfe von Rankpflanzen. Ob sich wohl derartige Verhüllungen jetzt im Innenraum fortsetzten?)

In diesem Sinne versuchte man auch die aus früherer Zeit vorhandenen Räumlichkeiten umzugestalten. Enge Möbelaufstellung verringerte von sich aus die damalige Erhabenheit der Räume, dem Einfluss des Enfiladensystems jedoch konnte man nicht ganz entfliehen. In klassizistisch eingerichteten Zimmern waren die Möbel an den Wänden aufgestellt – „ ..., denn die Idee, Möbeln mitten ins Zimmer zu stellen, wie es jetzt geschieht, hätte vor fünfzig Jahren für entschiedenen Wahnsinn gegolten." merkt Georg Julius Schultz-Bertram im Jahre 1853 an.[10]

So verringerte sich fortwährend die charakteristische Einteilung in Zeremoninalräume und Privatgemächer. Anstatt einer Folge von „rosanen und hellblauen Salons" erschienen Räume mit eindeutig begrenzter Funktion wie Vestibül, Saal, Esszimmer, Arbeitskabinett und Schlafzimmer. Es gilt aber dabei nicht zu denken, dass diese Räume verglichen mit den früheren weniger repräsentativ waren – deren Ausdruck von Repräsentation war schlichtweg nur ein anderer.

Im Laufe des Jahrhunderts vertiefte sich die Mannigfaltigkeit des Interieurs, was sich dann zunehmend als Eklektizismus bezeichnen lässt. Höhepunkt dieser Entwicklung waren freilich die letzten Jahrzehnte des 19. Jahrhunderts - scheinbarer Stilverlust und Kulmination bis hin zu völliger Stilanarchie. Architektonische Raumgestaltungsprinzipien wurden nun, zugunsten von mechanischen, nach rein äußerlichen Merkmalen ausgerichteten Kombinationen, völlig aufgegeben. Der Stilkanon vollzog sich weiter nur in den Details, in den einzelnen Ge-

---

[10] Dr. Bertram, Baltische Skizzen. Bd. I. Dorpat/ St. Petersburg 1853, S.10.

genständen. Je mehr Phantasie, desto besser - so könnte die Losung lauten.

Die Auswahl der Gegenstände, die für den damaligen Lebensraum bestimmt waren, scheint schier endlos: Schwere eichene Neorenaissance-Sekretäre neben schlankbeinigen Blumentischen, massive „Bischofsthrone" in der Nähe von leichten Thonet-Stühlen, Staffeleien, Postamenten und Etageren. Außerdem gab es noch sogenannte Patentmöbel. Ein scheinbarer Wandschrank, den man zu einem Bett herunterlassen konnte, war bereits eine ganz gewöhnliche Sache, jedoch schon etwas ausgefallener ein Pianinobett, welches im Handumdrehen in eine Schlafgelegenheit verwandelt werden konnte. Hinzu kamen sowohl ausgestopfte Vögel und Tiere, die man nach Belieben aufstellte, als auch Geweihe, mit denen man die Wände ausschmückte (Abb. 8). Der Rauchsalon war mit persischen Teppichen und niedrigen Ottomanen ausgestattet und der Kamin meist im „altdeutschen" Stil gestaltet. (Einer der stattlichsten solcher Kamine ist im Gut Arknal/Arkna in Wierland zu sehen.)

Die damalige Gesellschaft war offenbar von irgendeinem *horror vacui* bedrückt. Weder Decken noch Wände wurden über größere Flächen freigehalten, alle Einrichtungsgegenstände standen in irgendeiner Beziehung zueinander. Die Lehnstuhlvorhänge waren auf die schweren Fenstergardinen abgestimmt, die Kommodensimse gestaltet wie die Bilderrahmen, so musste selbst die Natur außerhalb des Hauses vermittels Glaswänden die im Grün ertrinkende Veranda fortsetzen und die Wohnräume mussten bis in die möblierte Terrasse hineinreichen. Diejenigen Flächen, die man nicht mit Möbeln bedecken konnte, füllte man mit Zimmerpflanzen – Zierpflanzen auf Fensterbänken, auf Postamenten, den ganzen Wintergarten hatte man voller Oleander, Hortensien, Pelargonien und anderer exotischer Gewächse. So kann man beinahe sagen, dass das gutsherrliche Leben sich sozusagen unter Palmen gestaltete.

Jedes Zimmer war eine Welt für sich, zudem ergaben sich durch Schirme, Lehnen, Zwischenwände und dergleichen mehr noch zusätzlich abgeteilte stille Winkel. „Ich seh' noch die großblumige Saalgarnitur - mit den Plüscheinfassungen, Fransen, Troddeln und Knöpfen - deutlich vor Augen.", erinnert sich Ernst von Mensenkampff an ein livländisches Gutshaus. „Ebenso die Plüschportieren und Tischdecken, das verschnörkelte Holzmobiliar, die Vasen, die "Nippes" und die gußeisernen Scheusäligkeiten. /.../ Und doch fand man die „modernen" Möbel damals sehr schön und befand sich mit dieser unbegreiflichen Verirrung in allerbester Gesellschaft." [11]

Eine derartige Raumgestaltung hat freilich etwas Ausstellungshaftes. Alles ist exponiert: Nippfiguren in Vitrinenschränken und in Regalen; Gemälde, Kupferstiche und Gewehre an den Wänden, auf allen Tischen, Ablagen und Vorsprüngen befanden sich Figuren, Vasen, Kerzenständer, Schreibgarnituren und Alben. Hinsichtlich größtmöglicher dokumentaler Genauigkeit waren Fotographieaufnahmen besonders beliebt, mitunter wurden Porträts von Verwandten, Bekannten, berühmten Schriftstellern und Schauspielern und Mitgliedern der Zarenfamilie an den Wänden in einer ganzen „Ikonosthase" zusammengestellt.

Manchmal nennt man eine so überladene, gegenstandsreiche Gestaltungsweise auch Makartstil. Dieser Begriff bezieht sich auf den österreichischen Künstler Hans Makart, der es bekanntermaßen liebte, auf große Leinwand mit barocken Farbtönen opernhaft inszenierte, pompöse Gesellschaftszirkel zu malen. Ebenso prunkvoll, mit Raritäten und Kunstwerken angehäuft war daher auch sein Atelier.[12] Gleichfalls auf diese Künstlerpersönlichkeit geht auch das sogenannte Makartbukett

---

[11] E. von Mensenkampff, Menschen und Schicksale aus dem alten Livland. Tilsit/Leipzig/Riga 1943, S. 59.

[12] Vgl. Hans Makart und seine Zeit. Katalog. Salzburg 1954.

zurück, ein aus getrockneten Pflanzen, Stroh- und Papierblumen, mit Bronzepulver übersätes und aus Federn und Palmenblättern zusammengestelltes Gesteck, das ein sehr charakteristisches Merkmal der letzen zehn bis zwanzig Jahre des genannten Jahrhunderts darstellt. In Estland lässt sich Makart vielleicht am ehesten mit dem Maler Carl Timoleon von Neff vergleichen, der sich in Münkenhof/Muuga (Abb. 9) ein im Stile eines italienischen *Palazzo* gestaltetes Gutshaus errichten ließ. Es war wie ein Museum, voll mit Stilmöbeln, Ölgemälden, teuren Teppichen, Bronze- und Marmorskulpturen. Im Jahre 1889 erschien sogar ein gedruckter Katalog der Münkenhofer Kunstsammlung.[13] Selbstverständlich war vieles, was in diesem Gut zu sehen war, lediglich Kopie berühmter Meister, was sowohl für Skulpturen als auch für Gemälde gleichermaßen gilt.

Im Laufe des Jahrhunderts erweiterte sich ständig der Personenkreis, der auf ein derartiges „schönes" Leben Anspruch erhob. Das, was vorher nur den Herrschaften erschwinglich war, konnte man jetzt leicht auch bei dem einen oder anderen Diener finden. Was die Bekleidung (Abb. 10) anbetrifft, unterschieden sich nun Herrschaft und Bedienstete, Kutscher und Baron nicht mehr besonders voneinander, auch gewöhnliche Mietshäuser konnten schon von außen an edle Palais erinnern. Der große Unterschied zwischen den Ständen bezüglich der Lebensbedingungen und -gewohnheiten begann fortwährend zu schwinden. Dies ging im Prinzip Hand in Hand mit dem Voranschreiten des allgemeinen Demokratisierungsprozesses, welcher somit für die kulturelle Entwicklung im Laufe des ganzen 19. Jahrhunderts entscheidend war. Wir bemerken, dass bürgerlicher Lebensstil sich nach und nach durchsetzte. Bürgerliche Wohnungen bildeten die Keimzelle heutiger städti-

---

[13] Katalog der Kunstgegenstände in Münkenhof. Reval 1889: s. a. M. von Grünewaldt, Skizzen und Bilder aus dem Leben Carl Timoleons von Neff. Darmstadt 1877, S. 174-184.

scher Wohnkultur und bürgerlicher Geschmack wurde fortan tonangebend für die weitere Entwicklung der Innenarchitektur.

Können wir beispielsweise in den *Revalschen Wöchentlichen Nachrichten* Ende des 18. Jahrhunderts hauptsächlich Anzeigen lesen, in denen man Wohnstätten mit 12-15 Zimmern, einem großen Stall, Remise und mehrgeschossigem Lagerboden zum Verkauf anbot, verringerte sich die Zahl der angebotenen Räume etwa ab den 30er Jahren des 19. Jahrhunderts schon merklich, in dem man „nur" Drei- bis Vierraumwohnungen vermietete. Im Laufe einiger Jahrzehnte hatten sich die für mittelalterliche Handelsstädte typischen Speicher-Wohnhäuser in Mietshäuser gewandelt, die Speicherböden wurden dann ebenfalls zu Wohnungen ausgebaut. Diese Wende vollzog sich dann endgültig in den 60er Jahren des 19. Jahrhunderts. Zu dieser Zeit veränderte sich auch der Bezug zum Lebensraum dahingehend, dass sich die für das Zeitalter des Kapitalismus vorherrschende Mieter-Vermieter Beziehung herausbildete.

Ebenfalls ein Merkmal des Demokratisierungsprozesses war die Tendenz der Verbilligung von Einrichtungsgegenständen, was wir besonders in der zweiten Hälfte des 19. Jahrhunderts beobachten können. Möbel, die man früher bei einzelnen Handwerkern bestellte, konnte man nun als Fabrikerzeugnisse erwerben. Teures Massivholz wurde durch Imitate, Gemälde durch Fotos oder sogenannte Öldrucke (Oleolithographie) und Ledertapeten durch anderweitige Materialien ersetzt. Samt wurde durch Plüsch verdrängt, Marmor durch Gips und Bronzeschmuck konnte man als fabrikmäßig hergestellte hölzerne Nachbildungen bestellen. Der generelle Ausgleich der Lebensverhältnisse und Grundbedürfnisse zwischen den Ständen musste jedoch nicht unbedingt eine Demokratisierung des künstlerischen Idealbildes bedeuten. Ganz im Gegenteil, die vormalig Bediensteten versuchten um jeden Preis ihren ehemaligen Herren nachzueifern, die proletarische Kultur wandelte sich wann immer nur möglich zum Kleinbürgertum. Jeder Metzger oder Polizeiinspektor musste unbedingt einen altarähnlichen Büfettschrank im Esszimmer haben, sowie massive thronartige Stühle besitzen. Der antikrömische Tripus, eigentlich ein sakraler Gegenstand, wurde zuweilen dazu benutzt, um eine simple Waschschüssel darauf zu stellen. Es fehlte den Neureichen einfach an Bildung und jenem Taktgefühl, wie es den Adligen von klein auf als „Noblesse" beigebracht wurde. So treffen wir schon im Zeitalter des ausgehenden Historismus dergestaltige negative Erscheinungen an, die man heutzutage als Massenkultur bezeichnen würde.

Bisher wurde in der Regel das Interieur des 19. Jahrhunderts sehr abwertend beurteilt. Es steht außer Zweifel, dass man diese Erscheinungen als Niedergang guten Geschmacks, Verlust jeglichen Maßgefühls und Eklektizismus bewerten kann, sowohl aus der Perspektive des Klassizismus als auch vom Standpunkt des später folgenden Jugendstils gesehen. Es darf aber nicht vergessen werden, dass trotz alledem der Historismus eine selbstständige Kunstepoche mit eigenen inneren Gesetzmäßigkeiten und Wertmaßstäben darstellt, welche sich keineswegs, und schon gar nicht in j e d e r Beziehung mit den ästhetischen Kriterien anderer Stilepochen zu decken braucht.

(Übersetzt von Hans-Gunter Lock)

Abb. 1 Schloss Fall / Keila-Joa. Innenansicht.
Federzeichnung von Hans Stackenschneider, um 1832.

Abb. 2 Schloss Lohde / Koluvere.
Innenansicht neugotisch gestalteter Räume.
Foto 1897

Abb. 3 Ratshof/Raadi. Salon im Stile Ludwig XV.
Foto um 1905.

Abb. 4 Ratshof/Raadi. Museumszimmer.
Foto um 1900.

Abb. 5 Neuenhof/Kose-Uuemoisa. Saal.
Foto um 1911.

Abb. 6 Neuenhof. Teilansicht des Saales.
Foto um 1911.

Abb. 7 Neuenhof. Schreibzimmer.
Foto um 1911.

Abb. 8 Türpsal/Järve. Jagdzimmer.
Foto Anfang 20. Jahrhundert.

Abb. 9 Münkenhof/Muuga. Herrenzimmer.
Foto 1890er Jahre.

Abb. 10 Kunda. Herrenzimmer.
Foto um 1900.

DIE PASTORATE
ZUORDNUNGEN ZUR LEBENSWELT DER GÜTER UND ZUR LANDBEVÖLKERUNG

Heinrich Wittram

Aus der Landschaft der baltischen Territorien Estland, Livland und Kurland im 18. und 19. Jahrhundert sind die Pastorate nicht fortzudenken. Schon dem Erscheinungsbild nach waren sie unübersehbar. Wie in Wolmar waren viele Pastorate baulich eine bedeutende Anlage: „Massive, lastende Gebäude, im 18. Jahrhundert aus Feldsteinen errichtet, umgaben den Hofraum. Das Wohnhaus mit sechs Fenstern in der Fronte und noch drei im Giebel, wurde von langgestreckten Nebengebäuden flankiert, die durch Baumgruppen verschleiert waren und als Gelasse für Pferde und Wagen und Speicherräume dienten. Mehr zur Seite durch Baumgärten abgeschieden, lag der eigentliche Wirtschaftshof mit seinen Baulichkeiten, während weite Gartenanlagen von der anderen Seite her das Haus in seiner Rückseite umfaßten. Eine geräumige Veranda lud gastlich zum Eintritt ein, und bot im Sommer den beliebtesten Aufenthaltsort".[1]
„Ein Sonntag auf einem land'schen Pastorat" im Torma/Nordlivland des beginnenden 19. Jahrhunderts wird uns in den „Baltischen Skizzen" des Arztes Georg Julius von Schultz, Pseudonym Dr. Bertram, lebendig geschildert: Im sonntäglich geputzten Hause sind „die beiden Stalljungen im Sonntagshabit erschienen und haben die Oberaufsicht über alle Öfen erhalten", weißer Sand und Blumen zieren die Diele, „feierlich, aber froh gestimmt, setzt sich der Probst zur Morgenpfeife, und während ihm die Tante die Silberlocken glatt kämmt, präpariert

---

[1] Ferdinand Walter, Bischof Dr., Seine Landtagspredigten und sein Lebenslauf, Leipzig 1891, S. 131.

er sich zur heutigen Predigt". Nun drängt sich auch allseitig das Landvolk herbei, auf allen Wegen zum Pastorat erscheinen lange Reihen von Fahrenden, Reitern und Fußgängern. An allen Zäunen und Wirtschaftsgebäuden stehen die Schlitten oder Leiterwagen reihenweise dicht nebeneinander, und die kleinen Estenpferde haben Heu oder gar Hafer vor.

„Im Einschreibesaal setzt sich nun der Pastor dem Küster gegenüber an den großen aufgeklappten Eßtisch vor das große Communicantenbuch und ruft die 70 oder 80 Dörfer des Kirchspiels nach den Gütern auf. Die Vormünder, bibelfeste Männer, einige in müllerblauen Röcken, rufen es weiter in die Volkskammer, von dort ruft man es in die Küche, dann in's Vorhaus, endlich in den Hof und wer sein Dorf nennen hört, drängt sich durch, nennt seinen Namen und zahlt einen kupfernen Zweier, den der Küster empfängt und mit den übrigen zu Rubeln übereinander häuft, so daß eine Reihe kleiner gothischer Ritterburgen mit runden Thürmen vor ihm steht.

Während dessen ist in einem andern Theil der Propstei, in der Schaffereikammer, ein kleiner Marktplatz errichtet. Die Bauerweiber bringen Flachs, Butter, Eier und Hühner zum Verkauf; die Schützen kommen mit Wild und die Fischer mit Peipuskrebsen oder einem riesenhaft großen Hecht, dessen Kopf der Mann auf seine Schulter gelegt hat und dessen Schweif hinter ihm her längs der Erde schleppt. Aber die Glocke ertönt vom Kirchthurm, von dem Bauerjungen herabschauen, und Alles eilt zur Kirche. Voran der Küster, dann die Vormünder mit dem Kirchengeräth, Wein, Kelch und silberne Oblatendose, so wie mit der Kirchenkasse, - den Zug beschließt der Propst mit den vornehmsten deutschen Eingepfarrten; denn da nur drei- oder viermal deutsch gepredigt wird, so gehen die Eingepfarrten auch in die ehstnische Predigt." [2]

Wilhelm Lenz sen. beschreibt das Leben des Pastors auf dem Lande als des bis zur Mitte des 19. Jahrhunderts zumeist „immer noch einzigen Vertreter des Literatenstandes - Landärzte gab es erst seit Mitte des 19. Jahrhunderts häufiger. Der Lebenszuschnitt in einem ländlichen Pastorat war im Vergleich zur Gegenwart ausgesprochen breit: an Wohnraum fehlte es nicht, die Bedienung war zahlreich, Essen und Trinken waren einfach, aber stets reichlich. Der Pastor hatte genügend Zeit, um außer seiner Amtstätigkeit seinen Interessen zu leben". Das familiäre gesellige Leben glich dem des Landadels: „Jagd, Fischfang, Krebspartien spielten eine große Rolle. Man lebte sehr gesellig, Besuch war stets willkommen. Es wurde viel getanzt, auch da schlossen sich die jüngeren Pastoren nicht aus, viel musiziert, auch vorgelesen. Liebhaberaufführungen erfreuten sich großer Beliebtheit. Das keineswegs nur beim Adel zu findende aristokratische Gepräge, die soziale Gleichheit unter den Gebildeten, die geringe Rolle der Vermögensunterschiede, dabei der stark ausgebildete Sinn für Gemütlichkeit und Behagen - verbunden mit einer wirklich großzügigen Gastfreiheit - gab es in allen drei Provinzen. Die aus dieser Zeit in größerer Zahl vorliegenden Memoiren vermitteln anschauliche Bilder des Lebens der damaligen Literaten".[3]

Die geistliche Berufstradition konnte sich im gleichen Pastorat über mehrere Generationen hin vererben, der adlige Patron berief nicht selten den Pastorensohn, mit dem er seit Kindertagen und in Dorpater Studentenzeiten verbunden sein konnte. Für sehr viele Pastorenfamilien ist die Zeit des 18. Jahrhunderts, die Aufbauzeit nach dem Nordischen Kriege, der

---

[2] Bertram, Baltische Skizzen, 4. A. Reval 1904, (Fotomech. Nachdruck 1979 Harro von Hirschheydt, Hannover), S. 64-67.
[3] Wilhelm Lenz, Der baltische Literatenstand, Marburg 1953, S. 20.

Beginn ihrer Wirksamkeit auf dem Lande gewesen, ein großer Teil von ihnen war aus den nord- und mitteldeutschen Ländern eingewandert, mancher von ihnen als Hofmeister und examinierter Theologiestudent auf ein baltisches Gut. Georg von Rauch schreibt: „Die namhaften Geistlichen der Aufklärungszeit haben sich alle überraschend schnell akklimatisiert und in die andersartigen Verhältnisse hineingefunden".[4] Sie konnten eine breite Wirksamkeit entfalten, wenn sie sich rasch und gründlich mit den Sprachen der Landbevölkerung, estnisch oder lettisch, vertraut machten. Im 18. Jahrhundert konnte ihre öffentliche Wirksamkeit vor allem in ihren Bemühungen um die Landessprachen und um die ersten Schritte zu einem geordneten Schulwesen Ausdruck finden, stets im Rahmen der damals noch selbstverständlichen ständischen Position und der vom Patronat und den Landräten gegebenen Möglichkeiten. Die schwedische Zeit war schon im 17. Jahrhundert zu einer ersten Hochblüte estnischer und lettischer Sprachentwicklung geworden. 1686 war das Neue Testament in südestnischer, 1715 in nordestnischer Mundart erschienen, 1694 das estnische Gesangbuch des Johann Hornung mit 117 Liedern. Die erste estnische Übersetzung der ganzen Bibel wurde erst 1739 nach der schwedischen Zeit fertig. Dank besonderer Förderung des schwedischen Königs und des Livländischen Generalsuperintendenten Jakob Benjamin Fischer konnte für den lettischen Sprachbereich 1689 Pastor Ernst Glück die erste Übersetzung der Bibel ins Lettische veröffentlichen. Von Glück stammen auch ein lettisches Gesangbuch, ein Gebetbuch und ein Katechismus. Es waren gewiss nur einzelne Pastoren, die von ihrer besonderen sprachlichen Befähigung her eine literarische Übersetzungsarbeit leisten konnten: der aus Königsberg einge-

---

[4] Rauch, Georg von: Das baltische Pfarrhaus, in: Kirche im Osten Bd. V, Stuttgart 1962, S. 103.

wanderte Jakob Lange und eine Anzahl von pietistisch gesinnten Pastoren, die bis 1739 die zweite lettische Bibelausgabe „Biblia" erstellten und veröffentlichten, 1730 war eine separate Ausgabe des Neuen Testamentes vorausgegangen. Jakob Lange hatte auch einen Katechismus und ein viel beachtetes Wörterbuch veröffentlicht.[5] Noch bekannter als er wurde für die lettische Sprachentwicklung der Kurländer Pastor Gotthard Friedrich Stender, nicht minder wichtig gegen Ende des 19. Jahrhunderts in Kurland August Bielenstein. Nur außerordentliche Fähigkeiten und zeitliche Dispositionen und dazu günstige Bedingungen für die Leitung des Landbaus im Pastorat ermöglichten ein gleichzeitiges Wirken in der Sprachwissenschaft, in der Seelsorge und in der Amtsführung, die bis zur Mitte des l9. Jahrhunderts die Mitverantwortung für das sich mühsam entwickelnde Schulwesen einschloss.

Die Mehrzahl der Pastoren des 18. Jahrhunderts war jedoch mit anderen als literarisch-sprachlichen Problemen ausgefüllt: sie betätigten sich neben Predigt und unterschiedlich intensiver Unterweisung als Landwirte und bemühten sich im Sinn der Aufklärung nicht selten um Reformen der agrarischen und der medizinischen Verhältnisse. Protagonisten dieser sozialen Bemühungen waren Pastor Georg Eisen von Schwarzenberg in Torma am Peipussee mit umfangreichen Vorschlägen zu agrarrechtlichen und gesundheitlichen Reformen in der Mitte des Jahrhunderts. Ein zweiter Vorkämpfer für die Aufhebung der Leibeigenschaft des Bauern war Pastor Johann Heinrich von Jannau in Lais in seiner 1786 erschienenen „Geschichte der Sklaverey und Charakter der Bauern in Lief- und Ehstland". Die Aufhebung der Leibeigenschaft forderten die Theologen Wilhelm Christian Friebe Marienburg/Aluksne und

---

[5] Heinrich Wittram, Jakob Lange (1711-1777) - ein Leben für Livland und die lettische Sprache, Jahrbuch d. Baltischen Deutschtums. Lüneburg 1995, S. 27, 39.

in Estland Christian Petri, am wirksamsten in Livland Garlieb Merkel in seinem bekannten Buch „Die Letten am Ende des philosophischen Jahrhunderts" 1797. Georg von Rauch urteilt: „Auch nach der zunächst nur personenrechtlichen Aufhebung der Leibeigenschaft empfand es die baltische Geistlichkeit weiterhin als ihre Pflicht, als Anwalt einer Verbesserung der wirtschaftlichen Lage der Bauern zu wirken". Über ihren Urgroßvater Traugott Katterfeld in Neuhausen/Valtaiki in Kurland berichtet Anna Katterfeld, er habe als Pastor einigen leibeigenen Landarbeitern ein Verhältnis der Lohnarbeit angeboten, nicht zu seinem momentanen Vorteil: „Sie waren so erstaunt, daß sie dem Urgroßvater gar nicht einmal so richtig gedankt hatten. Sie sind auch nicht immer gekommen, wenn er Arbeit für sie hatte. Das ist oft recht schwer gewesen. Der Urgroßvater hatte sehr viel Pfarrland und konnte häufig keine Arbeiter bekommen, nachdem er seine Leibeigenen freigelassen hatte. Aber doch hat es ihm nicht leid getan. Er wußte, daß er vor Gott recht gehandelt hatte, und daß darum auch ein Segen darauf liegen werde. Und so ist's denn auch gewesen. Wenn Not am Mann war, haben er und seine Söhne mitgearbeitet".[6] In den sozialrevolutionären gegen Gutshäuser und Pastorate gerichteten Angriffen, Gewaltakten und Zerstörungen von 1905 wurde nicht zwischen reformerischen und traditionellen Verhaltensweisen unterschieden.

Ständischrechtlich war der Pastor auf dem Lande dem Gutsherrn gleichgestellt: „In steuerlicher und erbrechtlicher Hinsicht genoß der Pastor adlige Vorrechte. Das russische Rangklassensystem machte ihn ebenso wie die anderen Studierten „exemt", d.h. setzte ihn von der Kopfsteuer frei. Nach der ganzen sozialen Struktur war es unvermeidlich, daß

---

[6] Anna Katterfeld, Urgroßvater und Urenkel im Baltenland, Wuppertal o.J. S. 10.

der livländische Pastor ein „Kirchenherr" wurde. Als wie mächtig mußte der Pastor empfunden werden, wenn er bis zur Einführung der allgemeinen Wehrpflicht (1874) ebenso wie der Gutsherr das Recht hatte, Glieder seiner Gemeinde vom Militärdienst zu befreien!"[7]

Die wirtschaftliche Lage der Geistlichen und ihrer Familien war abhängig von den Landerträgen und der Größe des Kirchspiels. Große Kirchengemeinden in Landschaften mit guten Ackerböden konnten, auch bei normalerweise sehr extensiver Bewirtschaftung, gute Erträge erbringen und stellten viele Leistungen, wenig ertragreiche Landstriche boten ein gerade auskömmliches Leben. Für die Überwachung der landwirtschaftlichen Arbeiten konnten nur Vorarbeiter, nicht Verwalter beschäftigt werden. Zum Pastorat gehörten Hofsland (Pastoratswitwe) und Bauernland, beides in sehr verschiedener Verteilung: „22 Pastorate, alle auf dem festländischen Teil Livlands gelegen, haben nur Hofsland".[8] Im Umkreis der Städte, vor allem in später gegründeten Gemeinden, fehlte das z.T. seit dem Mittelalter bestehende Pfarrland. In einigen Pfarren Livlands und in Oesel war Pfarrwitwenland ausgewiesen, das - falls nicht für diesen Zweck benötigt - vom Pfarrer gegen eine Zahlung an die Oeselsche Prediger-, Witwen- und Waisenkasse genutzt werden konnte. Einige Pfarren haben in den Grenzen benachbarter Güter Hölzungs- und Weideberechtigung („Servitute"). Je nach Bodenqualität wurde die Besteuerung in vier Qualitätsstufen vorgenommen. Das Bauernland wurde in der Regel von mehreren Bauern bewirtschaftet, die zugleich zur „Predigergerechtigkeit, auch Priesterkorn und Gerechtigkeitsabgaben genannt", verpflichtet waren, zumeist als Roggen, Gerste und Hafer, hinzu kamen sog. „Nebenperselen", darge-

---

[7] Reinhard Wittram, Drei Generationen. Göttingen 1949, S. 152.
[8] Axel Gernet, Die ev.-luth. Gemeinden in Rußland, Bd. II, St. Petersburg 1911, Zitate S. XXII-XXX.

bracht bei den großen Abendmahlsfeiern und von den „Kirchenvormündern", eingesammelt (zumeist Naturalabgaben), und Arbeitsleistungen. Im Jahr 1843 war „das Maß der Leistungen nach eingehender Untersuchung ein für alle Mal genau fixiert worden. Priesterkorn und Nebenperselen sind privatrechtliche Reallasten, haften also am Grund und Boden". Diese Regelungen wurden von der russischen Administration bis in den Anfang des 20. Jahrhunderts bestätigt. „Die Arbeitsleistungen die in Anspann- und Fußtage zu scheiden sind, je nachdem ob die Arbeiter mit Pferden oder ohne solche zur Arbeit zu kommen haben, sind zum großen Teile in der Praxis durch Geld abgelöst", ebenso vielfach auch die Naturalabgaben. Als Möglichkeit war dies bereits in den sog. Regulativen von 1843 vorgesehen gewesen. Abgaben wurden nur von Bauern, nicht von Häuslern ohne Land u.a. erhoben; landlose Arbeiter leisteten einen Arbeitstag pro Jahr. 1911/12 wurden die Naturalleistungen jährlich neu in ihrem Geldwert festgelegt.

Hinzu kamen Zahlungen für Amtshandlungen („Akzidentien") auf sehr niedrigem Niveau gemäß dem Kirchengesetz von 1832, die nur von den bäuerlichen Gemeindemitgliedern zu entrichten waren. Als privatrechtliche Reallast der Hofeigentümer wurde für die Kirchengebäude und Küsterhäuser eine kirchliche Baulast erhoben.

Von Pastoren ist die festgesetzte Zahlung für die Amtshandlungen immer wieder als problematisch empfunden worden. August Bielenstein schreibt in seinen Erinnerungen: „Ich halte es für einen Segen, wenn die Gemeinde das Accidens nach dem Maße des Vermögens in freier Liebe und Dankbarkeit für empfangene Dienstleistung gibt", als (lettisch) „seeds" = Blüte, Gegengabe, Opfer, nicht als „Accidens". Auch sah Bielenstein ein Problem in der Verbindung der traditionellen „Gebetsfahrten" mit dem Empfang der „Wintergerechtigkeit" in den Bauernhöfen, also 1/2 Lof Hafer und einige Pfund Flachs, da durch diese Verbindung der Eindruck vermittelt wurde, der Pastor komme als „Steuereinnehmer"; Bielenstein hielt die Abgabe im Pastorat für glücklicher.[2]

Da die meisten Abgaben in Naturalien geleistet wurden, „hatten es Pastoren auf dem Lande mit einer größeren Familie - und das war häufig der Fall - nicht leicht, die Mittel zur Erziehung ihrer Kinder aufzubringen. Oft hielten sie sich einen Hauslehrer und nahmen zum Mitunterricht einige Pensionäre ins Haus".[10]

Da die meisten Pfarrstellen auf dem Lande Patronatspfarrstellen waren, bestand rechtlich und faktisch und häufig auch persönlich ein enges Verhältnis zwischen Pastor und Patron, also dem Gutsbesitzer eines Gutes und, nicht selten, den Nebenpatronen. Das Patronat war zur Fürsorge für das Kirchen- und andere Gebäude verpflichtet und beteiligte die Bauern in Hand- und Spanndiensten. Familiäre Kontakte konnten zu Freundschaften, auch zu ehelichen Verbindungen der Kinder führen, eigenständige Pastoren konnten den Gutsherren auch deutlich ins Gewissen reden, wovon manche bekannten Anekdoten („Pratchen") Kunde geben. Das Beziehungsverhältnis gestaltete sich je nach den vorhandenen persönlichen, geistigen und naturbezogenen Gemeinsamkeiten und Interessen.

Zu den „Kirchenvorstehern" des Patronats traten die „Kirchenvormünder", die der Gutsbesitzer nach Beratung mit dem Pastor unter den Bauern seines Gutes auswählte. Heinrich Schaudinn schreibt: „Für ein größeres Gutsgebiet wurden zwei Kirchenvormünder ernannt, so daß in einem Kirchspiel bisweilen 10 bis 15 Bauern mit diesem Amt betraut waren. Die Kirchenvormünder waren Helfer des Pastors und ihrer Gutsherrschaft in der kirchlichen Führung der Bauerngemeinde". Sie

---

[2] August Bielenstein, Ein glückliches Leben. Riga 1904, S. 99-102.
[10] Wilhelm Lenz, Zur Verfassung und Sozialgeschichte der Kirche. in: Baltische Kirchengeschichte, Hg. von Reinhard Wittram, Göttingen 1956, S. 115.

beaufsichtigten die Bauarbeiten an den Gebäuden, beteiligten sich an der Gemeindeordnung, „waren aber nicht nur Hilfsorgane des Kirchspiels, sondern auch die Sprecher der Bauerngemeinde, die auf den Kirchenkonventen und bei der Kirchenvisitation zugegen waren". Für ihre Tätigkeit wurden ihnen bestimmte Vorrechte zuerkannt, sie waren „frei von der Materialanfuhr und der Stellung eines Arbeiters zum Kirchen- Pastorats- und Schulenbau". Wenn sie im Amt starben, hatten sie das Recht auf ein freies Begräbnis in der Kirche.[11]

Der Gutsbesitzer als Kirchenvorsteher, der Pastor und die Kirchenvormünder bildeten den „Kirchenkonvent", der das „Kirchspiel" repräsentierte, bis zur Landgemeindeordnung von 1866 die unterste Stufe der Landesselbstverwaltung. Im Kirchenkonvent wurden die wirtschaftlichen Angelegenheiten der Kirchen, Pastorate und Schulen verwaltet, ebenso war ihm die Instandhaltung der Wege und die Sorge für die Wohlfahrt des Kirchspiels anvertraut. Gutsbesitzer und Bauern trugen die Grundsteuern zur Hälfte, für die Errichtung von Gebäuden stellten die Güter das Material, die Bauern die Arbeitskräfte. Von 1870 an trat neben den Kirchenkonvent der „Kirchspielskonvent", der außer den Kirchen- und Schulangelegenheiten alle kommunalen Aufgaben übernahm. Seit der Reform von 1870 waren die Bauern durch gewählte Delegierte der Bauerngemeinden bzw. durch die Gemeindeältesten neben den Vertretern der Güter in Kirchen- und Kirchspielskonventen mit Sitz und Stimme vertreten.[12]

Durch das Präsentationsrecht der Patrone - das Patronat durfte bis zu drei Kandidaten vorschlagen - entstanden bei Pfarrbesetzung in der zweiten Hälfte des 19. Jahrhunderts zunehmend Probleme, da die inzwischen selbstbewussteren Kir-

---

[11] Heinrich Schaudinn, Deutsche Bildungsarbeit am lettischen Volkstum des 18. Jahrhunderts. München 1937, S. 22.
[12] H. Wittram, Drei Generationen (wie Anm. 247) S. 153.

chenkonvente keinen Einfluss auf die personelle Entscheidung zu Gunsten anderer Kandidaten nehmen konnten und sich mancherorts erhebliche nationale Gegensätze mit solchen Entscheidungen verbanden. Das Patronatsrecht wurde inzwischen „von den meisten Gemeindemitgliedern als völlig veraltet" angesehen.[13]

Dass in der Mitte des 19. Jahrhunderts zu den sozialen und beginnenden nationalen Spannungen zu Letten und Esten die russisch-administrativen Konflikte wegen der zur russisch-orthodoxen Kirche übergetretenen rückkehrwilligen Konvertiten hinzukamen, erschwerte die Situation vieler Pastoren. Sie nahmen Prozesse gegen sich in Kauf, wenn sie an Rückkehrwilligen Amtshandlungen vornahmen, in Livland standen Ende des Jahrhunderts die meisten Pastoren unter Anklage. Roberts Feldmanis, lettischer Professor für Kirchengeschichte in Riga, urteilt: „Man muß zur Ehre der damaligen lutherischen Geistlichkeit sagen, daß unter ihnen ein fester Konsensus darin bestand, daß sie Hilfesuchende nicht abwiesen". Die Problematik hat Georg von Rauch im Blick auf die Position der Pastoren treffend beschrieben: „Standen die baltischen Pastoren in diesem Kampf als Wortführer an der Spitze ihrer estnischen und lettischen Gemeinden, so war freilich zur selben Zeit dieses Verhältnis durch das wachsende Nationalbewusstsein der Esten und Letten problematisch geworden".[14]

Traten seit dem Ende des Jahrhunderts zunehmend estnische und lettische Pastoren an die Seite ihrer deutschen Amtsbrüder (1912 betrug das Zahlenverhältnis: 48 deutsche, 51 nichtdeutsche), so hatte diese Entwicklung bis zum 1. Welt-

---

[13] Wilhelm Lenz, (wie Anm. 250), S. 127, Zu den Konflikten aus früherer Sicht: Erich von Schrenck, Baltische Kirchengeschichte der Neuzeit. Riga 1933, S. 138-141.
[14] Georg v. Rauch, (wie Anm. 244), S. 110.

krieg keine Auswirkungen auf die rechtliche Stellung der Pastorate.

Die Wirkung der Pastorate in den baltischen Provinzen Estland, Livland, Kurland im 18./19. Jahrhundert wäre nicht ausreichend beschrieben, wenn nicht die Frau des Pastors (die „Pastorin") mit im Blick wäre. Aus Keinis (Dagö/Hiiumaa) berichtet Johannes Haller in seinen Lebenserinnerungen: „Der einzige Arzt nebst Apotheke war von Keinis 30 km entfernt. Daß da die Hausmedizin oft aushelfen mußte, ist klar, und ich erinnere mich gut, wie meine Mutter sie ausübte, an den eigenen Kindern und ebenso an den Bauern, die mit all ihren leiblichen Nöten, von Husten und Magenweh bis zu Typhus und schweren Verletzungen, zu allererst immer zur Frau Pastorin flüchteten, die dann nach Umständen entweder selbst die Behandlung übernahm oder den Doktor holen ließ".[15] Aus den gleichen siebziger Jahren des 19. Jahrhunderts berichtet Traugott Hahn sen. in seinen Erinnerungen aus Rauge/Livland über seine Frau: „Sie hatte ihre Dienstboten völlig in der Hand. Wo es sich um wirkliche Arbeit handelte im Hauswesen, um Arbeit, die Sorge und Verdruß mit den Leuten mit sich bringt, das nahm Lalla immer alles auf sich. Ebenso war es im Stall. Daß die Pferde immer zur rechten Zeit beschlagen waren, daß sie ihr Futter regelmäßig erhielten und gut geputzt wurden, daß die Wagen rechtzeitig repariert wurden von Schmied oder Stellmacher, alles das hat sie auf sich genommen. Im Viehstall mit den sechs Kühen, im Schweinestall, im Schafstall, überall hin ging Lalla selbst und sah nach dem Rechten."

In der Raugeschen Gemeinde wirkte sie lauter Segen in das Gemeindeleben bringend, ohne doch irgendwie sich in das Gemeindeleben aktiv eindrängen zu wollen. Und eng verbun-

---

[15] Johannes Haller, Lebenserinnerungen. Stuttgart 1960, S. 15.

den damit war ihre große Liebe für alle Menschen, mit denen sie in Berührung trat. Und als solche galten ihr alle Gemeindeglieder, Deutsche und Esten waren ihr ganz gleich, wenn sie ihnen dienen konnte. An den Sonntagen war sie, wie die allermeisten landischen Pastorinnen, belagert von Frauen, welche Medizin erbaten für sich selbst oder andere. Wie viele Pastorinnen erfreute sie sich bald eines größeren Vertrauens als die meisten Ärzte". Hahn berichtet von den Gastgeberpflichten des Pastorats, sonntags mittags für die angereisten deutschen Gemeindeglieder, Deutsche und Esten zu den mindestens viermal jährlichen Kirchenkonventen mit bis zu 40 Personen, Gutsvertreter und Delegierte der Bauernschaften: „Die große Mühewaltung der doppelten Bewirtung, wozu noch die Kutscher der Herren als dritter Kreis kamen, trug natürlich Lalla. Wieviel hat sie dadurch dazu beigetragen, daß die Konvente in Rauge sich von Jahr zu Jahr immer freundlicher gestalteten zwischen Güter und Bauernschaften einerseits, aber auch zwischen mir und den Bauerdelegierten". Hinzu kamen Kirchenvormünder-Versammlungen jeweils im Januar mit Mittagessen, Versammlungen der Schulmeister, monatlich zum Kaffee, jährlich einmal zum Festessen, Vortrags- und Gesprächsabende mit Tee und gebackenem Weißbrot gegen einen Obolus von sieben Kopeken.[16] Die Frau des Pastors übernahm mit Selbstverständlichkeit einen ausgedehnten Pflichtenkreis und erfuhr dafür manchen Dank von Teilnehmern ihrer Geistlichkeit.

Die Rolle des baltischen Pastorats als eines der Schwerpunkte für helfendes Handeln und als Treffpunkt für soziale Aufgaben ist in wesentlichem Umfang den „Pastorinnen" zu verdanken. Eng waren auch die Kontakte zwischen den Kindern des Pastorats und den estnischen und lettischen Kindern, so dass Johannes Haller schreiben kann: „Wir haben dieses

---

[16] Traugott Hahn, Lebenserinnerungen. 2.A. 1940, S. 280-285.

Volk geschätzt und geliebt, hatten wir doch alle, die wir auf dem Lande aufwuchsen, in den ersten Jahren estnisch, manche nur estnisch gesprochen. Unsere Spielkameraden waren estnische Bauernkinder, an der Wärterin, der Amme und ihren Kindern, den „Milchgeschwistern", hingen wir noch lange mit dem Herzen. Wir glaubten zu wissen, daß wir es mit einem treuen, ehrlichen Volk von großer Tüchtigkeit und Gelehrigkeit zu tun hatten, mit dem zu verkehren uns immer Freude machte".[17]

Elemente solcher Offenheit und Gastlichkeit konnten sich mancherorts fortsetzen bis in die Zeit zwischen den Weltkriegen, vor allem dort, wo deutsche Pastoren weiterhin in estnischen Kirchengemeinden tätig bleiben konnten, etwa in Haggers/Hageri in Estland: „Es waren nicht nur Deutsche, die als Sommergäste hinkamen, sondern ein buntes Gemisch von Russen, Finnen, Schweden, Esten und Deutschen, und der nationale Unterschied existierte nicht". Die Pastorentochter schreibt weiter: „Ich erinnere mich, wie Onkel Puss dem estnischen Knecht Wolli auf dem Flügel Harmonien vorspielte, die er gerade komponiert hatte, weil Wolli so ein musikalisches Gehör hatte. Ich glaube überhaupt, daß das estnische Volk und die deutsche Oberschicht im jahrhundertelangen Zusammenleben viel stärker aufeinander abgefärbt haben, als man sich dessen bewußt wurde".[18] Die Rolle der Pastorate kann dafür recht hoch veranschlagt werden.

---

[17] Johannes Haller, Lebenserinnerungen. (wie Anm. 255), S. 18.
[18] Ulrike Tillich, Erinnerungen an Maggers. (Ungedr.), 1963, S. 3.

Personenregister

Aftanazy, R.	249
Albrecht, Uwe	172, 179, 183, 188
Andres	73
Apals , Z.	150
Batory, Stefan	181
Baumanis, J.F.	247
Bausinger, H.	37
Behr, E.A. von	229
Behrsing, Arthur	266
Behse, Fritz	98
Bellemann, J. J.	44
Bergmann, Gustav	117, 118, 119, 120, 122
Bergmann, Liborius	120
Bertschy, M. P.	206, 245, 249
Betskoi, Ivan	60
Bibikov (Brüder)	60
Bielenstein, August	162, 287, 290, 291
Bieletzky, A.	249
Biron, Ernst Johann, Herzog	152, 156
Blanckenhagen, Peter Heinrich	73
Blums, Peteris	174, 207
Bock, O. von	60
Boerenberg, Anna	110
Borch, Bernt von	204
Borch, von der	174
Bosse, Heinrich (jun)	25, 26, 37
Botta	76
Boye, Baronin	43
Bray, F. de Graf	33, 74
Brotze, Johann Christoph	121, 129, 153, 154
Brüggen, Ewest von der	180
Brüggen, Johanna Baronin von der	80
Brüggen, Philipp von der	175, 180
Brüggen, von (Familie)	175, 177
Bruģis, Dainis	235, 247
Bruining, Carl Baron von	85

Brümmer, Anna Magdalena von	109
Brummer, M. von	238
Budberg, Baronin	80
Busch, Johann Reinhold	112
Butlar, Dietrich von	142
Butlar, W. von	141
Chrichton, R	241
Christian	73
Christian, Joachim	109
Christian, Peter	108, 109, 117, 120, 122, 126
Christine, Königin von Schweden	56
Cromwell	114
David, Ferdinan	76, 104
David, Sophie	80
Dickson, R.	241
Diderot, Denis	16
Dönhof, Christin Susanne von	197
Dönhoff, Marion Gräfin	7
Döring, J.	149, 162, 163, 164, 165, 210, 236
Dunsdorf, E.	143, 144
Dzialinsky, Herzog	246
Eckermann, Gertrud Elisabeth von	109, 112
Eckhardt, Julius	10, 21
Effern, Wilhelm von	194
Elisabeth Petrowna	110
Engden,	60
Erdmann, H. E.	38
Essen, Nikolai von	70
Essen, Otto von	78
Exner, Johann Gottlieb	263
Faure, F. G.	87
Feldmanis, Roberts	293
Felsko, K.D.	242
Fischer, Jakob Benjamin	286
Foelkersahm, Hamilkar von	8, 10, 78
Franguet	75

Friebe, Wilhelm Christian   42, 69, 70, 104. 287
Friedrich II. König von Dänemark   146
Friedrich Wilhelm IV. von Preußen   230

Gerhard, Johann Conrad   115
Gibbon   119
Glück, Ernst   286, 320
Gogol, Nikolai   259
Goldsmith   119
Graham, J. G.   241
Grano, A   231
Grenzstein, A.   93
Gretsch   113
Grünewaldt, Johann Christopf E. von   261
Günzel, Arthur von   126
Günzel, Arved von   126
Günzel, Carl Joachim Johann von   126
Günzel, Catharina von   125
Günzel, Karl Johann von   122
Günzel, von   122, 125, 134

Hagemeister, F. von   60
Hahn, Traugott   294, 295
Haller, Johannes   294, 295
Hans   73
Hastver, Jacob Johann von   1093
Helmersen, Isabella von   80
Heuss, Alfred   10, 11
Hollander, A.   125
Hornung, Johann   286
Hupel, August Wilhelm   36, 111
Husen, Christian von   108
Husen, Chatharina von   108

Ivan IV, Zar   150

Jakob   73
Jakobsen, C. R.   81
Jannau, Johann Heinrich von   22, 48, 287
Jaroszewski, T. S.   235

Kahk, J.	71
Kaljo, Johan	88
Kampe, P.	174, 242
Karl XI.	126
Katharina II. Zarin	60, 111, 115
Katterfeld, Anna	288
Katterfeld, Traugott	288
Kent, William	114
Kessler	92
Kettler, Elisabeth Magdalene Herzogin	163, 166
Kettler, Friedrich Herzog	154, 157, 165
Kettler, Gotthard	164
Kettler, Gotthard Herzog	147, 151, 152, 153, 154, 157, 162
Kettler, Jackob Herzog	153, 154
Kivimae, Sirje	8
Klee, C. L.	33, 34, 44, 46, 47
Klinge, Matti	8
Klot, R. von	125
Kocka, J.	37
Kohl, Georg	260
Köhler, Ernst von	87
Korff, Dorothea von	204
Korff, Emmy Baronin von	80
Korff, Johann Albert von	114
Korff, Klaus	204
Korff, Nikolai von	204
Korff, von (Familie)	204, 205, 206
Korts, Michel	73
Koskull, Rotger	192
Krause, Johann Wilhelm	39, 41, 42, 44
Krauss, T.	150, 155
Kreutzwald, Fr. R.	78
Lademacher,	57
Lange, Jakob	287
Lancmanis, Imants	140, 155, 157
Laurent, Adéle	75
Lejins, Pauls	125

Lenné, P. J.	76
Lenz, J.M.R.	16, 17
Lenz, Wilhelm (sen)	285
Lieven, Elise Fürstin	80
Lieven, Fürst	79
Linde, Jasper	137
Liphart, (Familie)	55, 56, 57, 58, 59, 60, 61, 62, 63, 64, 65, 67, 74, 76, 79, 82, 87
Liphart, Benjamin von	84
Liphart, Carl Gotthard von	74, 75, 76, 79, 80, 81
Liphart, Carl von	59, 60, 61, 62, 63, 69, 70, 71, 72, 73, 82
Liphart, Eduard Friedrich von	82
Liphart, Ferdinand Ernst von	85
Liphart, Friedrich Wilhelm von	58, 59
Liphart, Friedrich	57, 58
Liphart, Gotthard Lionel von	78, 79, 80, 81, 82, 83, 85, 86, 91, 93, 94, 96
Liphart, Guido Reinhold von	76, 77, 78, 96
Liphart, Hans Heinrich von	59
Liphart, Johan	56, 57
Liphart, Johan (jun)	65
Liphart, Karl Eduard von	74, 81, 89, 96, 97
Liphart, Karl von	83
Liphart, Otto Magnus von	81, 96
Liphart, Otto Paul von	82
Liphart, Otto von	84
Liphart, Reinhold Friedrich von	100
Liphart, Reinhold Karl (jun) von	96, 97, 100
Liphart, Reinhold von	97. 98, 99, 100
Liphart, Reinhold Wilhelm von	61, 62, 64, 65, 66, 71, 73, 74, 75
Liphart, Magnus Johan	58
Liphart, Alexander	58
Lock, Hans-Gunter	272
Lövis of Menar, Karl Woldemar von	125
Lövis of Menar, von	125, 189
Loewen, Gustav	83, 84, 86, 96
Löwenwolde, Anna Juliane Freiin	75
Löwis, K. von	152
Luther, Martin	150

Makart, Hans	269, 270
Manteuffel, Anna Mathilde Gräfin von	97
Manteuffel, Ernst Graf von	97
Manteuffel, Ernst Gotthard Graf von	82
Manteuffel, G.	249
Manteuffel, Gotthard Graf von	120
Manteuffel, Michael	192
Marconi, E.	233, 234
Maria Theresia, Kaiserin	115
Masing, Gustav	92, 93, 94
Masing, Karl Gottfried	92
Maydell, L. von	92
Meck, Fr. von	44
Meierberg, A. von	153, 187
Mellin, Graf	23
Mensenkampff, Ernst von	269
Merkel, Garlieb	9, 10, 41, 43, 44, 288
Michelson, Hans	72, 73
Michelson, Mari	73
Mihkel	73
Minkjavicius, J.	249
Minnhausen, Johann von	146
Moller, Otto Friedrich	97
Mollerus, A.	174
Mollyn, Nicolaus	149, 213
Mugurēvičs, E.	146, 147
Müller, Ello	73
Müller, Tõnis	73
Neff, Carl Timoleon von	270
Neumann, Wilhelm	235, 249
Niedezky, Patrizius	182
Noski	113
Oettingen, von	74, 75
Oettingen, Alexander von	75
Offenberg, Baron von	234
Olearius, Adam	144
Orda, N.	235

Owerberg, Heydenreich Fink von	156
Parrot, G. F.	74
Pastnieks, U.	207, 208
Patz, L.	233
Pertel	73
Peter I. Zar	156, 158
Petri, Christian	288
Petri, J. C.	36, 40, 46
Pezold, A.	166
Pirang, H.	175, 192, 197, 244, 246
Pistohlkors, Gerd von	9
Pistohlkors, O. von	44
Plahter, Heinrich	191
Plettenberg, Wolter von	137, 141, 147, 180
Pöld, Peter	100
Polnau, P.B.	242
Pope, Alexander	114
Prants, H.	65, 70, 72, 86, 93
Preuß, Georg	151
Puck, Claus	85
Pugin, W. N	241
Putkammer, H. K.	142
Rauch, Georg von	286, 288, 293
Recke, Matthias (Thiess) von der	162
Recke, Christin Susann von der	197
Recke, Matthias Dietrich von der	197
Recke, von der (Familie)	197
Rennenkampf, P. von	80
Reutz, Constanze von	80
Rigby, Elisabeth	261
Robertson	119
Rohrbeck, Adolph	67
Rosen, (Fräulein)	80
Rosen, Eugen Baron von	38
Rosenpflanzer, Gustav	84, 85, 90
Rumjanzew, Alexander Graf	111, 112, 117
Rumjanzew, Maria Matwejewa Gräfin von	112
Rumjanzew, Maria Gräfin	112

Sacken, von	154
Sacher, R.	94
Samson-Himmelstjerna, Reinhold J.L.von	9
Saulitis, A.	194
Scangart, D. S.	80
Schaudinn, Heinrich	291
Schenking, D. von	142
Schinkel, Karl Friedrich	230, 241, 246
Schachts, G.	249
Scheel, H.	247
Schenking, Otto	183
Schenking, O. von	142
Schlippenbach, U. von	165
Schmidt, Andreas	126
Schoultz, Baron von	79
Schoultz, Carl Friedrich	59
Schröern	64
Schultz-Bertram, Georg Julius	267
Schwarzenberg, Georg Eisen von	287
Schwenzon	116
Seliwanowa, Hortensia	80
Seydel, Johann Gottfried	118
Sievers, Anna Magdalena von	109, 111, 112, 130
Sievers, Benedikte	73, 116
Sievers, Carl Eberhard Graf von	107, 117, 121, 127, 128
Sievers, Carl Eduard von	127
Sievers, Carl Georg Graf von	107, 125
Sievers, Catharina von	108, 117, 122, 125
Sievers, David Reinhold von	110
Sievers, Eberhard von	110, 113
Sievers, Elisabeth von	116, 117, 122, 124
Sievers, Friedrich Wilhelm von	111
Sievers, Georg von	127
Sievers, Georg von, genannt Jegor	127
Sievers, Gertrud Elisabeth von	109, 110
Sievers, Jacob Johann Graf von	108, 109, 111, 112, 113, 114, 115, 116, 117, 120, 121, 125, 126, 127, 130
Sievers, Joachim Christian von	109

Sievers, Joachim Johann von	109, 110, 111, 112, 113, 117, 125, 126
Sievers, Johann von	108, 125
Sievers, Karl gen. Charlot	127
Sievers, Karl von	108, 110, 111, 113, 116
Sievers, Lorenz von	112, 115
Sievers, Maria Elisabeth von	109
Sievers, Nikolai von	127
Sievers, Paul von	125, 127
Sievers, Peter Christian von	109, 117, 122, 126
Sinowjew, Anna	82
Sobbe, Heinrich	192
Soucanton, Girard de	264
Stackelberg, Baron von	58, 61
Stackelberg, Charlotta Gräfin	80
Stackelberg, Gräfin von	61
Stackelberg, von (Familie)	127
Stackenschneider, Hans (Andrej Ivanovič)	262, 263, 273
Strādins, Jānis	8
Stavenhagen, Wilhelm Siegfried von	229, 244
Stebut, A.	82, 84
Steiniger, Johann Gottlieb	49
Stender, Gotthard Friedrich	287
Stjuart, Magnus	158
Stüler, Friedrich August	230, 235, 236, 250
Sturn, J. R.	153, 166, 187
Svanberga, Silvija	214
Tawaststjerna, Zeneide	80
Thieme	45
Thurn, Heinrich Graf	56
Tiesenhausen, Jacob Johann Freiherr von	110
Tiesenhausen, Marie Gräfin	80
Tiesenhausen, von (Familie)	111, 189
Tobien, Alexander	9
Tora, G.	143
Transehe-Roseneck, von (Familie)	246, 247
Tuulse, A.	137, 157, 189
Uexküll, Elisabeth von	122, 127

Uexküll, Baron von	60
Uexküll, Berend Johann von	122
Ullmann, E.	138
Ungern-Sternberg, Baron von	61
Vietinghoff, Sophia von	75
Vietinghoff, von (Familie)	23, 42, 75, 126, 242
Volkonskij, Fürst Sergij	263
Vouban, Sebastian	155
Walter, Eduard	81
Watson	119
Weber, H. F.	199
Weber, Max	10, 11
Weiss, Anette von	79, 80
Werner, G.	249
Willigerode,	94
Wirkhaus, J. H.	85, 95
Wittram, Reinhard	9, 11
Wolf, von	244
Zariņa, A.	190
Zeddelmann, von	62

Ortsregister

Abercairney		241
Abgunsten–Grünfelden		79, 80
Äbo/Turku		111, 113
Ahja	siehe Aya	
Aizkraukle	siehe Ascheraden	
Aya		59, 101
Alsunga	siehe Alschwangen	
Alschwangen		142
Alt-Autz		230, 231, 232, 234, 241, 243, 245, 247, 253
Alt-Kusthof		61, 62, 75, 79, 87, 101
Alt-Ottenhof		112, 117, 125, 127
Alt-Sehren		143, 144, 211
Alu		242
Aluksne	siehe Marienburg	
Anus		241
Arkna	siehe Arknal	
Arknal		268
Asare	siehe Assern	
Ascheraden		59
Assern		237
Babelsberg		241
Barntrup		194
Barta	siehe Bartau	
Bartau		205
Bauenhof		108, 111-113, 115-118, 120-126, 129, 131, 132
Bauske		156-159, 161, 162, 165, 170, 205, 215, 216
Bedlewo		240
Berlin		82, 96, 97, 229
Bersohn		111, 189
Berstel		201
Berstele	siehe Berstel	
Berwickshire		246
Biksti	siehe Bixten	

Bixten		192, 197, 198, 222
Bramberge	siehe Brandenburg	
Brandenburg		199, 200, 201, 202, 208, 227
Branitz		182
Braunsberg		76, 77, 84, 96, 99, 101, 102,
Braunschweig		176
Breslau		124
Bunderhee		172
Burtneck		111, 112, 115, 117, 123
Carlshof		67
Cesis	siehe Wenden	
Danzig		160
Dobele	siehe Doblen	
Doblen		164-170, 176, 202, 206, 217
Dorpat		21, 51, 58-60, 62, 64, 74, 76, 77, 79, 80, 82, 84, 87, 88, 92, 94-97, 103, 104, 105, 109, 120, 127, 137, 264, 267, 285
Dowspuda		233
Dresden		105, 111, 127, 260
Duckern		57, 101
Dukura	siehe Dückern	
Dumbartonshire		237
Dünaburg		152, 190
Dunninald		241
East Lothian		237
Eatonhall		233
Edole	siehe Edwahlen	
Edwahlen		229, 230, 252
Eichenangern		127
Eichhof		76, 77, 91, 95, 99, ^101, 102
Emburg		187
Emburga	siehe Emburg	
Euseküll		111
Fall		262, 263, 273

Fianden		244
Fickel		124
Fife		237
Frauenburg		192
Gallandfeld		112, 117, 126
Garsene	siehe Garssen	
Garssen		245
Gemauerthof		175, 181, 183, 184, 185, 186, 188, 205
Gießen		57
Goldingen		206, 229
Grodno		169
Groß-Roop		153
Güstrow		167, 240
Gütersloh		126
Hageri	siehe Haggers	
Haggers		296
Hapsal		108
Härjanurme	siehe Herjanorm	
Heidelberg		109, 167
Heidehof		78, 101
Heinrichshof		190
Herjanorm		82, 97
House of Falkland		237
Ilgi	siehe Illien	
Illien		232, 233, 235, 254
Illingen		76, 77, 84, 96, 98, 99, 101, 102
Ilsensee		245, 247
Ilze	siehe Ilsensee	
Imastu	siehe Mönnikorb	
Indriki	siehe Heinrichshof	
Inju	siehe Innis	
Innis		265
Jablonowo		231, 250
Järve		173, 280
Jannenicki	siehe Jangeneken	

Jaročin	231, 235
Jaugeneeken	
Jaungulbene	siehe Neu-Schwanenburg
Jaunpils	siehe Neuenburg
Jelgava	siehe Mitau
Jensel	62, 75, 81, 101
Kabala	siehe Kabbal
Kabbal	60, 61, 62, 65, 66, 71, 75, 101
Kalzenau	189
Kalsnava	siehe Kalzenau
Kalundborg	183
Kaster	78, 101
Kastre	siehe Kaster
Kauceminde	siehe Kautzmünde
Kaugershof	181
Kauguri	siehe Kaugershof
Kaupeni	siehe Kaupin
Kaupin	204
Kautzmünde	125
Kavastu	siehe Kawast
Kawast	59, 101
Keila-Joa	siehe Fall
Keinis	294
Kerklingen	192, 194, 223, 224
Kerklini	siehe Kerklingen
Kiel	179
Kiiü	173
Kittendorf	240
Kokenhusen	156
Koknese	siehe Kokenhusen
Koluvere	siehe Lode
Königsberg	87, 286
Konnu	siehe Kondo
Kondo	60, 62, 81, 82, 96, 101
Kopenhagen	114
Kose-Uemõisa	siehe Neuhof
Krakau	149
Kreuzburg	204
Kriisa	82

Kronenberg		143, 144
Kronstadt		68
Kruhten		205
Krustpils	siehe Kreuzburg	
Krute	siehe Kruhten	
Ksiaz Wielki		235
Kuldiga	siehe Goldingen	
Kulmbach		167
Kunda		145, 282
Kurnik		246
Kúvemaa	siehe Jensel	
Lais		287
Laitsna	siehe Laitzen	
Laitzen		58
Landshut		167
Lasva	siehe Eichhof	
Lazbergi	siehe Fianden	
Leipzig		82, 117, 120
Leitzkau		167
Lemsal		173
Libau		249
Lielstraupe	siehe Groß-Roop	
Liepaja	siehe Libau	
Liksna	siehe Lixna	
Limbazi	siehe Lemsal	
Lindenhof		43
Lisuma		58
Lixna		235, 236
Lobenstein		76, 77, 84, 85, 91, 101
Lode		264
Loosi	siehe Lobenstein	
Lopatki		182
Lorupe	siehe Kronenberg	
Lübeck		66
Maardu	siehe Maart	
Maart		265
Magdeburg		167
Mäksa	siehe Mäxhof	

Mailand		263
Malbork	siehe Marienburg (O.P.)	
Malchin		240
Maramaa	siehe Marrama	
Marienburg		42, 223, 242, 243, 245, 256
Marienhausen		248
Marrama		60, 62, 72, 81, 89, 90, 99, 101
Matthiä		112, 117, 126, 135
Mäxhof		78, 101
Mecks		67
Meeksi	siehe Mecks	
Mellerstain House		236, 246
Merseburg		45
Mesothen		236
Mezotne	siehe Mesothen	
Millearne		241
Misso	siehe Illingen	
Mitau		155, 156, 161, 162, 165, 170, 199, 202, 214
Mönnikorb		265
Mohrungen		194
Moskau		209, 230, 263
Münkenhof		270, 281
Münster		176
Murmuiza	siehe Germauerthof	
Muuga	siehe Münkenhof	
Nabbe	siehe Nabben	
Nabben		173, 174, 175
Narva		108, 261
Nereta	siehe Nerft	
Nerft		194, 195, 196, 225
Netken	siehe Netkenshof	
Netkenshof		58, 59
Neuenburg		197
Neuhall		121, 127
Neuhausen		60-74, 76-79, 82, 84-86, 89-92, 94-97, 99-103, 288
Neuhof		265
Neu-Schwanenburg		246, 247, 248, 257

Nordwalde		176
Nottuln		176
Nowgorod		69, 113, 115, 116, 118, 124
Nurmhusen		142, 191
Nurmuiza	siehe Nurmhusen	
Odensee		239-241, 243, 245, 247, 255
Odziena	siehe Odensee	
Ollepa	siehe Ollepäh	
Ollepäh		61, 62, 75, 101
Orava	siehe Waldeck	
Orgita	siehe Rosenthal-Dolomit	
Ostrominsky		111, 125, 126
Overtonn House		237
Panten		125
Paris		81
Pärnu	siehe Pernau	
Pernau		56, 57, 58, 242
Pertshire		241
Pilten		146, 147, 162, 212
Plassenburg		162
Platon		143, 144
Platone	siehe Platon	
Pleskau		64, 68
Pohu	siehe Brannsberg	
Pompeji		264, 265
Pormsahten		205
Potsdam		230, 241
Preili	siehe Prely	
Prely		248, 249, 250
Priekule	siehe Preekuln	
Preekuln		143, 203, 204, 207, 208, 226
Prostegade		183
Purmsati	siehe Pormsahten	
Purtse		173
Puurmani	siehe Talkhof	
Quistenthal		83

Raadi	siehe Ratshof	
Ranzen		111
Rauge		294, 295
Räpina		68
Ratshof		57, 60-70, 72, 74-76, 78-85, 87-101, 105, 264, 275, 276
Reinholdshof		67
Reval		21, 22, 56, 64, 104, 107, 108, 113, 262, 263, 271
Riga		43, 64, 66, 69, 73, 77, 104, 111, 121, 140, 141, 142, 146, 147, 148, 149, 173, 174, 181, 213, 242, 247, 293
Rimeicken		125
Rippoka		59, 101
Ripuka	siehe Rippoka	
Roela	siehe Rojel	
Rojel		58, 59, 62, 64, 82, 101
Rokiski		249
Rosenhof		97, 98, 99, 101,
Rostock		56, 57
Rucava	siehe Rutzau	
Ruhental		109, 126, 152
Rujen		120
Rujen-Großhof		109
Rundale	siehe Ruhental	
Rüssel Pye		172
Rutzau		143, 144
Saarjärve	siehe Saarjerw	
Saarjerw		62, 79, 101
Sagadi	siehe Saggad	
Saggad		265
Saldus	siehe Frauenburg	
Salisburg		112, 117, 120, 123
Salzburg		96
Sänna	siehe Sennen	
Sansignov		182
Sapolje		157
Sauli	siehe Schaulen	

Schaulen		207
Schlockenbeck		141, 142
Schrunden		153
Schwarden		192, 193
Seacliff House		237
Sece	siehe Setzen	
Seckenhof		112, 117
Sennen		79, 80, 101
Setzen		143, 144
Slocene	siehe Schlockenbach	
Sodava		56
Spicker		194
Sskrunda	siehe Schrunden	
St. Petersburg		63, 64, 66, 68, 76, 80, 110, 113, 116, 118, 121, 127, 230, 262, 263, 267, 289
Stenden		175, 176, 177, 179, 180, 181, 219, 220
Stockholm		57
Stratchlyde		237
Stuttgart		167
Sunzel		142
Suntazi	siehe Sunzel	
Talkhof		82, 97
Tallinn	siehe Reval	
Talsen		177
Talsi	siehe Talsen	
Tammist		81, 101
Tammistu	siehe Tammist	
Tarakvere	siehe Terrastfer	
Tartu	siehe Dorpat	
Terrastfer		60, 62, 82, 101
Tirsepils		58
Tjele		188
Toikfer		79, 81, 82, 96, 101
Toka	siehe Heidehof	
Tollcross House		237
Torma		60, 79, 81, 82, 96, 101, 283, 287
Trausnitz		167

Tuckum		141
Tukums	siehe Tuckum	
Twer		116, 118
Twichenham		114
Uhla	siehe Alu	
Vaimastvere	siehe Waimastfer	
Vainode	siehe Wainoden	
Valmiera	siehe Wolmar	
Valtaiki	siehe Neuhausen	
Valtu	siehe Waldau	
Vana-Kuuste	siehe Alt-Kusthof	
Vao		173
Vastseliina	siehe Neuhaus	
Vecserene	siehe Alt- Sehren	
Vercauce	siehe Alt-Autz	
Vilaka	siehe Marienhausen	
Visby		188
Voikvere	siehe Woitfer	
Völla	siehe Wölla	
Voopsu	siehe Wobs	
Waimaster		59, 101
Wainoden		205
Waldau		261
Waldeck		67, 68, 71, 76, 77, 85, 90, 99, 101, 102
Wardow		240
Warrol		127
Warschau		61, 233
Wawel		149
Wenden		57, 58, 107, 117, 128, 147, 150, 181
Werro		62, 78, 97
Wesenberg		110
Wilsenhof		112, 117, 126, 127
Windau		177
Wobs		68
Woitfer		62, 75, 81, 101

Wölla   56, 57, 58, 101
Wolmar   123, 141, 181, 283

Zarnau   111, 112, 117, 126
Zbuina   233
Zučer   231

Autorenverzeichnis

Jānis Baltiņš   Iecava
Baldones iela 1
LV 3913 Bauskas raj.

Dr. Ants Hein   Pikk 62-4
EE 10133 Tallinn/Estland

Eva Pirimae   Kreutzwaldi 22-2
EE 51003 Tartu/Estland

Dr. Tiit Rosenberg   Tartu Ülikool
EE 1003 Tartu/Estland
Tel: 00372-7375650

Dr. Ojārs Sparītīs   Latvijas Mākslas akadēmija
O. Kalpaka bulvārī 13
LV 1867 Riga/Lettland
Tel: 00371-7184604

Dr. Heinrich Wittram   Deisterstr. 68
30966 Hemmingen/Arnum
Tel./Fax: 05101-4897

Jānis Zilgalvis   Terbatas jela 89-2
LV 1867 Riga/Lettland

Schriftenreihe BALTISCHE SEMINARE
der Carl-Schirren-Gesellschaft e.V.

Band 1: **Karl Heinz Borck** (Hrsg.): *Die Bibelübersetzung und ihr Einfluss auf die estnische Kulturgeschichte.* Lüneburg 1996, 141 S., ISBN: 3-923149-27-1

Band 2: **Claus von Aderkas** (Hrsg.): *300 Jahre lettische Bibelübersetzung durch Ernst Glück und ihr Einfluss auf die lettische Kulturgeschichte.* Lüneburg 2001, 136 S., ISBN: 3-923149-29-8 bzw. 3-932267-31-1

Band 3: **Günter Krüger** (Hrsg.): *Klassizismus im Baltikum.* Lüneburg. (in Vorbereitung, ISBN: 3-923149-37-9)

Band 4: **Uwe Albrecht** (Hrsg.): *Gotik im Baltikum.* Lüneburg 2004, 276 S., ISBN: 3-923149-38-7

Band 5: **Michael Garleff** (Hrsg.): *Literaturbeziehungen zwischen Deutschbalten, Esten und Letten.* Lüneburg (in Vorbereitung, ISBN: 3-923149-39-5)

Band 6: **Claudia Anette Meier** (Hrsg.): *Sakrale Kunst im Baltikum.* Lüneburg. (in Vorbereitung, ISBN: 3-923149-40-9)

Band 7: **Heinrich Wittram** (Hrsg.): *Baltische Gutshöfe. Leben - Kultur - Wirtschaft.* Lüneburg 2006, 324 S., ISBN: 3-923149-41-7)

Band 8: **Detlef Kühn** (Hrsg.): *Schulwesen im Baltikum.* Lüneburg 2005, 220 S., ISBN: 3-923149-42-5

Band 9: **Gisela Reineking-von Bock** (Hrsg.): *Künstler und Kunstausstellungen im Baltikum im 19. Jahrhundert.* Lüneburg. (in Vorb., ISBN: 3-923149-43-3)

Band 10: **Norbert Angermann** (Hrsg.): *Städtisches Leben zur Zeit der Hanse im Baltikum.* Lüneburg 2003, 290 S., ISBN: 3-923149-44-1

Band 11: **Heinrich Wittram** (Hrsg.): *Der ethnische Wandel im Baltikum zwischen 1850 und 1950.* Lüneburg 2005, 236 S., ISBN: 3-923149-45-X

Band 12: **Otto Heinrich Elias** (Hrsg.): *Zwischen Aufklärung und Baltischem Biedermeier.* Lüneburg (in Vorbereitung, ISBN: 3-923149-46-8)

Band 13: **Jörg Hackmann** (Hrsg.): *Korporative und freiwillige Assoziationen in den baltischen Ländern.* Lüneburg (in Vorbereitung, ISBN: 3-923149-47-6)

Band 14: **Detlef Henning** (Hrsg.): *Nationale und ethnische Konflikte in Estland und Lettland während der Zwischenkriegszeit.* Lüneburg (in Vorbereitung, ISBN: 3-923149-50-6)

Band 15: **Dr. Yvonne Luven** (Hrsg.): *Das nationale Erwachen ab dem 19. Jahrhundert im Baltikum.* Lüneburg (in Vorbereitung, ISBN: 3-923149-52-2)

Carl-Schirren-Gesellschaft e.V., Am Berge 35, D-21335 Lüneburg
Tel.: (04131)36788, Fax: (04131)33453

www.ingramcontent.com/pod-product-compliance
Lightning Source LLC
Chambersburg PA
CBHW050127170426
43197CB00011B/1746